"十四五"职业教育河南省规划教材

新能源汽车概论

微课版

吉武俊　王贤高／主　编
王　勇　宋东方　曾显恒／副主编

大连理工大学出版社

图书在版编目(CIP)数据

新能源汽车概论 / 吉武俊，王贤高主编． -- 大连：大连理工大学出版社，2021.11(2025.8重印)
　ISBN 978-7-5685-3507-6

　Ⅰ．①新… Ⅱ．①吉…②王… Ⅲ．①新能源－汽车－概论 Ⅳ．①U469.7

中国版本图书馆 CIP 数据核字(2021)第 252748 号

XIN NENGYUAN QICHE GAILUN

大连理工大学出版社出版

地址：大连市软件园路 80 号　邮政编码：116023
营销中心：0411-84707410　84708842　邮购及零件：0411-84706041
E-mail：dutp@dutp.cn　URL：https://www.dutp.cn
大连朕鑫印刷物资有限公司印刷　大连理工大学出版社发行

幅面尺寸：185mm×260mm　印张：13.25　字数：322 千字
2021 年 11 月第 1 版　2025 年 8 月第 6 次印刷

责任编辑：康云霞　　　　　　　　　　责任校对：吴媛媛
封面设计：方　茜

ISBN 978-7-5685-3507-6　　　　　　　定　价：42.00 元

本书如有印装质量问题，请与我社营销中心联系更换。

前　言

当前，新能源汽车技术的发展方兴未艾，普通民众对新能源汽车的接受度有了极大的提升，各职业院校也纷纷开设了新能源汽车相关专业或设置了相关课程。

编者在多年实际教学中经常面对以下两个问题：非专业人士希望对新能源汽车的方方面面有梗概认知，传统汽车专业的师生希望通过一门"概论"课程达到从传统燃油汽车入门新能源汽车的目的。要同时满足这两个要求，就需要新能源汽车概论课程的教材既能介绍新能源汽车所涉及的各层面内容（广度），又能在有限的篇幅内将新能源汽车迥异于传统燃油汽车的技术原理清晰地呈现出来（深度）。因此，我们组织多名在新能源汽车教学和实践一线的教师编写了本书，希望帮助读者打开新能源汽车世界的大门。

本书按照高等职业教育培养生产、建设、服务、管理一线的专门人才的目标，充分考虑新能源汽车概论课程的定位，力求展现工程实际，体现通俗易懂、循序渐进、实用性强等特点，共设计了6个模块，包括走进新能源汽车、认识新能源汽车高压安全、了解纯电动汽车、识别不同类型混合动力汽车、规范使用与维护电动汽车、认识其他类型新能源汽车。

本书在编写过程中力求突出以下特色：

1. 优化内容结构，力求兼顾广度与深度

书中内容若过于追求覆盖广度，会让读者有浅尝辄止、意犹未尽之感，不能体会新能源汽车自身独有的特点；而若过于追求技术深度，则难以做到博观约取、深入浅出，背离了"概论""入门"的初衷。因此，编者在提炼平时教学经验的基础上，根据学生的反馈反复揣摩，力求保证本书内容广度与深度的平衡与统一。

2. 涵盖多种车型，全面反映市场技术主流

本书涉及蔚来、小鹏、理想、大众、宝马、通用、丰田、本田、特斯拉、北汽、吉利、比亚迪、上汽等主流新能源汽车品牌，每个重要知识点均力求列举多个品牌的车型，使读者能全面了解不同新能源汽车品牌的技术特点，拓宽知识面。

3. 依托"互联网＋"，贯彻"三教"改革新要求

为帮助读者更好地理解相关内容和方便教师教学、学生自学，本书对重要的知识点均配有微课视频、原理动画，读者可以扫描二维码观看。本书还配有课件等辅助教学资源，读者可以登录大连理工大学出版社职教数字化服务平台下载。

4. 融合课程思政，落实"立德树人"根本任务

本书重视课程思政，遵循思政工作规律，巧妙将课程思政内容融入相关工作任务，深入落实"立德树人"根本任务，使读者在掌握知识技能的过程中，潜移默化地践行社会主义核心价值观，实现"德技双修"的育人目标。

本书由河南职业技术学院吉武俊、王贤高任主编，渭南职业技术学院王勇及河南职业技术学院宋东方、曾显恒任副主编，河南职业技术学院王彪、翟慧颖任参编。全书由吉武俊、王贤高统稿。在编写本教材的过程中，上海景格科技股份有限公司为本书提供了大量数字资源与技术支持，在此表示感谢！此外，我们参考、引用和改编了国内外出版物中的相关资料以及网络资源，在此对这些资料的作者表示深深的谢意。请相关著作权人看到本教材后与出版社联系，出版社将按照相关法律规定支付稿酬。

尽管我们在探索教材特色方面做出了许多努力，但教材中仍可能存在一些不足，恳请广大读者批评指正，并将意见和建议反馈给我们，以便修订时改进。

编　者

2021 年 11 月

所有意见和建议请发往：dutpgz@163.com

欢迎访问职教数字化服务平台：https://www.dutp.cn/sve/

联系电话：0411-84707424　84708979

目 录

模块 1　走进新能源汽车 ··· 1

　1.1　掌握新能源汽车的定义与分类 ·· 3
　　　1.1.1　新能源汽车的定义 ··· 3
　　　1.1.2　新能源汽车的分类 ··· 3
　1.2　了解新能源汽车的发展 ·· 7
　　　1.2.1　发展新能源汽车的必要性 ·· 7
　　　1.2.1　新能源汽车的发展史 ·· 8
　　　1.2.3　新能源汽车的发展现状 ·· 16
　1.3　了解新能源汽车的关键技术 ·· 22
　　　1.3.1　电池技术 ··· 22
　　　1.3.2　电机技术 ··· 23
　　　1.3.3　电控技术 ··· 25
　1.4　分析新能源汽车当前存在的问题 ··· 27
　　　1.4.1　动力电池技术存在的问题 ··· 27
　　　1.4.2　充电桩存在的问题 ··· 28
　　　1.4.3　新能源汽车环保问题 ·· 29
　　　1.4.4　消费者观念制约新能源汽车发展 ····································· 29
　1.5　掌握新能源汽车与燃油汽车的异同 ··· 30
　　　1.5.1　能源携带与能量补充 ·· 30
　　　1.5.2　动力源 ··· 31
　　　1.5.3　低压电源 ··· 32
　　　1.5.4　制动系统 ··· 33
　　　1.5.5　空调系统 ··· 34
　　　1.5.6　舒适性与加速能力 ··· 35
　巩固练习 ··· 36

模块 2　认识新能源汽车高压安全 ... 37

2.1　了解电的危害与触电急救 ... 39
- 2.1.1　电的危害 ... 39
- 2.1.2　触电急救 ... 44

2.2　识别新能源汽车高压系统 ... 46
- 2.2.1　新能源汽车高压系统的组成 ... 46
- 2.2.2　新能源汽车高压安全设计 ... 48
- 2.2.3　新能源汽车高压安全操作 ... 57

巩固练习 ... 60

模块 3　了解纯电动汽车 ... 61

3.1　认识纯电动汽车 ... 63
- 3.1.1　纯电动汽车概述 ... 63
- 3.1.2　纯电动汽车的基本组成 ... 68
- 3.1.3　纯电动汽车的工作原理 ... 79

3.2　纯电动汽车关键技术 ... 80
- 3.2.1　电池及管理技术 ... 81
- 3.2.2　电机及控制技术 ... 85
- 3.2.3　整车控制技术 ... 87
- 3.2.4　整车轻量化技术 ... 90

3.3　了解典型纯电动汽车 ... 91
- 3.3.1　特斯拉 Model S ... 91
- 3.3.2　宝马 i3 ... 95
- 3.3.3　比亚迪 E5 ... 97
- 3.3.4　吉利帝豪 EV450 ... 100
- 3.3.5　上汽大众 ID.4 X ... 101
- 3.3.6　小鹏 P7 ... 104

巩固练习 ... 106

模块 4　识别不同类型混合动力汽车 ··· 107

4.1　认识混合动力汽车 ·· 109
4.1.1　混合动力汽车简史 ··· 109
4.1.2　混合动力汽车的图景 ·· 110
4.1.3　混合动力技术的现实意义 ··· 110
4.1.4　混合动力汽车的优点与缺点 ··· 112

4.2　分析混合动力汽车的类型 ·· 112
4.2.1　按照内燃机和电机动力的混合度分类 ·· 113
4.2.2　混合动力汽车的动力构架 ··· 116
4.2.3　混合动力模块的类型 ·· 118

4.3　认识 48 V 轻混合动力系统 ··· 121
4.3.1　48 V 轻混合动力系统的组成 ·· 122
4.3.2　48 V 混合动力系统的工作模式 ··· 124

4.4　分析丰田混合动力系统的工作原理 ··· 127
4.4.1　THS 的组成 ·· 128
4.4.2　THS 的技术特点 ·· 131
4.4.3　THS 的工作模式 ·· 132

4.5　认识宝马 eDRIVE 插电式混合动力系统 ··· 134
4.5.1　eDRIVE 的组成 ·· 134
4.5.2　eDRIVE 的驱动模式 ·· 140

4.6　读懂增程式混合动力汽车理想 ONE ·· 142
4.6.1　理想 ONE 混合动力系统的工作模式 ··· 145
4.6.2　理想 AD 辅助智能驾驶 ·· 147

巩固练习 ·· 148

模块 5　规范使用与维护电动汽车 ··· 149

5.1　使用电动汽车 ·· 151
5.1.1　驾驶电动汽车 ··· 151
5.1.2　电动汽车使用注意事项 ·· 152

5.2 认识电动汽车充电技术 ··· 154
5.2.1 电动汽车的充电方式 ··· 154
5.2.2 电动汽车充电操作 ··· 158
5.2.3 电动汽车充电系统的组成 ··· 160
5.2.4 电动汽车充电通用要求 ··· 166

5.3 开展电动汽车维护作业 ··· 170
5.3.1 电动汽车维护类别 ··· 170
5.3.2 电动汽车维护项目 ··· 170

巩固练习 ··· 172

模块 6 认识其他类型新能源汽车 ··· 173

6.1 认识燃料电池电动汽车 ··· 175
6.1.1 燃料电池 ··· 175
6.1.2 燃料电池电动汽车 ··· 184

6.2 认识太阳能汽车 ··· 190
6.2.1 太阳能在汽车上的应用 ··· 190
6.2.2 太阳能汽车的特点 ··· 192
6.2.3 太阳能汽车的结构 ··· 192
6.2.4 太阳能汽车实例 ··· 193

6.3 认识生物燃料汽车 ··· 194
6.3.1 生物柴油汽车 ··· 194
6.3.2 甲醇燃料汽车 ··· 195
6.3.3 乙醇燃料汽车 ··· 197

6.4 认识气体燃料汽车 ··· 198
6.4.1 天然气汽车 ··· 198
6.4.2 液化石油气汽车 ··· 201

巩固练习 ··· 202

参考文献 ··· 203

模块 1
走进新能源汽车

知识目标

- 掌握新能源汽车的定义和分类。
- 了解新能源汽车的发展历史和现状及存在的问题。
- 了解新能源汽车的关键技术。
- 掌握新能源汽车与燃油汽车的异同。

能力目标

- 能够描述新能源汽车的常见类型。
- 能够描述新能源汽车的发展现状与存在的主要问题。
- 能够说明新能源汽车的关键技术种类与特点。
- 能够列举新能源汽车与燃油汽车的不同点。

素质目标

- 培养自主学习能力以及分析问题、解决问题能力。
- 具备团队协作、爱岗敬业的精神,形成良好的职业素养。

1.1 掌握新能源汽车的定义与分类

1.1.1 新能源汽车的定义

工业和信息化部于 2009 年 6 月 17 日发布的《新能源汽车生产企业及产品准入管理规则》中指出：新能源汽车是指采用非常规的车用燃料作为动力来源（或使用常规的车用燃料、采用新型车载动力装置），综合车辆的动力控制和驱动方面的先进技术，形成的技术原理先进，具有新技术、新结构的汽车。新能源汽车包括混合动力汽车、纯电动汽车（BEV，包括太阳能汽车）、燃料电池电动汽车（FCEV）、氢发动机汽车、其他新能源（如高效储能器、二甲醚）汽车等各类别产品。

工业和信息化部于 2017 年 1 月 6 日发布的《新能源汽车生产企业及产品准入管理规定》中指出：新能源汽车是指采用新型动力系统，完全或者主要依靠新型能源驱动的汽车，包括插电式混合动力（含增程式）汽车、纯电动汽车和燃料电池电动汽车等。

国务院发布《节能与新能源汽车产业发展规划（2012—2020 年）》以来，我国坚持纯电驱动战略取向，新能源汽车产业发展取得了巨大成就，成为世界汽车产业发展的重要力量之一。国务院办公厅于 2020 年 10 月 20 日发布的《新能源汽车产业发展规划（2021—2035 年）》中提出了我国新能源汽车的发展愿景：纯电动汽车成为新销售车辆的主流，公共领域用车全面电动化，燃料电池电动汽车实现商业化应用，高度自动驾驶汽车实现规模化应用，充换电服务网络便捷高效，氢燃料供给体系建设稳步推进，有效促进节能减排水平和社会运行效率的提升。

1.1.2 新能源汽车的分类

1. 纯电动汽车

纯电动汽车是指以车载电源为动力，用电机驱动车轮行驶的汽车。图 1-1 所示为北京新能源汽车股份有限公司生产的纯电动汽车北京-EU5。

图 1-1 纯电动汽车北京-EU5

纯电动汽车具备以下特点：

(1) 环保，无污染。内燃机(燃油)汽车工作时会排放包括一氧化碳、氮氧化物、总碳氢化合物、非甲烷碳氢化合物、氧化亚氮、烟尘等污染物的排气排放物，造成环境污染。而纯电动汽车工作时不会排放污染物，对环境保护和空气的洁净是十分有益的，几乎是"零污染"。

(2) 噪声小。噪声对人的听觉、神经、心血管、消化、内分泌、免疫系统是有危害的。纯电动汽车工作时驱动电机产生的噪声远小于内燃机工作时产生的噪声。

(3) 能源利用率高。纯电动汽车在暂时停车时不消耗电能，同时在车辆制动、下坡时电机可自动转化为发电机给动力电池充电，实现能量的回收，提高能量的利用效率。这些都是燃油汽车所不具备的。纯电动汽车能源利用效率远远超过燃油汽车，尤其在低速行驶时更加明显。

(4) 维护保养方便。纯电动汽车较燃油汽车结构简单，传动、运转部件少，生产工艺相对成熟，零部件易维护保养。

2. 混合动力汽车

混合动力汽车是介于纯电动汽车与燃油汽车两者之间的一种新能源汽车，它既有燃油汽车的发动机、变速器、传动系统、油路、油箱等，也有纯电动汽车的电池、电机、控制电路等，而且电池容量比较大，有充电接口，可以实现外部充电。图 1-2 所示为比亚迪汽车有限公司生产的混合动力汽车 2022 款宋 MAX DM-i。

图 1-2　混合动力汽车比亚迪 2022 款宋 MAX DM-i

与纯电动汽车相比，混合动力汽车的电池容量要小很多，但是它具备燃油汽车的燃油系统，因此在无法充电时，只要有加油站就可以一直行驶下去，行驶里程不受充电条件的制约，具有燃油汽车的优势。混合动力汽车可在提供较长的续航里程(采用混合动力模式)的同时满足电力行驶的需求，起到了良好的能源替代作用。但由于一辆汽车内要集成纯电动汽车和燃油汽车两套完整的动力系统，因此混合动力汽车的成本较高，结构复杂，质量也比较大，相对于燃油汽车和纯电动汽车又有劣势。

3. 燃料电池电动汽车

燃料电池电动汽车是利用氢气和空气中的氧气在车载燃料电池装置经电化学反应产生电能,并以此作为动力的汽车,它实质上也是一种电动汽车。图 1-3 所示为日本丰田汽车公司生产的燃料电池电动汽车 Mirai。

图 1-3　燃料电池电动汽车丰田 Mirai

燃料电池电动汽车被誉为人类交通的最终解决方案。与燃油汽车和纯电动汽车相比,燃料电池电动汽车具有如下特点:

(1)使用寿命长。只要燃料和催化剂能从外部源源不断地供给,燃料电池即可持续不断地输出电能,其使用寿命远远长于普通的原电池或充电池。

(2)能量转换效率高。能量转换效率是指产出的电能与输入燃料经化学反应所能释放出的能量之比。燃料电池是将储存在燃料和氧化剂中的化学能通过电极反应直接转化为电能,其反应过程不涉及燃烧和热机做功,因此能量转换效率不受"卡诺循环"的限制。理论上燃料电池的化学能转换效率可达到 100%,其实际能量转换效率也高达 60%～80%,是普通内燃机热效率的 2～3 倍。

(3)环保性能好。燃料电池的主要反应产物是水,向大气排放的有害物质极少。由于没有进行往复和回转运动的机械部件,噪声也很小。

(4)响应性能好。燃料电池可及时响应汽车负载的变化,能在几秒内从最低功率提升到额定功率,具有良好的响应速度。

(5)能源补充快。燃料电池所需的燃料主要是氢,充气或更换氢气瓶一般只需要几分钟,比纯电动汽车的动力电池充电时间短得多;并且一次加注燃料后,其续航里程基本能达到燃油汽车的标准。

4. 太阳能汽车

太阳能汽车是一种靠太阳能转化成的电能来驱动的汽车,它也是电动汽车的一种。不同的是,纯电动汽车的动力电池靠工业电网充电,而太阳能汽车用的是太阳能电池。图 1-4 所示为日本丰田汽车公司研发的太阳能汽车 Prius PHV。

图 1-4　太阳能汽车丰田 Prius PHV

与内燃机驱动的汽车相比,太阳能汽车结构简单,能量来自太阳。太阳能取之不尽,零排放,零污染。但这也导致了太阳能汽车高度依赖太阳,续航里程短。此外,太阳能转化装置的造价高。

5. 生物燃料汽车

生物燃料汽车是使用生物燃料或掺有生物燃料的燃油的汽车。与传统汽车相比,生物燃料汽车结构上无重大改动,排放总体上较低,包括甲醇燃料汽车、乙醇燃料汽车和生物柴油汽车等。图 1-5 所示为法国雷诺汽车公司生产的乙醇燃料汽车梅甘娜。

图 1-5　乙醇燃料汽车雷诺梅甘娜

6. 气体燃料汽车

气体燃料汽车是利用可燃气体做能源驱动的汽车。汽车的气体燃料种类很多,常见的有天然气和液化石油气。图 1-6 所示为郑州宇通客车股份有限公司生产的天然气客车 ZK6116HN5Y。

图 1-6　天然气客车宇通 ZK6116HN5Y

1.2　了解新能源汽车的发展

1.2.1　发展新能源汽车的必要性

1. 燃油汽车的危害

人类开发、使用燃油汽车已经有一百多年的历史,但燃油汽车存在的如下问题却愈发严重:

(1) 消耗石油能源

石油已经无声无息地融入了人们的日常生活。法国石油研究院专家认为,目前全球已知的石油储量够人类消耗 36~40 年(按目前的石油消耗速度计算)。

燃油汽车是石油的主要消耗对象。目前,我国汽车产、销量均居世界第一,每年仅汽车对石油的消耗量就相当巨大。而且燃油汽车的效率较低,在工作过程中,只有 30% 左右的能量转化为了有用功。汽车数量激增带来的燃油消耗给我国的能源安全带来了日益增大的压力。

(2) 气候变化

燃油汽车对石油的大量消耗,还引起了气候的变化。二氧化碳是重要的温室气体,是造成气候变化的主要原因,而它主要来自石化燃料的燃烧,汽车的排放影响很大。据科学家预测,未来 50~100 年人类将进入一个变暖的世界。未来 100 年全球平均地表温度将上升1.4~5.8 ℃,到2050年我国平均气温将上升2.2 ℃。这将破坏自然生态系统的平衡,导致冰川和冻土消融,海平面上升,威胁生物的生存。

(3)环境污染

雾霾是雾和霾的混合物。其中,雾是空气中的水汽;霾的核心物质是悬浮在空气中的烟、灰尘等物质。雾霾能直接进入并黏附在人体下呼吸道和肺叶中,对人体健康有伤害。在雾霾天气中,细颗粒物 $PM_{2.5}$ 是"罪魁祸首",其主要来源是汽车排气排放物。联合国的调查报告显示,城市的汽车越来越多,排放的排气排放物量也越来越大,对城市空气中 $PM_{2.5}$ 的"贡献"约为60%。$PM_{2.5}$ 粒径小,富含大量的有毒、有害物质;而且在大气中的停留时间长,输送距离远,对人体健康和大气环境质量影响大。

(4)噪声污染

现代城市生活中,噪声污染已经严重影响了人们的生活,而交通噪声是城市的主要噪声源。调查表明,汽车噪声占城市交通噪声的85.5%。汽车噪声一般为80~100 dB,发动机噪声是燃油汽车行驶过程中主要的噪声来源。在发动机内,油气混合物被点燃,其燃烧过程迅猛,会发出很大的声音。发动机排出的废气经过消声器,虽然得到了较好的控制,可依然会发出一定的声音,并且车速越快,排气声越大。

2. 新能源汽车的发展意义

新能源汽车可以避免燃油汽车产生的上述问题,对全球环境、生物的可持续性发展具有重大意义。

此外,从战略意义上看,加快新能源汽车的发展对中国实现汽车产业的跨越式发展,从汽车大国迈向汽车强国具有战略意义,是难得的历史机遇。中国汽车制造业的规模已步入世界前列,汽车销量位居世界第一,但是在发动机、控制等技术方面,仍然落后于发达国家,我国的汽车制造业缺少强有力的自主知识产权,处于缺乏核心技术的尴尬地位。

在新能源汽车领域,虽然一些国家开展研究较早,但我国与它们的科技水平差距并非不可逾越。目前,我国拥有世界最大的汽车市场,拥有政府政策和资金的支持,并且在动力电车方面,我国掌握着处于世界领先地位的核心技术,我国的汽车企业完全可以利用这一有利局面大力发展新能源汽车,力求在新一代汽车技术上取得突破,在新能源汽车方面与国外汽车品牌展开竞争并带动传统能源汽车的发展,从而实现我国汽车产业的跨越式发展。

而且,发展新能源汽车可以带动相关产业如汽车零配件、燃料电池和蓄电池、电机、电子等制造业及能源业的发展,优化产业结构,提高经济效益。

1.2.1 新能源汽车的发展史

新能源汽车并不是21世纪的新生事物,自19世纪中期诞生以来已有近两百年的历史。电动汽车早于内燃机汽车近半个世纪诞生,卓越的梦想家们从未停止过尝试让电动汽车走入人们的生活。但电动汽车在诞生以来的近两百年历史中几经沉浮,从未真正地统治过人类的交通工具,不过每一次的起伏都让电动汽车技术得到积累,都让电动汽车的拥护者更加笃定电动汽车终将主导人类的出行。好消息是我们正身处电动汽车新一次发展浪潮之中,电动汽车演绎的是一场能源和汽车驱动方式的革命,尤其是在能源安全、环境问题等风险暴露日益明显的当下,就显得更加必要和紧迫,全球各国正在以前所未有的力度推动电动汽车行业的发展。

1. 电动汽车的诞生与第一次发展期

1834 年,英国人德文博特制造了一辆电动三轮车,如图 1-7 所示,它由一组不可充电的干电池驱动。虽然这辆车可行驶的距离短,但不能否认的是它跨出了人类汽车发展史上的一大步,比 1885 年德国人卡尔·本茨发明的汽油机驱动汽车早了近半个世纪。

图 1-7 德文博特制造的电动三轮车

1873 年,英国人罗伯特·戴维森制造了世界上最初的可供实用的电动汽车,如图 1-8 所示,在 7 年后应用了可以充放电的二次电池。由此电动汽车在 19 世纪下半叶成为交通运输领域重要的产品,并写下了电动汽车在人类交通史上辉煌的一页。

图 1-8 罗伯特·戴维森制造的电动汽车

1888 年,英国华德电气公司制造了一辆时速可达 11 km 的电动公共汽车,如图 1-9 所示。因为不会造成路面的损坏和街道的污染,这辆车受到了市民的欢迎。

图 1-9　英国华德电气公司制造的电动公共汽车

1899 年 4 月 29 日,比利时人卡米乐·热纳茨驾驶着他设计的名为 La Jamais Cont-ente(意为永不满意)的炮弹外形电动汽车,如图 1-10 所示,以 105.88 km/h 的速度刷新了当时由燃油汽车保持的世界汽车最高车速纪录,这也是汽车速度第一次突破 100 km/h 大关,并且保持着这个汽车速度纪录进入了 20 世纪。

图 1-10　卡米乐·热纳茨设计的炮弹外形电动汽车

1916 年,世界第一辆电油混合动力汽车问世,如图 1-11 所示。这款与现代汽车外形、结构都很接近的双排座轿车,使用操纵杆代替踏板来控制油门。

图 1-11　世界第一辆电油混合动力汽车

1920年,美国新泽西州的发明家在早期混合动力汽车设计基础上进行创新,设计了最早的制动力回收系统。

1920年前后生产的电动汽车,体积小,重量轻,充分发挥了发动机的功能。这种汽车的使用成本比燃油汽车低,因此成为经济实用的交通工具,风光一时,如图1-12所示。

图1-12 风光一时的电动汽车

19世纪末期到20世纪初期是电动汽车的第一次黄金时代,电动汽车受到了人们的喜爱。1900年,欧美出售的4 200辆汽车中,40%是蒸汽机车,38%是电动汽车,剩下的22%才是燃油汽车。1912年,美国电动汽车的保有量高达3万辆。

2. 电动汽车的快速衰落期

20世纪,内燃机技术迅速发展,并且石油冶炼技术成熟,油品质量提高,大量油田被发现,石油价格更加便宜,燃油汽车在这一阶段形成了绝对的优势。内燃机虽然体积比较大,会排出废气,污染环境,噪声也很大,但它的燃料易于携带,因此内燃机汽车可以携带足够的燃料行驶很远的路程。而电动机体积小,不污染环境,噪声也很小,但是它工作时需要电能,而电能不易携带,电池的容量也有限,因此电动汽车行驶距离受到限制。电动汽车很快就在与内燃机汽车的较量中败下阵来,到1935年已经完全衰落,基本退出民用领域。

3. 电动汽车的第二次发展期

汽车在给人们的交通带来便利的同时也带来了严重的环境污染问题,汽车所产生的废气、噪声及扬起的尘土对自然环境造成了严重污染并危害人类的健康。人们开始反思内燃机汽车的弊端,而20世纪70年代接连发生的石油危机促使人们开始重新关注电动汽车。

石油这样一种宝贵的资源在全球的分布极不均衡。中东地区当时只有不足全世界9%的人口,却占据当时世界已探明储量60%以上的石油。世界主要石油消费地区是北美和欧亚地区,那里的石油储量却不超过世界总量的10%,石油消费量与拥有量严重失衡。石油消费国每年需要投入大量的资金进口石油，石油资源的稀缺严重影响了各石油消费国工业的发展，20世纪70年代的两次石油危机使得这种弊端表现得更加显著，尤其体现在汽车业上。汽车等交通设备使用的汽油约占全球汽油消费量的一半。机动车的燃料消耗正成为无情吞噬石油资源的"无底洞"。这也促使人们考虑摆脱对内燃机汽车的依赖，转而将目光投向无污染、节能的电动汽车。

20世纪70至90年代，美国和德国是汽车业中心，通用汽车公司和戴姆勒-奔驰公司是电动汽车技术领导者。1965年，日本将电动汽车列入国家项目，但这一时期日本电动汽车发展仍大幅落后于欧美国家。

(1) 美国在这一时期中电动汽车的主要成就

1971年，美国宇航局与波音公司签约生产用于月球的电动汽车LRV，通用汽车的Delco部门是LRV驱动控制系统和电机的主要分包商，LRV电动月球车于1971年首次部署在阿波罗15号任务中。

1973年，美国Vanguard-Sebring公司在华盛顿的电动汽车展上首次展出CitiCar。CitiCar最高时速可达64 km。此车搭载36 V直流电机，最大续航里程达129 km，可用110 V标准电压进行充电，单次充电时间为6 h。1974年，CitiCar正式投产。

1988年，通用汽车公司批准可量产电动汽车的研发计划，并为其投入数十亿美元的资金。

(2) 德国在这一时期中电动汽车的主要成就

1972年，戴姆勒-奔驰公司推出了梅塞德斯-奔驰LE306电动汽车，它采用加速充电的电池交换系统，在安全性和操纵性上也达到了相当高的水平。

1979年，戴姆勒-奔驰公司将电驱动应用在城市公交车上，由内燃机驱动发电机发电，再供给电动机。虽然这在总体设计上属于混合动力的范畴，却标志着戴姆勒-奔驰公司在电动汽车的探索中又迈出了关键的一步。

1980年，戴姆勒-奔驰公司将电驱动技术应用到了小型载货汽车上，成功研发了奔驰307E电动货车。

1982年，戴姆勒-奔驰公司开始研发电动轿车，在其123系列车型基础上，推出了一款电动旅行车。

(3) 日本在这一时期中电动汽车的主要成就

1965年，电动汽车被正式列入日本国家项目。

1967年，日本成立了日本电动汽车协会，旨在进一步促进电动汽车产业的发展。

1968—1969年，日本大发工业株式会社在已经量产的轻型车FELLOW VAN的基础上制成5辆试验电动汽车，全部通过日本关西电力公司的功率测试，成为早期日本电动汽车的典范。

1971年，日本通产省制定了电动汽车开发计划，对电动汽车的发展有了一个明确的规划。

1976年，日本大发汽车公司开始正式生产电动汽车，特别是电动轻型客车，无论是在清洁环保方面，还是民众反响上都取得了巨大成功。

4. 电动汽车的第三次发展期

20世纪90年代，继能源危机之后的环境问题日益严峻。世界各国纷纷推出新的汽车排气排放物限定标准，这样电动汽车以其低污染的特点又一次为世人看好，有东山再起之势，这是电动汽车发展的新机遇。

20世纪90年代至21世纪10年代电动汽车电池技术进步显著，铅酸电池、镍镉电池、锂电池先后成为电动汽车动力电池。燃料电池电动汽车方案一度成为新方向，但先天缺陷及电池技术更新，这一方案很快被淘汰。

混合动力电动汽车主要以内燃机和电池为动力源，兼顾了两者的特点，既可以提高发动机的经济性，也不会影响动力性能。但是它不能像燃料电池电动汽车那样真正达到零排放。在燃料电池方案逐渐被主流汽车厂商放弃之后，混合动力成为部分厂家重点押注的新能源赛道。在零排放电动汽车未成主流之前，混合动力车可以较好地应对新环保法规。

美国仍然是这一时期全球电动汽车的领导者，通用和福特汽车公司代表了当时最先进的技术水平。

(1) 美国在这一时期中电动汽车的主要成就

1990年，通用汽车公司推出Impact电动汽车，其最高时速达176 km，以88 km的时速可以行驶200 km。量产车型为现代电动汽车的鼻祖EV1，如图1-13所示。通用汽车公司又用镍氢电池代替EV1的铅酸电池，并可以回收制动能量，达到当时电动汽车技术的顶峰。

图1-13　EV1

1992年，福特汽车公司推出的电动汽车Ecostar使用钠硫电池和三相交流感应电动机,续航里程可达160 km,最高时速达120 km。该车配有空调,这使得电动汽车在实用化方面又向前迈进了一步。

1998年,福特汽车公司推出了专用于邮政运输的Ranger电动汽车,坚固可靠。

(2) 欧洲在这一时期中电动汽车的主要成就

1995年,大众汽车公司以Golf Ⅱ为原型批量推出电动汽车Golf City Stromer,搭载了铅酸蓄电池,采用西门子公司的最高输出功率为22 kW的三相交流电动机,最高时速达99 km。

1997年,在法国进行了欧洲第一次对锂电池电动汽车的相关行驶性能测试,著名的标致106也在其中。它所用锂电池由SAFT公司提供,续航里程可达124 km,在电动汽车史上留下了绚烂的一笔。

(3) 日本在这一时期中电动汽车的主要成就

1991年,日本东京电力公司等多家公司联合研制出豪华型电动汽车IZA。它以288 V镍镉电池为动力电源,采用永磁同步电动机,并设有制动能量回收装置。以40 km的时速行驶,续航里程可达544 km,创下了当时电动汽车的世界之最。

1997年,丰田推出电动旅行车RAV4,如图1-14所示。RAV4采用镍氢蓄电池和永磁同步电动机,时速可达125 km,一次充电可以行驶215 km。

图1-14 RAV4

(4) 中国在这一时期中电动汽车的主要成就

1996年,我国将电动汽车列为"九五"国家重大科技产业工程项目。

2000年底,在德国留学和工作多年的万钢回到祖国,被科技部聘任为国家高技术研究发展(863)计划电动汽车重大专项首席科学家、总体组组长。他确立了"三纵三横"(燃料电池电动汽车、混合动力汽车、纯电动汽车三种整车技术为"三纵",多能源动力总成系统、驱动电机、动力电池三种关键技术为"三横")的中国电动汽车研发布局。经过几年的努力,中国燃料电池电动汽车的研发取得了快速的进步。

2003年,同济大学燃料电池电动汽车研发团队在万钢的带领下,成功研制出中国第一辆燃料电池电动轿车"超越一号",如图 1-15 所示,并开始示范运行。这是中国电动汽车历史上的一个里程碑。该车搭载了国内自主研制的 30 kW 质子交换膜燃料电池,采用高压氢气作为燃料。

图 1-15 "超越一号"

2004 年底,万钢团队在"超越一号"的基础上,又相继推出了"超越二号"和"超越三号"。

在 2008 年北京奥运会期间,共有 55 辆纯电动客车、25 辆混合动力客车、75 辆混合动力轿车、20 辆燃料电池轿车、400 多辆各类纯电动场地车等新能源汽车为"绿色奥运"服务。

5. 电动汽车的第四次发展期

随着电动汽车技术的持续发展,以及全球范围内的环境污染、地缘政治博弈等带来的能源安全问题,全球主要国家均将电力驱动的交通工具作为当下发展的重点方向,大量资本投入、众多创业者进入电动汽车行业,传统汽车厂商也加速了其电动汽车技术储备的落地,电动汽车进入了第四次发展期。

2003 年,马丁·艾伯哈德和马克·塔彭宁共同创立特斯拉汽车公司。2004 年,埃隆·马斯克领导了该公司 750 万美元的 A 轮融资,自己投资 630 万美元,并成为董事会主席。2006 年,特斯拉汽车公司推出 Roadster 原型车。2008 年 6 月,特斯拉汽车公司发布 Model 3。2008 年 10 月,第一批 Roadster(图 1-16)下线并开始交付。2011 年,特斯拉汽车公司展示了其首款轿车 Model S 的原型车。2012 年 2 月,特斯拉汽车公司推出 SUV 车型 Model X。2012 年 6 月,特斯拉汽车公司正式开售 Model S 车型。2015 年 9 月,特斯拉汽车公司正式开始交付 Model X 车型。2015 年 11 月,特斯拉汽车公司为 Model S 推出自动驾驶仪。后来,特斯拉汽车公司限制了自动驾驶模式,以阻止人们做"疯狂的事情"。2015 年 12 月,特斯拉 Model S 的全球销量达到 10 万辆的里程碑。2021 年 8 月,特斯拉 Model 3 累计销量突破 100 万辆，成为全球第一款销量突破百万的电动汽车车型。特斯拉汽车公司异军突起，汽车市场"鲶鱼效应"显现，汽车厂商及创业公司大举投入电动汽车领域。

图 1-16　Roadster

1.2.3　新能源汽车的发展现状

1. 新能源汽车的销量现状

2014—2020 年全球电动汽车销量（BEV＋PHEV）及同比增速如图 1-17 所示。[①] 2021 年全球电动汽车销量达 324 万辆，其中纯电动汽车约占六成。

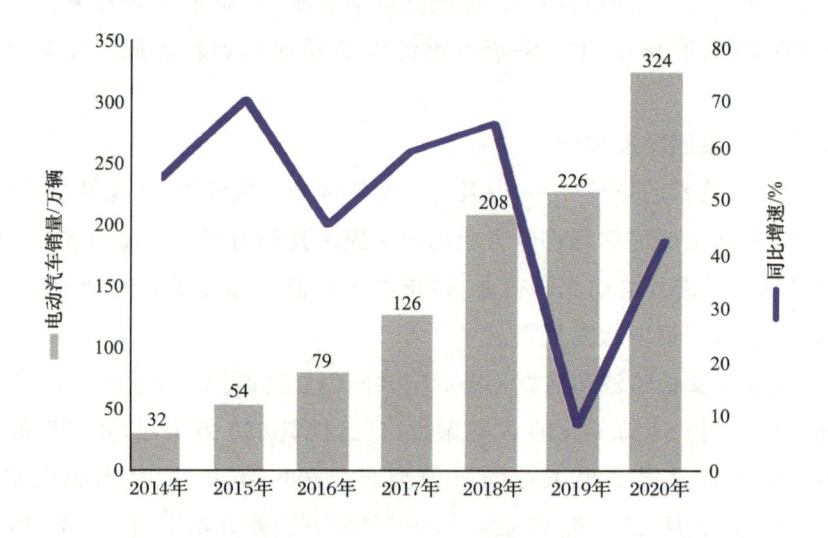

图 1-17　2012—2020 年全球电动汽车销量（BEV＋PHEV）及同比增速

电动汽车占比持续快速飙升，2014—2020 年全球电动汽车销售量占汽车销量的比例如图 1-18 所示。

---

① 本节数据来自 Fastdata 极数团队出品的《新能源汽车简史——电动汽车沉浮录》。

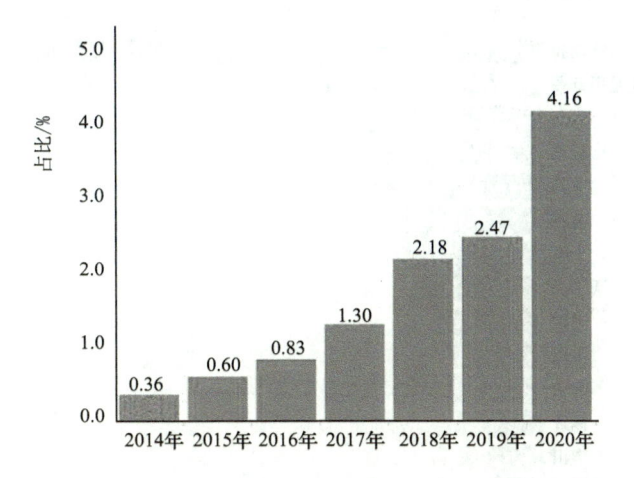

图 1-18　2014—2020 年全球电动汽车销量占汽车销售量的比例

2021 年上半年全球部分国家电动汽车销量如图 1-19 所示。2021 上半年中国电动汽车销量超 120 万辆,稳居榜首,占据全球电动汽车市场的近半壁江山。

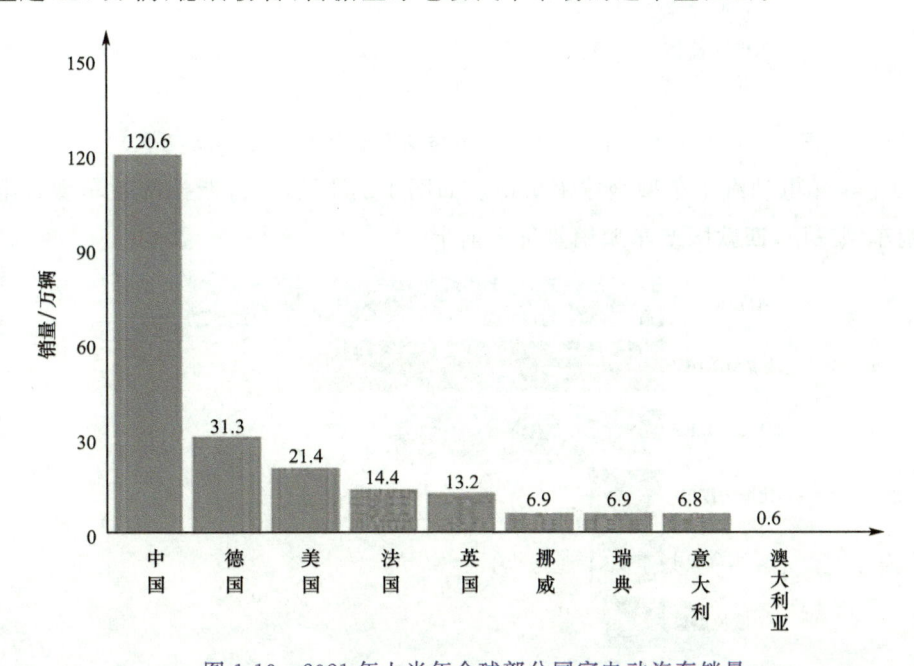

图 1-19　2021 年上半年全球部分国家电动汽车销量

2021 上半年全球汽车厂商电动汽车销量排名如图 1-20 所示。特斯拉一骑绝尘领跑电动汽车市场,上汽通用五菱异军突起,排名第二。

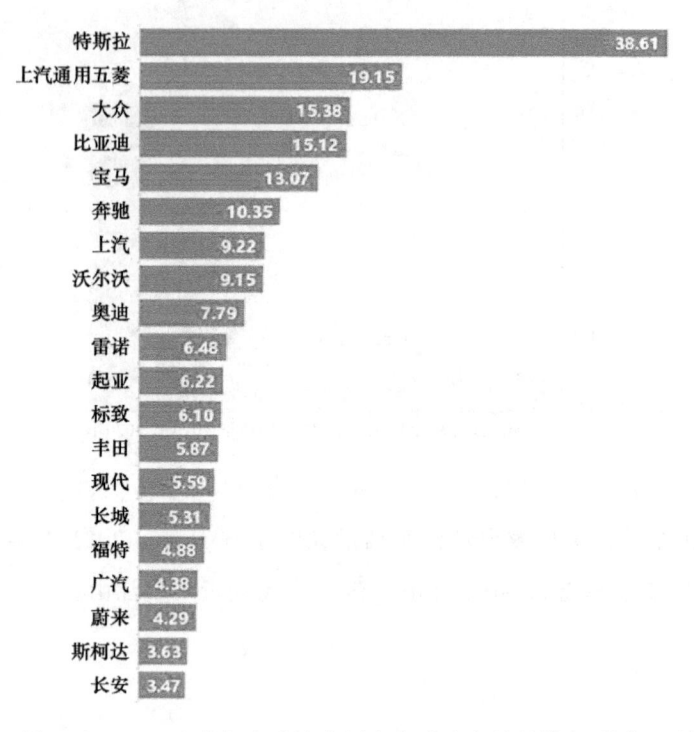

图 1-20 2021上半年全球汽车厂商电动汽车销量排名（单位：万辆）

2021上半年电动汽车车型全球销量排名如图 1-21 所示。特斯拉两款车型入围电动汽车畅销车型三甲，四款国产车型销量进入前十。

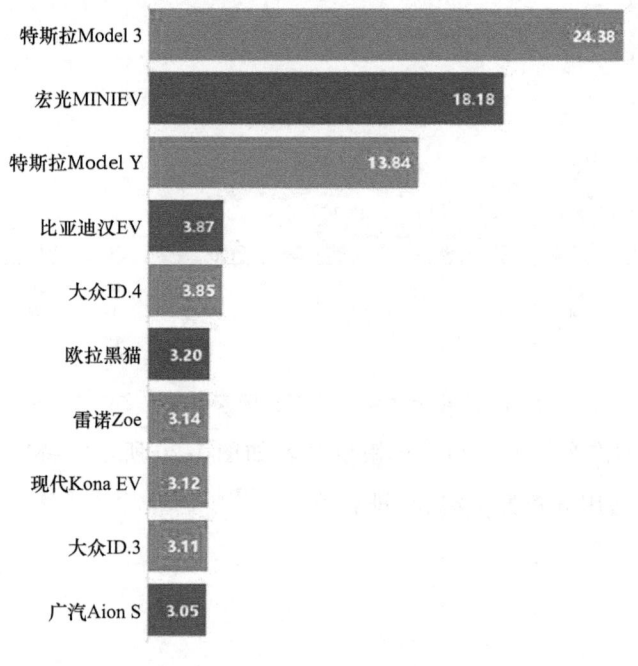

图 1-21 2021上半年电动汽车车型全球销量排名（单位：万辆）

全球重点电动汽车公司见表1-1。

表1-1　　　　　　　　　　全球重点电动汽车创业公司

企　业	国　家	简　介
蔚来	中国	创立于2014年,2021年上半年交付电动汽车41 956辆
小鹏	中国	创立于2014年,2021年上半年交付汽车30 738辆
威马	中国	创立于2015年,2021年上半年累计销量为1.57万辆
理想	中国	创立于2015年,2021年上半年总交付量达30 154辆
特斯拉	美国	2003年创立,2020年交付约50万辆电动汽车
Nikola	美国	创立于2014年,主要制造电动卡车,2022年生产目标为250辆电动卡车
Rivian	美国	创立于2009年,其两款电动汽车正在筹备中
Lucid Motors	美国	创立于2007年,2021年下半年开始向客户交付电动汽车
Fisker	美国	创立于2007年,Fisker品牌的第一辆豪华插电式混合动力汽车Karma于2008年亮相于北美国际车展
Arrival	英国	创立于2015年,主要从事电动专用汽车、电动公交汽车研发、生产及销售

2021年6月全球汽车厂商电动汽车销量排名如图1-22所示。可以看出,传统汽车厂商在电动汽车市场依旧有优势,新创企业竞争压力巨大。

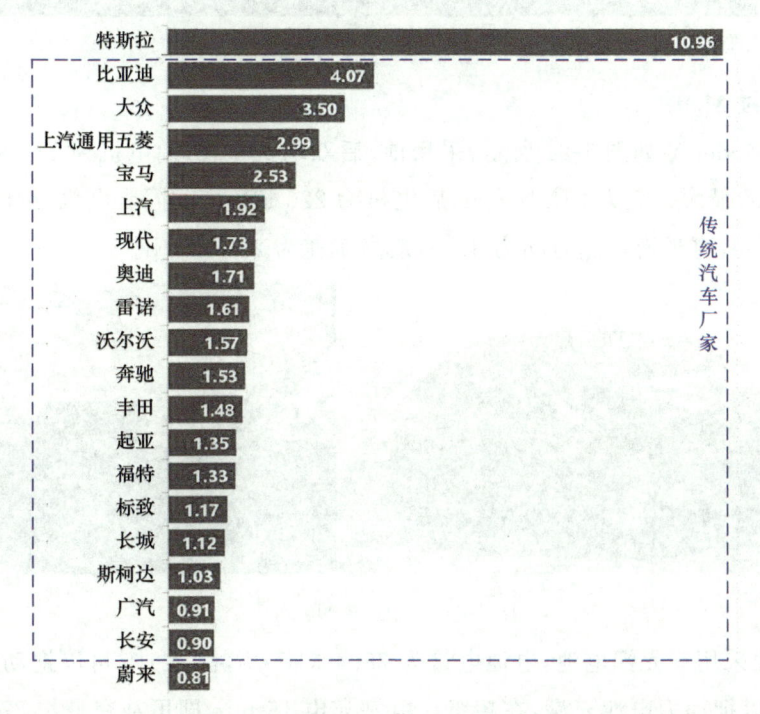

厂商	销量(万辆)
特斯拉	10.96
比亚迪	4.07
大众	3.50
上汽通用五菱	2.99
宝马	2.53
上汽	1.92
现代	1.73
奥迪	1.71
雷诺	1.61
沃尔沃	1.57
奔驰	1.53
丰田	1.48
起亚	1.35
福特	1.33
标致	1.17
长城	1.12
斯柯达	1.03
广汽	0.91
长安	0.90
蔚来	0.81

(除特斯拉、比亚迪、上汽通用五菱、上汽、广汽、长安、蔚来外均为传统汽车厂家)

图1-22　2021年6月全球汽车厂商电动汽车销量排名(单位:万辆)

2. 新能源汽车的技术现状

(1) 蔚来 ES8

蔚来 ES8 如图 1-23 所示,采用前、后双电机布置,前电机为 160 kW 永磁同步电机,后电机为 240 kW 交流异步电机,电机总扭矩为 725 N·m,百千米加速时间为 4.9 s,最高车速为 200 km/h。

动力电池采用三元锂电池+磷酸铁锂电池,电池电量为 75 kW·h,快充 36 min 即可以把动力电池的电量从 10% 充到 80%,慢充 11.5 h 可以把动力电池的电量从 10% 充到 100%,百千米耗电量为 17 kW·h,综合工况续航里程最长可达 450 km,动力电池质保不限年限、不限里程。

蔚来 ES8 搭载 NIO Pilot 自动辅助驾驶系统和 NOMI 车载人工智能系统,兼具科技温度与精致美学。驾驶辅助级别为 L3 级。

图 1-23 蔚来 ES8

(2) 特斯拉 Model Y

特斯拉 Model Y 如图 1-24 所示,采用前、后双电机布置,前电机为 137 kW 交流异步电机,前电机的最大扭矩为 219 N·m,后电机为 220 kW 永磁同步电机,后电机的最大扭矩为 440 N·m,百千米加速时间为 3.7s,最高车速为 250 km/h。

图 1-24 特斯拉 Model Y

动力电池采用三元锂电池,电池电量为 78.4 kW·h,快充 1 h 可以把动力电池充满,慢充 10 h 可以把动力电池充满,在超级充电站充电 15 min 即可补充最长 270 km 续航里程,综合工况续航里程最长可达 615 km,动力电池质保 8 年或 $1.92×10^5$ km。

特斯拉 Model Y 自诞生之日起便将安全性作为设计的重中之重。整车重心位于车辆底部中间位置,且拥有高强度的车身结构以及充裕的撞击缓冲区,有效降低人员受伤风险。全轮驱动系统配备两台超灵敏独立电机,以数字化方式精准控制前、后轮扭矩,牵引力及稳定性出色,可轻松应对雨雪天气及泥泞或越野环境。前置、侧方和车尾摄像头,视野范围达 360°。具有强大的视觉处理能力,探测距离可达 250 m。配备 12 个超声波传感器,探测附近车辆,降低碰撞风险,辅助泊车。

（3）比亚迪唐 DM

比亚迪唐 DM 如图 1-25 所示,配备 2.0TI 发动机,发动机最大功率为 141 kW,发动机最大扭矩为 320 N·m,前、后电机都采用永磁同步电机,前电机的最大功率为 110 kW,前电机的最大扭矩为 250 N·m,后电机的最大功率为 180 kW,后电机的最大扭矩为 380 N·m,百千米加速时间为 4.3 s,综合工况油耗为 1.6 L/100 km。

动力电池采用三元锂电池,电池电量为 23.97 Wh,纯电动模式下续航里程为 100 km,充电时间为 3.5 h,动力电池电芯终身保修。

图 1-25　比亚迪唐 DM

（4）宝马 iX5 Hydrogen

宝马 iX5 Hydrogen 如图 1-26 所示,将燃料电池技术与第五代 BMW eDrive 电驱系统相结合,燃料电池系统从 CFRP 储罐连续供入氢气,两个 70 MPa 的储氢罐总共可容纳 6 kg 的氢气,其质量和空间都得到了优化,并且只需要 3～4 min 即可重新装满,为安装在后轴上的电机产生 125 kW 的电能功率。在动力总成驱动器上方还有一个高压电池,它的作用是在特殊时刻为加速提供额外动力,整个传动系统总输出功率为 275 kW。

图 1-26　宝马 iX5 Hydrogen

1.3　了解新能源汽车的关键技术

1.3.1　电池技术

　　动力电池是纯电动汽车的动力电源,也是纯电动汽车的主要能源,它除了供给汽车驱动行驶所需的电能外,也是辅助电源(低压蓄电池)和各种辅助装置的工作电源。动力电池系统要以满足整车的动力要求和其他辅助功能为前提,同时要考虑动力电池系统自身的内部结构和安全及管理设计等方面。纯电动汽车上可采用的动力电池有铅酸蓄电池、锂离子蓄电池、镍氢蓄电池、超级电容器等。下面介绍两种动力电池。

1. 北汽 EU5 的动力电池

　　北汽 EU5 的动力电池如图 1-27 所示。选取宁德时代的新一代高性能三元锂电芯,在将电芯、模块、电气系统、热管理系统、壳体和电池管理系统几部分封装成一个总成后,系统能量密度达到了 151 W·h/kg。

微课 1

图 1-27　北汽 EU5 的动力电池

　　为提高动力电池在不同工作环境下的适应性,北汽 EU5 集成了多项电池活性辅助功能,包括低温预加热功能、边充电边加热、慢充保温、整车双向充电、动力电池液冷等,大大提高了电池的使用与快、慢充环境适应性,极大地优化了车主在日常充电过程中的便利性。电池控制系统提供的多重智能安全保护措施,如电池实时预测和报警、快充/快放保护、过充/过放安全防护、低温充电预加热等功能,保护了电池的安全,保障了消费者的出行安全。

2. 特斯拉 Model S 的动力电池

　　特斯拉 Model S 的动力电池由 6 831 颗如图 1-28 所示的 18650 型三元锂离子电池组

成,电芯由松下生产,充电次数可达 1 000 次以上。这也是其续航能力比竞争对手要长的主要原因。特斯拉 Model S 85 kW·h 版本的动力电池为 8 年无限千米保修,60 kW·h 版本为 8 年 20 万 km 保修,用户基本不用考虑维护、更换的成本。

图 1-28　18650 型三元锂离子电池

特斯拉 Model S 的动力电池板位于车辆的底盘,与轮距同宽,长度略短于轴距。电池板长 2.7 m,宽 1.5 m,厚 0.10～0.18 m。其中 0.18 m 较厚的部分为 2 个电池模块叠加。这个物理尺寸为电池板整体的大小,包括上下、左右、前后的包裹面板。该电池板的结构是一个通用设计,除了 18650 型三元锂离子电池外,其他符合条件的电池也可以安装。此外,电池板采用密封设计,与空气隔绝,大部分用料为铝或铝合金。电池板不仅是一个能源中心,同时也是特斯拉 Model S 底盘的一部分,其坚固的外壳能对车辆起到很好的支撑作用。

1.3.2　电机技术

电机驱动系统是纯汽车三大核心部件之一,是车辆行驶性能的决定性因素之一。驱动电机直接关系到车辆驱动性能、能耗水平乃至舒适度等多方面的品质。

驱动电机在纯电动汽车上承担着电动机和发电机的双重功能,即在正常行驶时发挥其主要的电动机功能,将电能转化为机械能;而在减速和下坡滑行时又承担发电任务,将汽车的惯性动能转换为电能。对驱动电机的选型一定要根据其工作要求和负载特性,通过对汽车行驶时的特性分析,可知汽车在起步和上坡时要求有较大的启动转矩和相当的短时过载能力,并有较宽的调速范围和理想的调速特性,即在启动低速时为恒转矩输出,在高速时为恒功率输出。

在纯电动汽车上,驱动电机是唯一的驱动装置。纯电动汽车上可采用的电机有直流电机、交流电机、永磁同步电机和开关磁阻电机等。

1. 北汽 EU5 的驱动电机

北汽 EU5 的驱动电机采用的是北汽新能源自主研发的全新平台三相交流永磁同步

电机,如图1-29所示。该驱动电机使用了先进的设计、分析、仿真技术,实现性能大幅提升,具有扭矩大、重量轻、体积小、损耗低等特点。

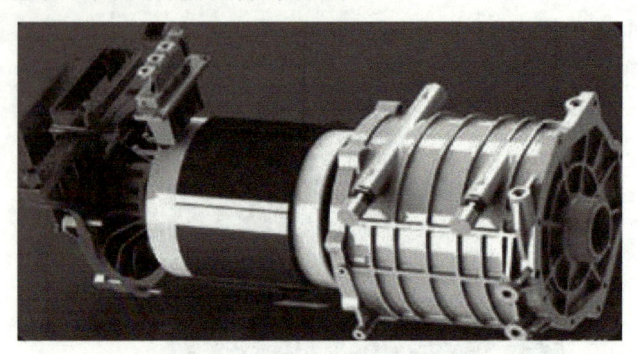

图1-29 北汽EU5的驱动电机

北汽EU5的驱动电机峰值扭矩为300 N·m,峰值功率为160 kW,在11 000 r/m转速范围里提供了线性式的功率输出,保障了车辆动力。动力响应迅速,百千米加速时间仅为7.8 s。相当于2.0T发动机的扭矩输出,保证了爬坡能力。额定扭矩为150 N·m,额定功率为80 kW,额定转速为5 100 r/m,质量为45 kg,冷却方式为水冷,最高效率达97%,大功率密度、大扭矩密度,小扭矩波动,设计寿命为$3×10^5$ km,终身免维护,可靠性高。

北汽EU5的驱动电机采用轻量化设计,电机外壳体采用铝合金压铸而成,更轻、更耐腐蚀,通过合理的设计、余量预留、节省材料而不损失性能,该电机相对于传统方案电机减轻25%,这更加有利于平衡车辆的前后重量比,提高操控舒适。同时,通过电机电控联合优化设计,系统能量转换率最高达95%以上,较大范围的高效区间使得整车能耗降低,切实保障长续航里程。

北汽EU5的驱动电机平台化设计,兼容A0～A级车。但三相交流永磁同步电机存在高温退磁的风险,成本比三相异步电机高。

2. 特斯拉Model S的驱动电机

特斯拉Model S配备了一台仅有篮球大小的三相四极交流感应电机,如图1-30所示。该电机可以爆发出高达310 kW的最大功率,可在不到4.4 s的时间内,将超过2 t的车身加速至100 km/h。

图1-30 特斯拉Model S的驱动电机

该电机是交流异步电机,由定子绕组形成的旋转磁场,与转子绕组中感应电流的磁场相互作用,产生电磁转矩驱动转子旋转。这种电机可以抵御大幅度的温差变化,也省去了安装散热、冷却系统的烦恼,非常适合作为车辆的动力系统。但其功率密度和效率没有永磁同步电机高。

特斯拉 Model S 的驱动电机设计转速可达 8 600 r/min,最大转矩约为 600 N·m。由于拥有充沛的转矩,因此不需要通过额外的齿轮组来适应高转矩工作环境的需求,从而进一步精简了车辆的传动结构。

1.3.3 电控技术

在具备了良好的驱动电机与动力电池硬件基础后,电控系统作为连接电机与电池的神经中枢,其逻辑与效率的优劣就成为决定整套电驱系统性能的关键。纯电动汽车的电控系统是基于车载电子微处理器的硬件和软件,以及 CAN 通信网络系统等来实现对汽车各个功能单元的控制,主要由整车控制器、电机控制器、电池管理系统、CAN 通信网络系统等组成。电控系统的性能直接决定了纯电动汽车的爬坡、加速、最高速度等主要性能指标。同时,电控系统面临的工况相对复杂,需要能够频繁启/停、加/减速,低速/爬坡时要求高转矩,高速行驶时要求低转矩,具有大变速范围。还需要能实现制动能量回馈等特殊功能。

1. 北汽 EU5 的电控系统

北汽 EU5 上搭载了 EMD(e-motion drive)3.0 超级电控技术。三电控制器包括高压配电装置、驱动电机控制器、电动空压机控制器、电动转向机控制器、电压转换器等。北汽 EU5 通过技术革新,不断加强系统的集成化、轻量化设计,将各控制器整合成一体,即集成模块 PEU,如图 1-31 所示。

图 1-31 北汽 EU5 的 PEU

EMD 3.0 超级电控技术实时监测着全车 260 个部件数据,智能分析处理信息,并管控电池管理、电机控制和整车控制三大系统协调一致地工作,为车辆带来超长续航里程、超强动力、超高效能、精准驾控和全面安全。

EMD 3.0 超级电控技术中的电机控制系统,包含了主动阻尼控制、电流矢量控制、高扭矩响应速度、扭矩安全控制等技术特点,有效提升了动力输出的舒适性、响应性、精准性及安全性。

EMD 3.0 技术在整车控制方面融入了 One Pedal（智能单踏板）功能,即在单踏板模式下,驾驶员可以只通过操作加速踏板实现整车的加速、制动,而无须控制制动踏板,减轻了驾驶员的疲劳程度,同时使用电制动代替了机械制动,也提高了车辆的续航里程。

EMD 3.0 技术还为目前日渐流行的 ADAS 高级智能驾驶辅助功能预留了巨大的技术空间,如在北汽 EU5 的高配版本上,就装配了定速巡航功能、自适应巡航、主动紧急制动等多项 ADAS 功能。

2. 特斯拉的电控系统

特斯拉拥有极其优秀的电池管理系统。为了避免 18650 型电池存在的安全风险,特斯拉的电池管理系统将 6 831 节 2 A·h 左右的 18650 型电池通过串联和并联结合在一起,如图 1-32 所示。

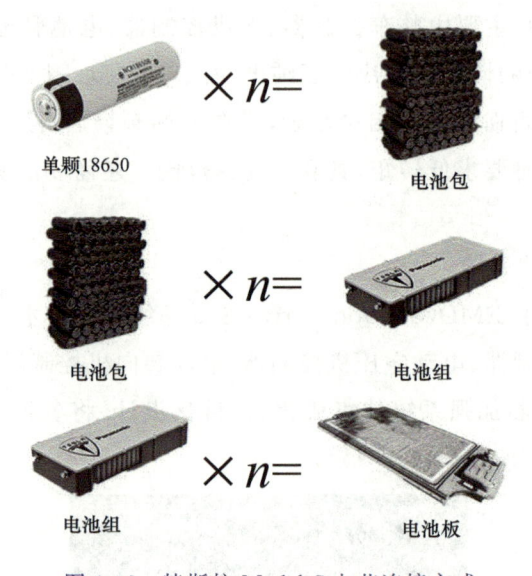

图 1-32　特斯拉 Model S 电芯连接方式

只对这些电池进行分层还不够,还要对每一个层次都进行监控,在每个电池包、每个电池组、每个电池板的两端均设置熔丝,一旦电池过热或者电流过大,立刻熔断,断开输出。同时在每个电池组上,均设置电池监控板 BMB(battery monitor board),用以监控每个电池包的电压、温度和整个电池组的输出电压。在整个电池板上,设置有电池系统监控器 BSM(battery system monitor),用以监控整个电池板的工作环境,包括电池板的电流、电压、温度、湿度、方位和烟雾等。在整车层面,设置整车系统监控器 VSM(vehicle system monitor),用以监控 BSM。

1.4 分析新能源汽车当前存在的问题

1.4.1 动力电池技术存在的问题

1. 动力电池安全性得不到保证

在当前新能源汽车的动力电池技术中,显著的问题是动力电池技术不够成熟,安全隐患较大。不良散热导致动力电池安全性得不到有效的保证,直接影响汽车的使用寿命和驾驶员的生命安全,这是当前急需解决的重大问题,是动力电池技术改进中的关键环节。动力电池在新能源汽车不断行驶或充电的过程中,会出现不断发热的现象,而好的材料就可以延缓电池的发热过程,相应的散热装置也能够帮助动力电池良好散热。但是,在当前动力电池技术中,动力电池的散热还是一个较为棘手的问题,相关技术人员也应该对此给予高度的关注。

2. 动力电池续航能力存在欠缺

许多人不但会利用新能源汽车短途出行,还会将它作为长途出行的代步工具,这就对新能源汽车的动力电池技术有着较高的要求。如果动力电池容量不足,就可能会让汽车在行驶中过程中出现抛锚等现象,从而影响车主的行程及用车体验,甚至对车主的工作和生活造成一定的影响。

当前市面上纯电动汽车产品中装配的动力电池,官方保证总里程数大约为 $2.5×10^5$ km,使用寿命为 8 年。但是,按照我国动力电池技术路线规划,近年产品系统循环寿命需要达到 1 000 次。如果按照单次满充满放 500 km 的续航里程计算,若想满足 1 000 次循环寿命,则动力电池要具备 $5×10^5$ km 的行驶里程。

3. 动力电池充电速度慢

目前,纯电动汽车的续航里程问题已经基本得到有效解决。不过新能源汽车产业跨越发展,需解决的关键问题为纯电动汽车无法取代燃油汽车。纯电动汽车的最大"痛点"为充电速度。纯电动汽车使用时常需要花费 1 h 以上充电,同燃油汽车 3~5 min 的加油速度难以相比。纯电动汽车的充电时间长,这给人们快节奏的生活带来较大的时间浪费。2019 年中国新能源汽车行业用户满意度指数测评结果显示,用户对纯电动汽车电池性能评价最低,主要是续航里程与电池慢充的性能得分低。

目前快速充电技术得到了发展,但由于快速充电技术的危害性大于有效性,且使用价格较高,并不能得到广泛推广,而严重限制了新能源汽车的服务全面性和高质量性。

4. 动力电池环保性不佳

生态环保理念是当前我国重要的发展理念,也是基本国策之一,我国在方方面面都十分注重资源环保和环境保护。但众所周知,动力电池由于自身的特殊性,被废弃之后会对环境造成极大的污染,且这种污染是很难去除的。社会经济的快速发展,让许多家庭都拥有了汽车,但如果动力电池的环保性不佳,就会造成大量的环境污染。因此,动力电池环保性不佳也是当前新能源汽车动力电池技术需要解决的一大问题。

1.4.2 充电桩存在的问题

1. 充电桩数量仍存在缺口

虽然我国充电桩数量增加速度近年来逐步加快,但对比新能源汽车的数量依旧有很大缺口。截至2021年9月,我国公共充电桩的总建设量达到了210.5万根,但与同时期新能源汽车的发展规模还有一定的差距,发展空间还很大。

虽然目前桩车比已经基本达到了1∶3,但与我国计划的1∶1还有很大的差距,并且充电桩的地区发展并不平衡,我国东部与西部充电桩数量差距较大,其中沿海地区充电桩数占到了充电桩总数75.3%。虽然新能源汽车在我国东部发展较快,但西部地区新能源汽车的增速同样不容小觑,同时西部地区的充电桩主要位于市区,在高速公路上配套的充电桩较少,预计未来充电桩主要的增加将在西部地区。

2. 充电桩的布局有待进一步优化

当前,受多种因素共同影响,国内充电桩的布局存在如下突出问题:

(1)居住小区建桩难

例如,某些城市规定居民安装充电桩必须拥有个人产权的固定车位,这一严苛条件导致许多纯电动汽车车主无法在居住小区安装充电桩。另外物业等小区管理部门还经常以电力负荷大、安全性差等理由拒绝居民在小区安装充电桩。

(2)一些激励政策有待优化和改进

例如,一些地方行政部门规定充电桩安装企业获得补贴的数额与其充电桩安装数量密切相关。因为建设慢充桩成本低,而且位置越偏僻,充电桩安装成本越低,部分企业在偏远地区安装了大量常年无人问津的"僵尸"慢充桩,浪费资源、人力与财力。

(3)燃油汽车占位现象严重

目前,国内各城市车位紧张是普遍存在的问题,部分停车场管理方出于利益考虑以及车主的不文明行为,很多纯电动汽车充电车位被燃油汽车占用。近期有关机构调查发现,北京王府井百货大楼地下三层停车场中的30个纯电动汽车充电车位中,12个被燃油汽车占用,3个因故障停用,仅有50%的充电桩可用,此种情况在一些地区很常见。

3. 充电桩利用率低

近年来,我国各省市公共充电桩的发展较为迅速,特别是东部经济相对发达地区公共充电桩的分布相对较多，但各地在快速增加公共充电桩数量的同时，却忽略了充电桩的高效利用。2019年，全国只有陕西省公共充电桩利用率达到了15%，其余地区公共充电桩利用率均低于10%。其中，公共充电桩保有量居于全国前列的广东省和江苏省，其公共充电桩利用率仅为8%和5%，北京市、上海市和山东省的公共充电桩利用率甚至分别低至3%、2%和3%。另据中国电动汽车充电基础设施促进联盟统计，占全国充电桩总数65%的京津冀、珠三角、长三角等区域的公共充电桩利用率均不足10%。由此可见，当前我国公共充电桩的利用率亟待提升。

4. 充电桩的安全问题

目前，大量的新能源汽车充电桩被安装于露天环境，且为了减少充电时间，充电桩普遍采用大电流、大电压工作方式，这对其防雷、防水、防漏电等安全性能要求非常高。近年来频繁发生的电动汽车安全事故已经使得安全性差成为电动汽车发展的最大障碍。据2019年8月广东产品质量监督检验研究院公布的风险监测报告显示，当前电动汽车充电桩产品存在严重安全隐患，此次列入风险监测的9家企业生产的10批次充电桩产品中有7批次不符合国标，部分充电桩输出电压竟然高达770 V（普通家用电压为220 V），一些充电桩接地不可靠，充电枪电子锁不能可靠锁紧且插头带电，很多充电桩防锈、防水、密封性能差，上述安全隐患的存在极易导致用户触电从而引发致伤、致死的重大事故。

1.4.3 新能源汽车环保问题

目前，我国的电力72%来源于火力发电，而火力发电对环境的污染以及对资源的消耗不亚于燃油。另外，废旧动力电池的回收利用系统在我国也不完善，废旧动力电池对环境的污染也不容小觑。再者，生产动力电池的锂、铜、镍等化合物必须从土壤中开采出来，需要消耗能量进行加工，且会释放有毒物质。

1.4.4 消费者观念制约新能源汽车发展

新能源汽车不同于传统汽车，对于消费者而言最显著的区别是能源的补给方式，新能源汽车的充电时间往往长于传统汽车的加油或气的时间，对消费者的出行便利有较大的影响。目前新能源汽车的购买群体趋于年轻化，并且是学历、收入较高的群体。在之前由于政策激励加上补贴较高，吸引了较多的消费者关注新能源汽车，但近两年随着补贴减少，新能源汽车需要从政策激励型转变为市场需求型，以此得到长远的发展。目前虽然新能源汽车可以降低油耗，但在后续使用中的花费并不低，加上动力电池的损耗，降低了二手新能源汽车的交易价格，这对新能源汽车的销售有较大影响，会让一部分不了解新能源汽车的消费者放弃购买。

1.5 掌握新能源汽车与燃油汽车的异同

1.5.1 能源携带与能量补充

燃油汽车靠油箱（图 1-33）来携带汽油或者柴油，在加油站通过加油机进行燃料的补充，如图 1-34 所示。

图 1-33　油箱

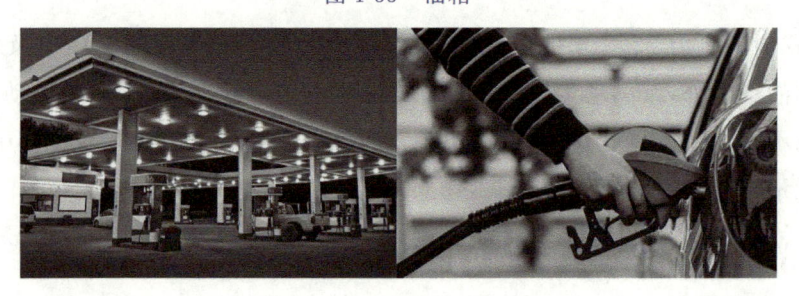

图 1-34　加油机加油

纯电动汽车靠动力电池（图 1-35）来携带电能，通过充电桩进行电能的补充，如图 1-36 所示。

图 1-35　动力电池

图 1-36　充电桩充电

插电式混合动力汽车靠油箱来携带燃油并且靠动力电池来携带电能,通过加油机进行燃油的补充,通过充电桩进行电能的补充。

燃料电池电动汽车靠储氢罐(图 1-37)来携带氢气,在加氢站通过加氢机进行氢气的补充,如图 1-38 所示。

图 1-37　储氢罐

图 1-38　加氢机加氢

1.5.2　动力源

燃油汽车的动力源是内燃机,如图 1-39 所示。

图 1-39　内燃机

纯电动汽车的动力源是驱动电机，如图 1-40 所示。目前主流的驱动电机主要有永磁同步电机和交流异步电机等。

图 1-40　驱动电机

插电式混合动力汽车靠驱动电机来驱动汽车行驶，在动力电池亏电的情况下由内燃机驱动发电机对动力电池充电，内燃机并不直接驱动汽车。

燃料电池电动汽车靠驱动电机来驱动汽车行驶。燃料电池将氢气转换成电能，为驱动电机供电。

1.5.3　低压电源

燃油汽车在发动机启动前和启动时由 12 V 蓄电池供电。发动机启动后，发动机带动发电机发电，整流后为低压用电设备供电并对 12 V 蓄电池充电。用电负荷加大时，由发电机和 12 V 蓄电池同时为低压用电设备供电。发电机如图 1-41 所示，蓄电池如图 1-42 所示。

图 1-41　发电机　　　　　　　图 1-42　蓄电池

新能源汽车在动力电池关闭后，由 12 V 蓄电池为低压用电设备供电。在车辆启动后，由 DC/DC 转换器（图 1-43）将动力电池的高压直流电转换为 12 V 低压直流电为低压用电设备供电，并对 12 V 蓄电池充电。用电负荷加大时，由 DC/DC 转换器和 12 V 蓄电池同时为用电设备供电。

图 1-43　DC/DC 转换器

1.5.4　制动系统

纯电动汽车采用的液压制动系统与燃油汽车基本结构区别不大，但是在液压制动系统的电动真空助力系统和制动主缸两个部件上存在较大差异。

绝大多数汽车采用电动真空助力系统，人力和助力并用。真空助力器利用前腔与后腔的压力差提供助力。燃油汽车真空助力装置的真空源来自发动机进气歧管，真空度负压一般可达 0.05～0.07 MPa。对于纯电动汽车，由于没有发动机总成，即没有了传统的真空源，仅由人力所产生的制动力无法满足行车制动的需要，通常需要单独设计一个电动真空泵（EVP）来为真空助力器提供真空源。

如图 1-44 所示，纯电动汽车电动真空助力系统由真空泵、真空罐、真空泵控制器（后期车型集成到整车控制器里）以及与传统汽车相同的真空助力器、12 V 电源组成。

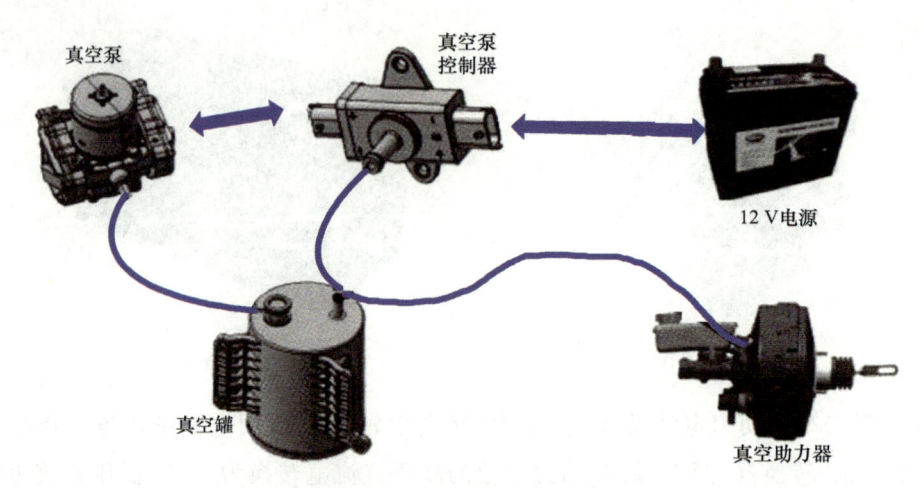

图 1-44　纯电动汽车电动真空助力系统的组成

纯电动汽车电动真空助力系统的工作过程：当用户启动汽车时，电源接通，真空泵控制器开始进行系统自检。如果真空罐内的真空度小于设定值，真空罐内的真空压力传感器输出相应电压信号至真空泵控制器，真空泵控制器控制真空泵开始工作；当真空罐内的真空度达到设定值后，真空压力传感器输出相应的电压信号至真空泵控制器，真空泵控制器控制真空泵停止工作；当真空罐内的真空度因制动消耗而小于设定值时，真空泵再次开始工作；如此循环。

1.5.5　空调系统

1. 空调压缩机驱动方式不同

新能源汽车空调制冷系统的制冷原理与燃油汽车相同，区别是压缩机驱动方式发生了变化。新能源汽车空调压缩机采用电驱动方式，其空调压缩机如图 1-45 所示，而燃油汽车绝大多数采用发动机传动带驱动，其空调压缩机如图 1-46 所示。

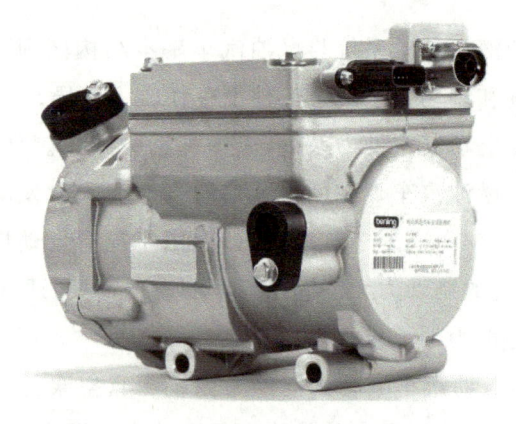

图 1-45　新能源汽车电驱动空调压缩机

空调压缩机

图 1-46　燃油汽车传动带驱动空调压缩机

2. 暖风实现形式不同

新能源汽车在暖风实现形式上,通常是利用电加热的方式来产生暖风的。电加热的方式有两种:一种是通过加热冷却液,再经过循环,为暖风冷却液箱提供热量;另一种是直接加热经过蒸发箱的空气来实现暖风。图 1-47 所示是用于暖风加热的 PTC(postive temperature coefficient)加热器(一种陶瓷电热元件)。

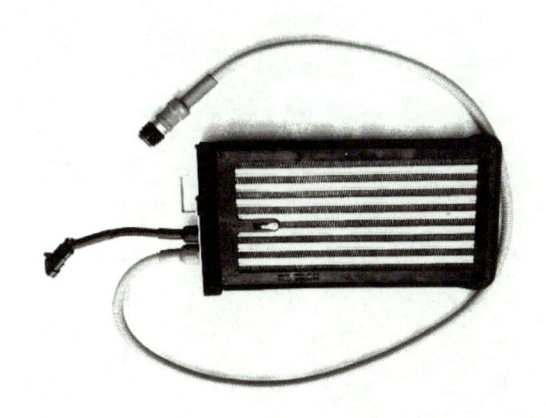

图 1-47　PTC 加热器

1.5.6　舒适性与加速能力

纯电动汽车在运行时噪声小,驱动电机在运行中的噪声和振动水平都要远远小于传统内燃机,在怠速和低速情况下电动汽车的舒适性要远高于燃油汽车。

内燃机只有达到一定转速区间才会释放出最大的扭矩,提速才会感受得到,因此有些燃油汽车低速时的提速非常慢,需要行驶较长的距离车速才能提上来。而新能源汽车的驱动电机在启动时就可以爆发最大的扭矩,提速非常快。新能源汽车虽然只有一个挡位,但踩一脚加速踏板,会有很强的推背感。

巩固练习

1-1 什么是新能源汽车?

1-2 为什么要发展新能源汽车?

1-3 目前动力电池技术存在哪些问题?

1-4 目前充电桩存在哪些问题?

1-5 新能源汽车与燃油汽车的空调系统有哪些区别?

模块 2
认识新能源汽车高压安全

知识目标

- 了解电对人体的危害。
- 掌握基本的触电急救知识。
- 了解新能源汽车高压安全设计原理。
- 掌握新能源汽车的高压安全操作方法。

能力目标

- 能够解释电对人体的危害。
- 能够进行常见的触电急救。
- 能够规范进行高压安全操作。

素质目标

- 培养探究学习、终身学习的态度和分析问题、解决问题能力。
- 培养信息素养意识、安全意识和诚信务实的作风。
- 培养精益求精的工作理念,建立职业认同感、责任感、使命感。

2.1 了解电的危害与触电急救

2.1.1 电的危害

1. 危险电压的定义

根据《电动汽车安全要求》(GB 18384—2020)规定,将电气元件或电路分为 A、B 两个电压等级,见表 2-1。

表 2-1　　　　　　　　　　电压等级　　　　　　　　　　V

电压等级	最大工作电压 U	
	直流	交流
A	$0 < U \leqslant 60$	$0 < U \leqslant 30$
B	$60 < U \leqslant 1\,500$	$30 < U \leqslant 1\,000$

对于达到 B 级电压的电能存储系统或产生装置,均应标记高压警告标记,符号底色为黄色,边框和箭头为黑色,如图 2-1 所示。

图 2-1　高压警告标记

此外,B 级电压电路中电缆和线束的外皮应用橙色加以区别。

2. 电流的类别和影响

人体触碰电源或带电体,电流通过人体,称为触电。根据电流对人体的影响程度,电流可分为感知电流、脱节电流和致命电流。

(1) 感知电流

感知电流是指人体可感受到的最小电流。接触感知电流后,人会感到轻微刺痛,能够自行脱离电源。感知电流一般不会对人体造成伤害,但可能因人体条件反射等导致二次事端。感知电流大小与个体生理特征、人体与电极的接触面积等因素有关,一般成年男子的感知电流为 1.1 mA,成年女子的感知电流为 0.6 mA,整体感知阈值为 0.5 mA。

(2)脱节电流

经过人体的电流逐渐增大,人的反应加剧,会感到剧烈刺痛、肌肉收缩,但人仍能够脱离电源,此刻的电流称为脱节电流。人能够承受脱节电流,但若触电时间过长,会造成昏倒等严重后果。所以,一旦触电,应及时脱离。成年男性的脱节电流约为 16 mA,成年女性的脱节电流约为 10 mA,儿童的脱节电流较成人要小。

(3)致命电流

当经过人体的电流达 20 mA 时,人会感到身体麻木或痛苦,并且呼吸艰难。若电流继续增大,人体会更痛苦,甚至呼吸不畅、心颤。当经过人体的电流达 100 mA 时,只需要 3 s,人就会因心律失常或呼吸停止而去世。这种在较短时刻内危及生命的电流,称为致命电流。

由上可知,即便经过人体的电流不致命,但若触电时刻过长,仍是有危险的。通过人体的电流对人体造成的伤害程度与触电处电压、电流的强度及电流的持续时间、路径、频率等多种因素有关。通常情况下,人体流过不同的电流后的反应见表 2-2。

表 2-2　　　　　　　　　　人体流过不同的电流后的反应

流过人体的电流/mA	人体的反应
0.5~1.5	手指开始感觉发麻
2~3	手指感觉强烈发麻
5~6	手指肌肉痉挛,手指感觉灼热和刺痛
8~10	手指关节与手掌感觉疼痛,手已难以脱离电源
20~25	手指感觉剧痛,迅速麻痹,不能摆脱电源,呼吸困难
50~80	呼吸麻痹,心房开始震颤、强烈灼痛,呼吸困难
90~100	呼吸麻痹,持续 3 s 后或更长时间后,心脏停搏

3. 电流对人体的伤害类型

电流对人体的伤害有电击、电伤和电磁场伤害三种。

(1)电击

电击是由电流通过人体而造成的,其引起的生理反应取决于电流的大小、持续时间及通过人体的路径。电击会破坏人体心脏、肺及神经系统等内部器官的正常功能,往往有致命危害。流过心脏的电流过大、持续时间过长,会引起心室纤维性颤动而致死。电击亦会使人心脏停止跳动或窒息而死亡。

(2)电伤

电伤指电流的热效应、化学效用和机械效应对人体的伤害,包括电弧烧伤、熔化金属溅出烫伤等。热效应会导致烧伤和焦化,使肾脏负荷过大,甚至造成致命的伤害;化学效应导致血液和细胞液成为电解液并被电解,使人体发生严重的中毒;机械效应源于所有的身体功能和人体肌肉运动都是由大脑通过神经系统的电刺激来控制的,如果通过人体的电流过大,肌肉开始抽搐,大脑将无法控制肌肉组织。

对于 1 kV 以上的高压电气设备,当人体过分接近它时,高压电可将空气电离,然后通过空气进入人体,此时还伴有高电弧,将人烧伤。

(3) 电磁场伤害

电磁场伤害指在高频磁场的作用下,人会出现头晕、乏力、记忆力减退、失眠、多梦等症状。

电流的类型不同,对人体的损伤也不同。直流电一般引起电伤,而交流电则电伤与电击同时发生。特别要说明的是交流电对人体的危害。交流电的危害性大于直流电,因为交流电主要麻痹并破坏神经系统,往往难以自主摆脱。一般认为 40~60 Hz 的交流电对人最危险。随着频率的增大,危险性降低。当电源频率大于 2 000 Hz 时,所产生的损害明显减小,但高压、高频电流对人体仍然是十分危险的。

4. 安全电压

人体可等效成一个电阻,根据欧姆定律($I=U/R$)可知,流经人体电流的大小与外加电压和人体的电阻有关。

人体电阻是不确定的电阻。冬季及皮肤干燥时,人体电阻可达 1.5~6.0 kΩ;皮肤裂开或破损时,人体电阻减小到 300~500 Ω;若肌肤湿润、出汗、有损害或带有导电性粉尘,人体电阻减小到 800~1 000 Ω。所以在处理电气安全问题时,人体的电阻按 800~1 000 Ω 核算。

不同人体对电流的敏感程度也不一样。一般来说,儿童较成年人敏感,女性较男性敏感。

影响人体电阻的因素很多,通常流经人体电流的大小无法计算出来。因此,为确定安全条件,往往不采用安全电流,而是采用安全电压来进行估算。

根据《信息技术设备 安全 第 1 部分:通用要求》(GB 4943.1—2022),在干燥的条件下,相当于人的一只手的接触面积上,峰值电压为 42.4 V 或直流电压为 60 V 的稳态电压,一般不认为是危险电压,即安全电压。

5. 人体触电的形式

人体触电有直接触电和间接触电两种形式。

(1) 直接触电

直接触电指人体直接接触或过分靠近电气设备及线路的带电体而发生的触电现象。

① 单相触电

单相触电是指在地面上或其他接地体上,人体的某一部分触及带电设备或线路中的某相带电体时,一相电流通过人体经大地回到中性点引起的触电。常见的单相触电多为电工操作人员在工作中操作失误、工作不规范、安全防护不到位或非电工专业人员用电安全意识不到位等原因引起的。单相触电分为电源中性点接地电网的单线触电和电源中性点不接地电网的单线触电,如图2-2所示。

(a) 中性点接地电网的单相触电　　(b) 中性点不接地电网的单相触电

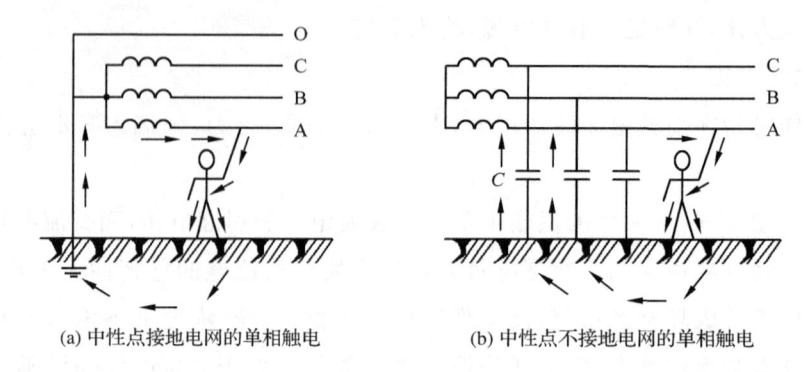

图2-2　单相触电

②两相触电

两相触电是指人体两处同时触及两相带电体(三根相线中的两根),电流由一根相线经过人体到另一根相线,形成闭合回路,所引起的触电,如图2-3所示。这时人体承受的是AC 380 V电压,危险程度远大于单相触电,轻则导致烧伤或致残,严重则会引起死亡。

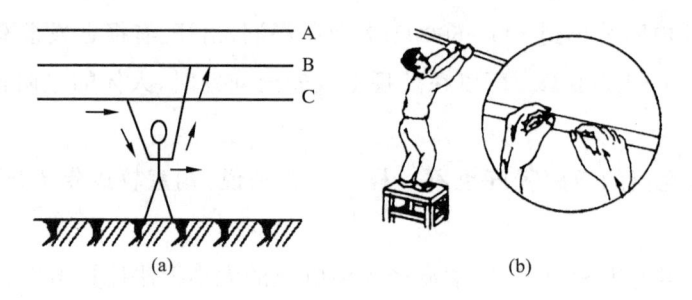

图2-3　两相触电

(2)间接触电

间接触电指人体触及了在正常运行时不带电,而在意外情况下带电的金属部分造成的触电。

①跨步电压触电

高压电缆掉落到地面上时,由于电压很高,因此电缆断头会使一定范围(半径为8~10 m)的地面带电。以电缆断头处为中心,离电缆断头越远,电位越低。如果此时有人走入这个区域,则会造成跨步电压触电,步幅越大,造成的危害也就越大,如图2-4所示。

如果误入高压电线接地点附近,应双脚并拢或单脚跳出危险区。从安全防护的角度而言,在查找接地故障点时,应穿绝缘靴,以防跨步电压电击。

②其他触电形式

其他触电形式包括感应电压触电、剩余电荷触电、静电触电、雷电电击等。

(a)   (b)

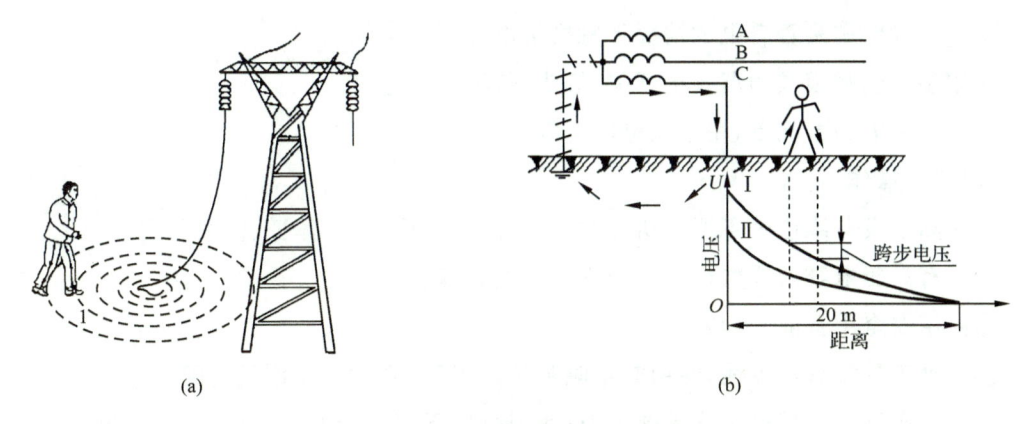

图 2-4　跨步电压触电

电动汽车充电过程当中，所有发生在电气系统上并且对人员或车辆造成潜在危险的故障多与如图 2-5 所示几种基本情况相关，这些故障会通过充电线影响车辆：a 线路间短路（相间短路）；b 线路与中性导体间的短路（相位-中性点故障）；c 新能源汽车充电系统框架故障等原因引起的短路；d 充电线损坏等原因引起的接地故障。

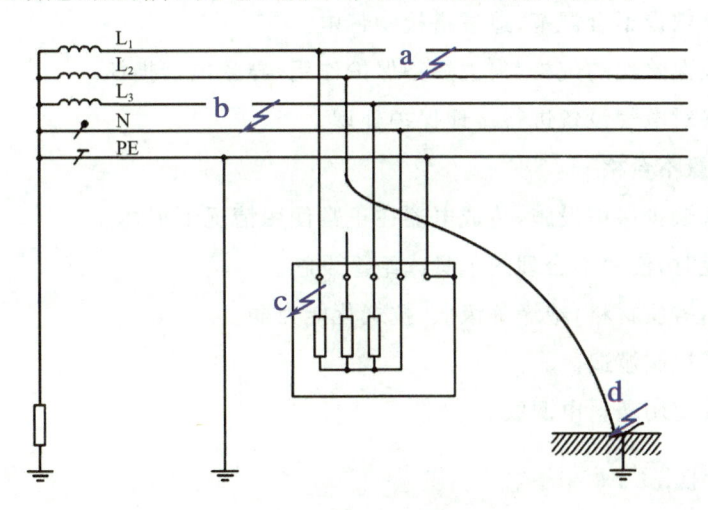

图 2-5　危险故障情况

6. 电气事故发生的原因

发生电气事故的原因主要有缺乏安全用电常识、违章操作、施工不规范和产品质量不合格等。

(1) 缺乏安全用电常识

此类事故多发生在经验不足的操作人员在操作、移动、清洁电气设备时：

① 不佩戴绝缘手套。

② 搬动设备不切断电源。

③ 用非绝缘工具剪带电导线。

④在未验明白是否有电的情况下触摸带电体。

⑤用湿手套触摸或用湿布擦开关、灯头、灯泡。

⑥未切断电源情况下,用手拉触电者等。

(2) 违章操作

①在高压设备维修中不严格执行"二证一制"(工作证、操作证、监护制度)。

②对有高压电容的线路检修时未进行放电处理。

③使用安全用具前未检查。

④电动工具没有接零线,使用时不佩戴防护用具,或在雨天露天使用。

⑤在低压设备上带电工作措施不力;使用行灯不用安全电压,而用 220 V 电压。

(3) 施工不规范

①误将电源保护接地与零线相接,且插座火、零线位置接反使机壳带电。

②插头接线不合理,造成电源线外露。

③照明电路的中线接触不良,造成中线断开,导致电器损坏。

④照明线路敷设不合规范,造成搭接物带电。

⑤随意加大保险丝的规格,失去短路保护作用,导致电器损坏。

⑥施工中未对电气设备进行接地保护处理。

(4) 产品质量不合格

①电气设备缺少保护设施,造成电器在正常使用情况下损坏。

②带电作业时,使用不合理的工具或绝缘设施。

③产品使用劣质材料,绝缘等级低,抗老化能力弱。

④生产工艺粗制滥造。

⑤电热器具使用塑料电源线。

2.1.2 触电急救

人触电后,电流可能直接流过人体的内部器官,导致心脏、呼吸和中枢神经系统机能紊乱,形成电击,或者电流的热效应、化学效应和机械效应对人体的表面造成电伤。无论是电击还是电伤,都会带来严重的伤害,甚至危及生命。因此,触电急救是必须熟练掌握的急救技术。

1. 触电急救的方法

触电急救的第一步是使触电者迅速脱离电源,第二步是现场救护。

(1) 脱离电源

发生了触电事故,切不可惊慌失措,要立即使触电者脱离电源。使触电者脱离低压电源应采取的方法如下:

①就近拉开电源开关,拔出插销或保险,切断电源。要注意单级开关是否装在火线上,若是错误地装在零线上,则不能认为已切断电源。

②用带有绝缘柄的利器切断电源线。

③找不到开关或插头时,可用干燥的木棒、竹竿等绝缘体将电线拨开,使触电者脱离电源。

④可用干燥的木板垫在触电者的身体下面,使其与地绝缘。

如遇高压触电事故,应立即通知有关部门停电。要因地制宜,灵活运用各种方法,快速切断电源。

(2)现场救护

①若触电者呼吸和心跳均未停止,此时应将触电者躺平就地,安静休息,不要让触电者走动,以减轻心脏负担,并应严密观察其呼吸和心跳的变化。

②若触电者心跳停止、呼吸尚存,则应对触电者做胸外按压。

③若触电者呼吸停止、心跳尚存,则应对触电者做人工呼吸。

④若触电者呼吸和心跳均停止,则应立即按心肺复苏方法进行抢救。

触电急救流程如图2-6所示。

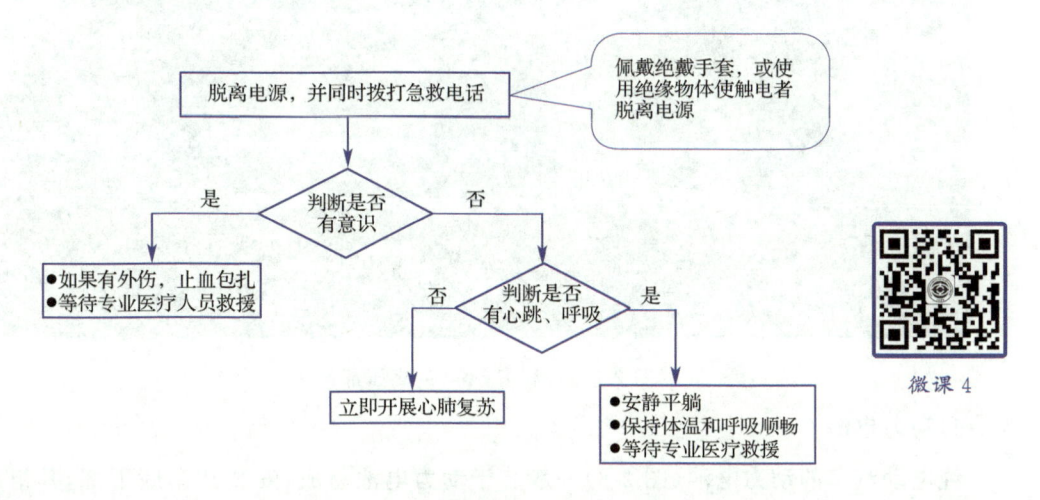

图2-6 触电急救流程

2.触电急救的注意事项

(1)动作一定要快,尽量缩短触电者的带电时间。

(2)切不可用手或金属和潮湿的导电物体直接触碰触电者的身体或与触电者接触的电线,以免引起抢救人员自身触电。

(3)解脱电源的动作要用力适当,防止因用力过猛使带电电线击伤在场的其他人员。

(4)在帮助触电者脱离电源时,应注意防止触电者被摔伤。

(5)进行人工呼吸或胸外按压抢救时,不得轻易中断。

2.2 识别新能源汽车高压系统

2.2.1 新能源汽车高压系统的组成

新能源汽车整车电气系统分为高压系统与低压系统。以吉利纯电动汽车 EV450 为例，如图 2-7 所示为吉利 EV450 的高压部件，主要包括动力电池、高压控制盒、车载充电机、电机控制器、DC/DC 转换器、电动压缩机、PTC 加热器等。新款吉利 EV450 纯电动汽车整车前机舱布置将高压控制盒、车载充电机合为一个部件，称为车载充电器分线盒；将电机控制器、DC/DC 转换器合为一个部件，也称为电机控制器。

图 2-7 吉利 EV450 的高压部件

1. 动力电池

纯电动汽车的动力电池（图 2-8）一般装于动力电池总成，安装在车底下部，其组成部件包括电池模组、CSC 采集系统、电池控制单元、电池高压分配单元等，其功用是为车辆提供电能。动力电池的电压大多为 100～400 V，输出电流可达 300 A。动力电池的容量影响整车的续航里程，同时也影响充电时间和效率。目前，锂离子动力电池是主流产品。

2. 车载充电器分线盒

车载充电器分线盒的作用类似于低压供电系统中的保险丝盒，其功能主要包括高压电能的分配、高压回路的过载及短路保护。

图 2-8 纯电动汽车的动力电池

(1) 高压电能的分配

车载充电器分线盒将动力电池总成输送的电能分配给电机控制器、电动压缩机、PTC 加热器等。此外，交流慢充时，充电电流也会经过车载充电器分线盒流入动力电池为其充电。

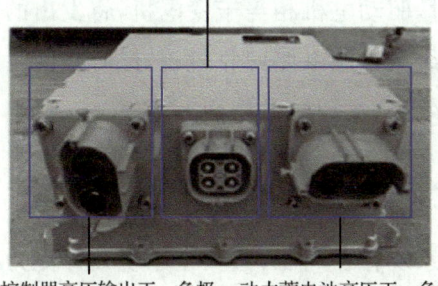

(2) 高压回路的过载及短路保护

车载充电器分线盒内部对电动压缩机回路、PTC 加热器回路、交流充电回路各设有 40 A 的熔断器。当上述回路电流超过额定电流时，熔断器会在一定时间内熔断，保护相关回路。

图 2-9 所示为吉利 EV450 车载充电器分线盒的外部接口。

图 2-9 吉利 EV450 车载充电器分线盒的外部接口

3. 电机控制器

电机控制器将动力电池中的直流电转换为交流电用以驱动电机，整车控制器（VCU）根据驾驶员意图发出各种指令，电机控制器响应并反馈，采集加速信号和制动信号，精确地控制驱动电机运行，以实现整车的怠速、前行、倒车、停车、能量回收、驻坡等功能，同时进行状态和故障检测，保护驱动电机系统和整车安全可靠进行。

DC/DC 转换器集成在电机控制器内部，其功能上将动力电池的高压直流电转换为低压直流电，给整车低压用电系统供电，同时为辅助电池充电。

图 2-10 所示为吉利 EV450 电机控制器的外部接口。

图 2-10 吉利 EV450 电机控制器的外部接口

4. 电动压缩机

传统汽车的压缩机是通过压缩机电磁离合器的吸合,促使发动机带动压缩机运转的。纯电动汽车没有发动机,它的压缩机是通过高压电源直接驱动的。

5. PTC 加热器

传统汽车上空调暖风系统的热源是引入发动机冷却后的冷却液的热量,纯电动汽车需要专门的制热装置,即 PTC 加热器。PTC 加热器的作用就是制热,同时当低温的时候,对动力电池进行预热。

6. 驱动电机

由动力电池输出的高压直流电经过车载充电器分线盒后,向电机控制器发出相应的指令,促使驱动电机转动;在汽车进行制动时,驱动电机相当于发电机,将发出的电量通过电机控制器进行能量回收,由车载充电器分线盒控制电能回收过程,此时将回收的电能反馈给动力电池,进而达到给动力电池充电的效果,实现馈能作用。

2.2.2 新能源汽车高压安全设计

新能源汽车相比于传统汽车,由于驱动系统存在高压,其安全系统设计更为复杂。如果车辆在充电及行驶过程中发生碰撞、翻车等事故,可能造成电力驱动系统的短路、漏电、燃烧、爆炸等,由此可能对乘员造成电伤害、化学伤害、燃烧伤害等。

1. 新能源车高压存在时间

新能源汽车的高压系统集中在汽车的电机驱动系统、空调与暖风系统、带有插电功能的充电系统。根据高压存在的时间进行分类,新能源汽车高压系统的高压主要有持续存在、运行期间存在和充电期间存在,如图 2-11 所示。

(1)持续存在

新能源汽车的动力电池持续存在高压,即使当车辆停止运行期间,由于动力电池始终存储有电能,因此当满足动力电池的放电条件后,该部件将继续对外放电。

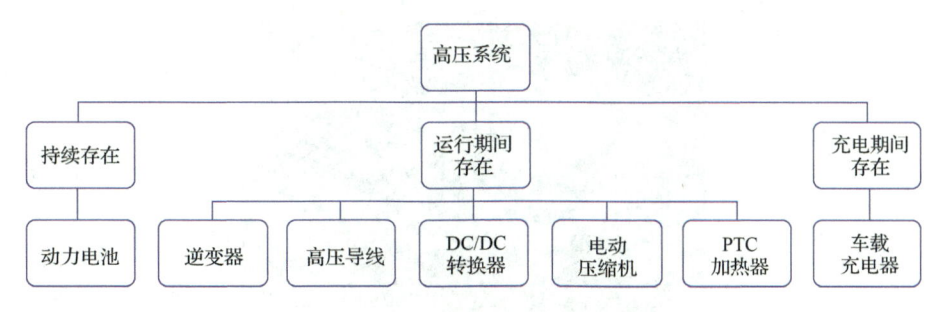

```
                            高压系统
           ┌─────────────────┼─────────────────┐
        持续存在          运行期间           充电期间
                          存在               存在
           │         ┌────┬────┬────┬────┐       │
         动力电池   逆变器 高压导线 DC/DC  电动   PTC    车载
                              转换器 压缩机 加热器  充电器
```

图 2-11　高压系统的存在形式

(2) 运行期间存在

运行期间存在高压的部件,是指当启动开关处于"ON""RUN"或其他运行状态时,部件存在高压。只有在系统运行时,来自动力电池的高压才会加载到逆变器、电动压缩机、PTC 加热器、DC/DC 转换器等部件上。

运行期间存在高压的系统或部件有以下两种类型:

①只要启动开关处于"ON"或"RUN"状态就存在高压,这类部件包括逆变器、DC/DC 转换器和高压导线。

②虽然启动开关处于"ON"状态,但是由于该系统所执行的功能没有被接通,此时相关的部件仍然不会接通高压。如电动压缩机,其一半是压缩机,另一半是三相高压驱动的电机。在驾驶员没有运行车辆的空调或暖风功能时,这些部件上是不会存在高压的。

(3) 充电期间存在

充电系统部件仅在车辆充电期间存在高压,这包括来自外部电网的 220 V 交流高压,以及车载充电机与动力电池之间的直流高压。

在汽车充电期间,由于动力电池可能产生很高的热量,有些汽车的车载充电器和动力电池设计有独立的空调式冷却系统,该系统运行会降低动力电池的温度,此时车辆的电动压缩机也会在充电期间运行,也存在高压。

2. 高压的接通与关闭

在新能源汽车中,除动力电池外,其他部件都是由整车控制单元或混合动力控制单元通过高压接触器控制高压的接通与关闭的,这种类型与家庭用的设备供电一样。动力电池的电能提供形式与家庭用的来自电网的供电一样,无论家里的总闸是否打开与关闭,它总是有电的。而高压接触器所起的作用类似于家用电源的总闸,不同的是家用电源的总闸是由人来控制的,新能源汽车的高压接触器是由计算机来控制的。

高压接触器即一个大功率的继电器,它用于控制高压导线正、负极之间的接通与断开。高压接触器通常被布置在动力电池总成内部或者独立在一个 BDU(配电箱)中。如图 2-12 所示,动力电池总成端部布置有多个高压接触器。高压接触器如果断开,整车仅动力电池上会存在高压,位于高压接触器下游的高压系统部件将没有高压。

图 2-12　高压接触器

3. 新能源汽车的安全设计

新能源汽车存在的安全隐患包括高压系统短路、高压系统绝缘故障、高压系统脱落、高压充电风险等。根据这些安全隐患以及实际的工作状况，对新能源汽车主要从图 2-13 所示几个方面进行安全设计。

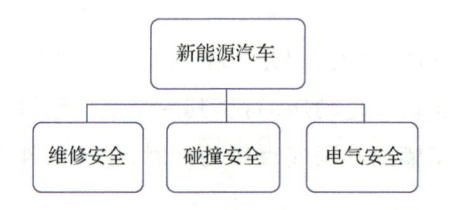

图 2-13　新能源汽车安全设计

(1) 维修安全

维修安全主要包含两方面，传统内燃机汽车的维修安全和针对新能源汽车的特殊维修安全。新能源汽车的特殊维修安全主要是防止高压触电。因此，维修人员在对高压类型汽车进行操作之前应当保证不会有触电风险，为此大多数新能源汽车在系统上设计有维修开关，如图 2-14 所示。

图 2-14　新能源汽车上的维修开关

当断开维修开关时,动力电池的动力输出立即中断,此后需等待 5 min 才能接触高压部件。

(2) 碰撞安全

当车辆发生碰撞时,车辆的安全系统在碰撞过程中和碰撞后都要保证相关人员的人身安全。对于新能源汽车来说,除了传统汽车的相关保护要求之外,还应当满足以下要求:

① 碰撞过程中避免乘员和行人遭受触电风险,在保证人员安全的情况下尽量保护关键零部件不受损害。

② 碰撞后保证维护和救援人员没有触电风险。

为此,有些车辆设计有如图 2-15 所示的电路,将惯性开关串联到高压接触器的供电回路中。当发生碰撞时,惯性开关断开,从而切断高压接触器的供电电源,此时动力电池的高压输出便会被断开,保证了乘员、行人及维护和救援人员的高压安全。

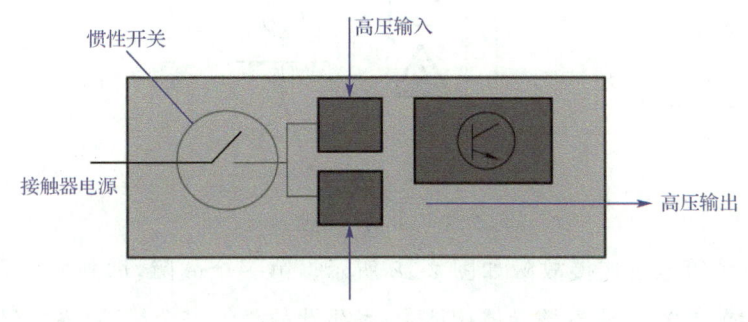

图 2-15 惯性开关电路

(3) 电气安全

新能源汽车的电气安全主要包括以下几个方面:防止人员接触到高压电;电池能量的合理分配;充电时的高压安全;行驶过程中的高压安全;碰撞时的电气安全;维修时的电气安全。

为保证新能源汽车的电气安全,常会设计以下安全装置:

① 高压电气网络

对于电动汽车的高压部分,电气网络结构决定了从供电器(如动力电池)到用电器(如电机)的电能传输路径。图 2-16 所示为常见电气网络结构。电气网络结构说明见表 2-3。

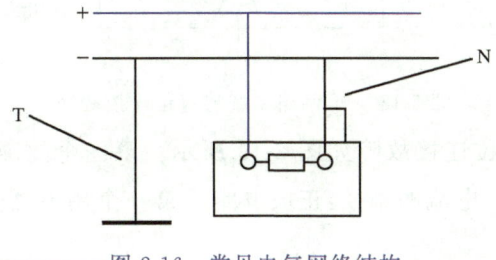

图 2-16 常见电气网络结构

表 2-3　　　　　　　　　　　电气网络结构说明

第一个字母：是否与车身连接	第二个字母：壳体与车身是否连接
T：是，已连接	T：是，以电位补偿方式（等电位）连接
I：否，绝缘的	N：否，但与起保护作用的不带电搭铁线连接

对于 TN 网络系统和 TT 网络系统，如果正极壳体的导线出现故障，那么无论当前行驶状态是什么，高压系统都会立即被断电。对于 IT 网络系统，由于高压有单独的回路，与壳体绝缘，所以就不会有电流流经车身，而是流向动力电池的负极。IT 网络系统的优点是如果正极壳体的导线出现故障，IT 网络系统会被断电，如图 2-17 所示。纯电动汽车普遍采用 IT 网络。

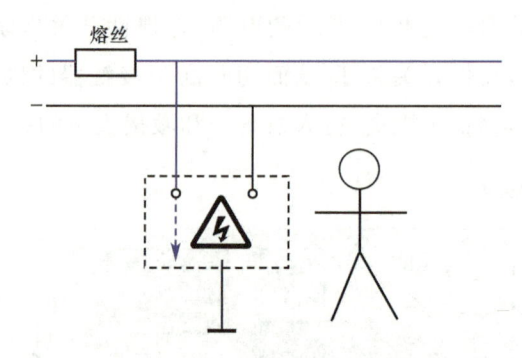

图 2-17　IT 网络正极故障

IT 网络系统等电位连接故障如图 2-18 所示。第一个故障，即外导体和导电壳体或者地之间的绝缘故障，意味着该导体接地了，发生此故障无安全风险，系统仍能工作，有报警信息。第二个故障，即从负极到壳体的导线出现绝缘故障，此时动力电池管理系统（BMS）会将高压系统切断（断电），同时系统内会短路，功率电子装置内和维修开关内的熔丝会爆开，组合仪表上会有报警信息，高压系统无法工作，也无法重新启动。

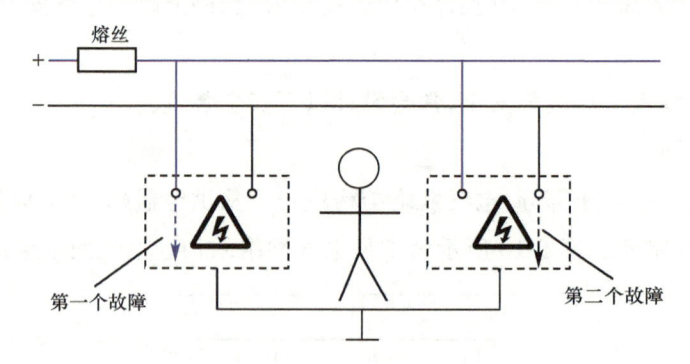

图 2-18　IT 网络系统等电位连接故障

IT 网络系统非等电位连接故障如图 2-19 所示。第一个故障无安全风险，第二个故障电流可能会流经全身。电流的路径：正极电路→第一个用电器壳体→人体→第二个用电器壳体→负极电路。

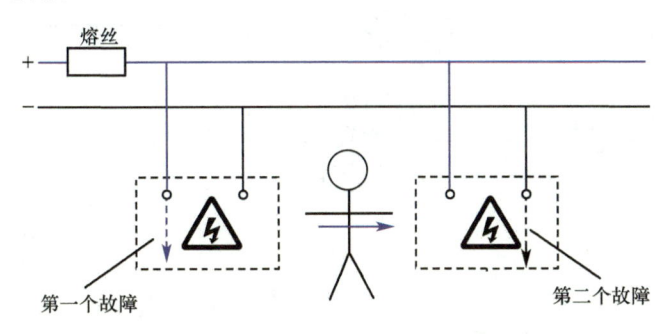

图 2-19　IT 网络系统非等电位连接故障

等电位（电位均衡）保护要求所有接触面洁净且无油脂。导线截面不可因电缆断裂而减小。接触电阻大和电缆断裂时电阻增大了，在出现故障时，等电位就可能无保护作用了。

此外，在电气网络防护当中，高压零部件的接插件既可防止人员直接接触到高压，还可防水、防尘。B 级电压带电部分满足《外壳防护等级（IP 代码）》（GB/T 4208—2017）规定的防护等级要求。高压插头的安全设计方式如图 2-20 所示。

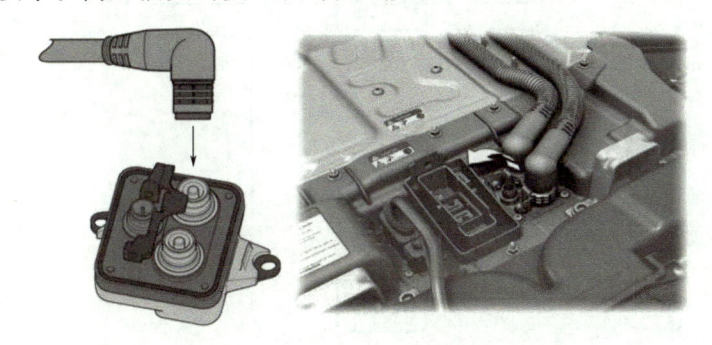

图 2-20　高压插头的安全设计方式

② 高压接触器

动力电池与外部高压回路之间设计有高压接触器，如图 2-21 所示，以保证在驾驶员无行驶意图或充电意图时，车辆除电池内部之外的高压系统是不带高压电的。只有当驾驶员将车辆钥匙转到"Start"挡或对动力电池进行充电时，高压接触器才可能会闭合。

③ 预充电回路

高压系统中应当设计预充电回路，如图 2-22 所示。在动力电池输出高压电之前，先通过预充电回路对电池外部的高压系统进行预充电。预充电回路主要由预充电电阻构成。由于高压零部件的高压正、负极之间设计有补偿电容，如果没有预充电电阻，那么在高压回路导通瞬间，补偿电容将会由于瞬间电流过大而烧毁。

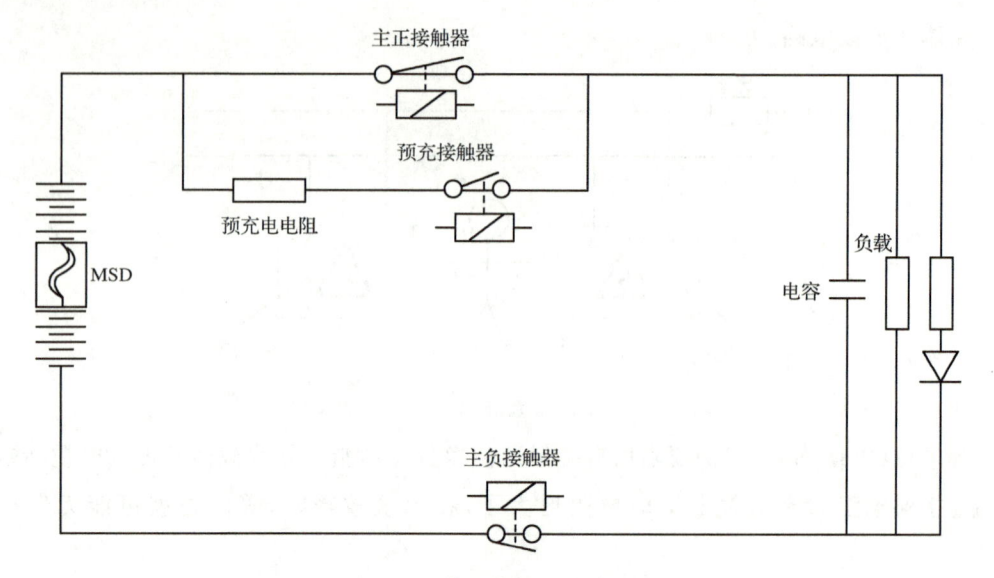

图 2-21 高压接触器设计方式

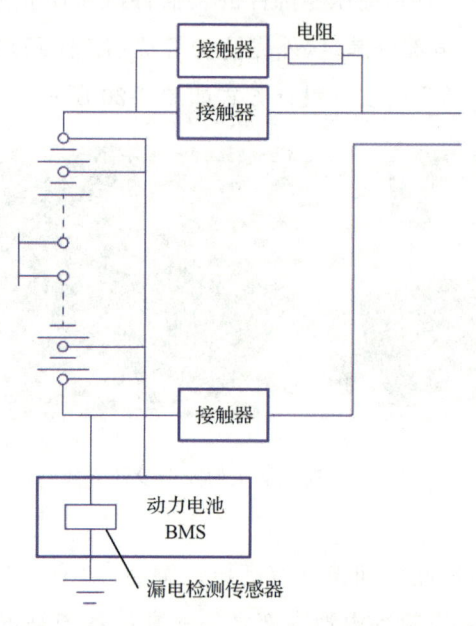

图 2-22 预充电回路设计方式

④绝缘电阻检测系统

为保证人员免遭触电风险,高压系统应当进行绝缘电阻检测系统的设计。图 2-23 所示为绝缘电阻检测方法。若绝缘电阻值过小,整车控制器应当发送高压接触器断开指令。

⑤短路保护器

当高压系统出现短路等危险情况时,为保护乘员和关键零部件,需使用短路保护器。如果流过短路保护器的电流大于某个值,则该保护器便会被熔断。

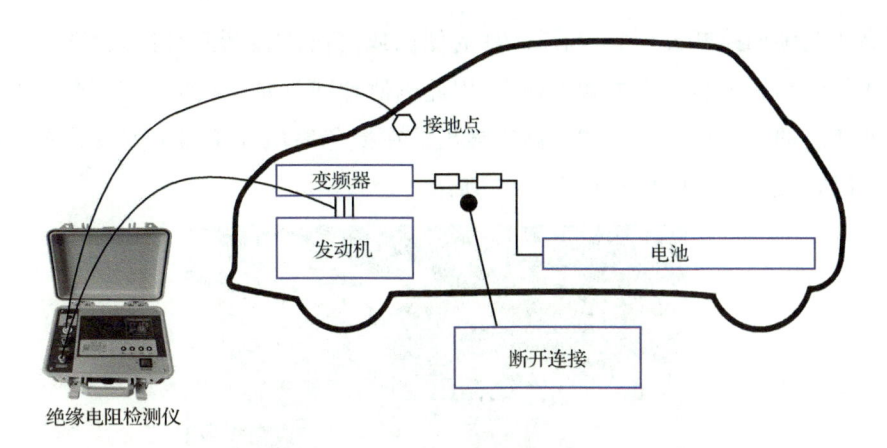

图 2-23 绝缘电阻检测方法

⑥高压互锁回路

高压互锁回路为环形回路,又称危险电压互锁回路(hazardous voltage interlock loop,HVIL)。该回路用低压电气信号即 12 V 低压电来监控高压电气网络的完整性,并能够在识别出回路异常状况时切断高压电,如图 2-24 所示。

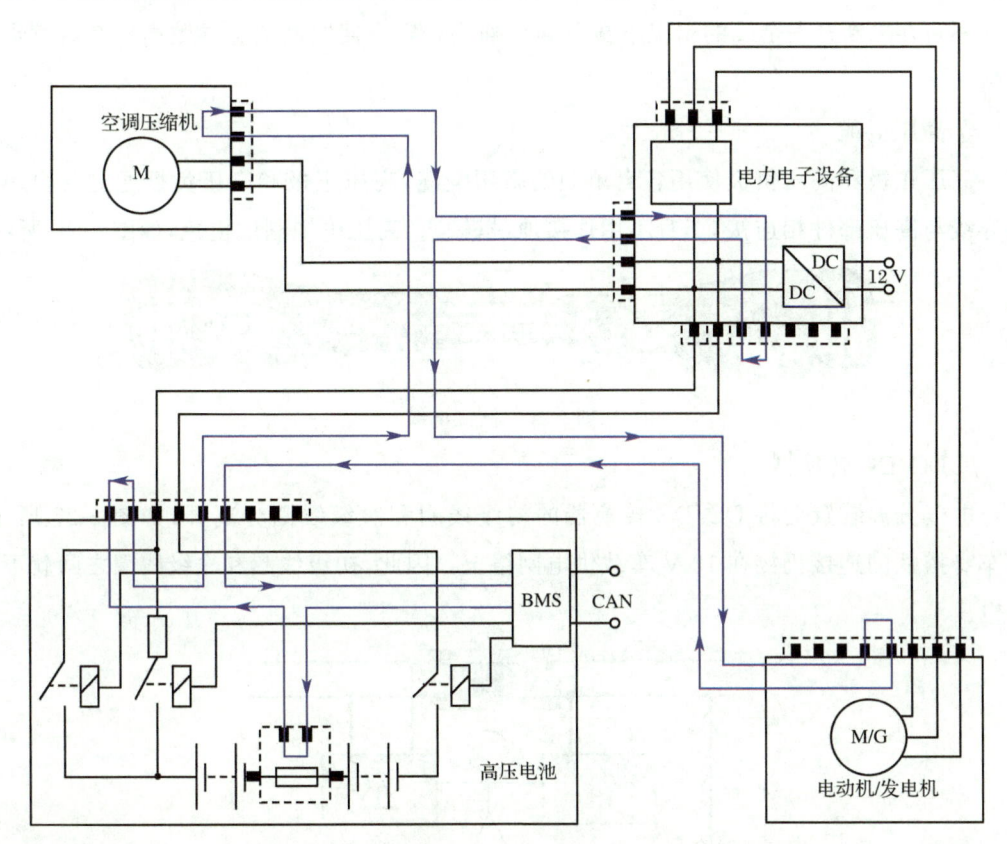

图 2-24 高压互锁回路

当高压互锁回路断开(某一高压部件的低压或高压连接断开)时,乘员或维修人员有可能会接触到高压电从而造成触电伤害,因此电池管理单元在检测到断开信号之后,应当立即断开相应的高压接触器以切断高压输出。在橙色高压插接器上方设计有互锁开关,当它断开时,系统将切断高压,如图 2-25 所示。

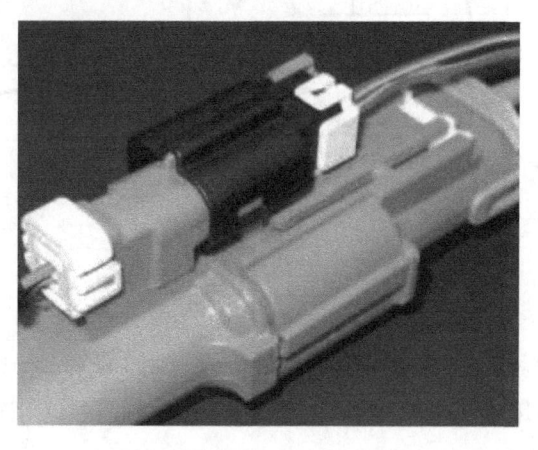

图 2-25　互锁开关

不可在未断开安全线的情况下拔下高压插头。安全回路断路会导致高压系统立即被切断。

⑦高压电缆

高压正极和高压负极使用各自单独的高压电缆,高压正极和高压负极通过各自单独的导线与高压部件相连接,车身不用作接地(搭铁)。高压电缆制成橙色,如图 2-26 所示。

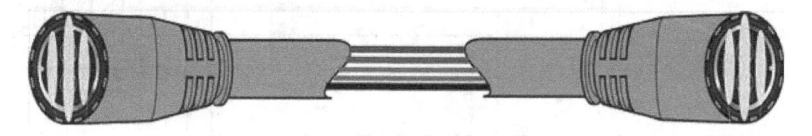

图 2-26　高压电缆

⑧DC/DC 转换器

电气分离装置会将 DC/DC 转换器的初级线圈和次级线圈分离开,如图 2-27 所示。与车身搭铁的连接仍接在 12 V 车载供电网络上。因此,初级线圈和次级线圈之间就不会有电压了。

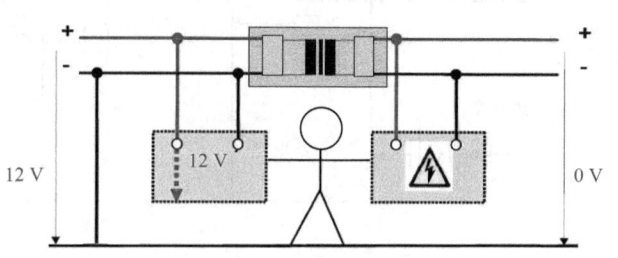

图 2-27　DC/DC 转换器内的安全防护

⑨电容器放电

在电机控制器或功率电子装置内安装有电容器,电容器具有放电作用。通过放电可以消除功率电子装置内电容器上的残余电压。

主动放电是由电池管理系统来操控的,每次切断高压系统或者中断控制线,都会发生这种主动放电过程。被动放电是为了保证在已把部件拆卸下的情况下可以把残余电压消除掉。

2.2.3 新能源汽车高压安全操作

1. 对操作人员的要求

新能源汽车维修、保养过程中必不可免要接触高压,操作人员的任何微小疏漏都可能造成严重的后果,因此相关工作人员必须保持时刻认真负责。按照相关规定,在进行新能源汽车高压操作时,现场必须同时有两名工作人员,其中一名为操作人,另一名为监护人。

(1)操作人

操作人负责具体操作,应遵循高压安全操作规范和机动车维修操作规范,严格按照流程进行操作。注意:维修高压部件之前必须断开低压电池负极,并进行高压切断。

操作人必须持证上岗,具备应急管理部颁发的特种作业操作证(低压电工作业),如图 2-28 所示。

正面

背面

图 2-28 特种作业操作证

操作人必须参加过新能源汽车厂家培训,获得检修有高压系统车辆的工作授权,并负责设置工作场所的标志和防护,如图2-29所示。

图2-29 工作场所防护

(2)监护人

监护人负责监督操作人工作的全过程,其安全技术等级应高于操作人,具有丰富的实际工作经验,并且熟悉现场及设备情况。监护人的监护内容如下:

①进行高压切断时,监护所有现场工作人员的活动范围,使其与带电设备保持规定的安全距离。

②带电作业时,监护所有现场工作人员的活动范围,使其与高压部件保持规定的安全距离。

③监护操作人的工具使用是否正确,工作位置是否安全,以及操作方法是否正确等。

④工作中监护人因故离开工作现场时,必须另指派了解有关安全措施的人员接替监护并告知操作人,使监护工作不致间断。

⑤监护人发现操作人有不正确的动作或违反规程的做法时,应及时提出纠正,必要时可令其停止工作,并立即向上级报告。

⑥监护人应自始至终不间断地进行监护。在执行监护时,不应兼做其他工作。但在动力电池与新能源汽车断开的情况下,监护人可参加其他工作。

2. 高压防护工具

高压安全操作必备防护工具见表2-4。

表 2-4　　高压安全操作必备防护工具

类　型	图　示	用途描述
高压警示牌		放置在地面或车辆附近明显位置
围栏		放置在车辆周围进行安全隔离
绝缘垫		铺设车辆所在地面,进行高压绝缘
绝缘手套		拆除及安装高压部件使用 (绝缘等级为 1 000 V/300 A 以上)
绝缘胶带		断开低压电池负极后绝缘使用
绝缘鞋		拆除及安装高压部件使用
防护眼镜		检测及安装高压部件电阻
绝缘帽		拆除及安装高压部件使用

(续表)

类　型	图　示	用途描述
绝缘电阻测试仪		检测高压部件绝缘电阻
绝缘工具		拆除及安装高压部件使用

3. 高压断电操作程序

拆解、维修高压系统前,必须首先执行高压断电流程。高压断电操作程序如下:

(1)两名工作人员:一人操作,一人监护,持证上岗。

(2)车辆周围设置安全围栏,并设置安全警示牌。

(3)穿戴个人安全防护用品。

(4)查看并调校设备和仪器。

(5)按启动开关,等待 5 min,拆下低压电池负极搭铁线。

(6)拔下高压维修插头,并在插座处悬挂/张贴"禁止合闸"标识。

(7)将高压维修插头锁入柜内,钥匙随身携带。

(8)用万用表检测动力电池侧及用电器的母线电压是否有微小电压,对存在危险电压的情况,使用专用设备放电后再次验电。

(9)进行后续操作。

微课5

巩固练习

2-1　人体触电有哪些形式?

2-2　电气事故发生的原因有哪些?

2-3　新能源汽车高压安全设计包括哪几方面内容?

2-4　简述高压断电操作程序。

模块 3
了解纯电动汽车

知识目标

- 了解纯电动汽车的概念和基本特点。
- 了解纯电动汽车的分类和布置形式。
- 掌握纯电动汽车的组成和基本原理。
- 熟悉纯电动汽车的关键技术特点。
- 了解典型纯电动汽车的结构特点。

能力目标

- 能够识别纯电动汽车的主要结构。
- 能够解释纯电动高压系统各部件的功能。
- 能够分析纯电动汽车的基本工作过程。
- 能够列举典型纯电动汽车的结构特点。

素质目标

- 培养自主学习能力和分析问题、解决问题的能力。
- 具备团队协作、爱岗敬业的精神,形成良好的职业素养。
- 培养信息素养、安全意识、精益求精的工作理念。

3.1 认识纯电动汽车

3.1.1 纯电动汽车概述

1. 纯电动汽车的定义

纯电动汽车(battery electric vehicles,BEV)是指以车载电源为动力,用电机驱动车轮行驶,符合道路交通、安全法规各项要求的汽车,一般采用高效率充电动力电池为动力源。纯电动汽车不需要使用内燃机,纯电动汽车的电机相当于传统燃油汽车的内燃机,动力电池相当于原来的油箱。电能是二次能源,可来源于风能、水能、热能、太阳能等。

2. 纯电动汽车的特点

(1) 纯电动汽车的基本特点

与传统燃油汽车相比,纯电动汽车的构造更为简单和灵活,主要体现在以下三个方面:

①不需要传动轴。纯电动汽车采用线控技术,没有传动轴。因为电线很柔软,可以将电机安装在离车轮更近的地方,如直接安装在车轴或车轮上,而不需要金属传动轴。

②不需要传统的机械变速器。传统燃油汽车在起步时由于转矩较小,必须使用变速器将转矩放大,才能推动汽车起步和加速。而电机具有低转速、高转矩的特性,不需要变速器将起步转矩放大,就可以轻松推动汽车起步和加速。因此纯电动汽车上一般不设变速器,电机的转速变化通过电机控制器来调节,然后通过减速器、差速器将扭矩直接传递到前轴或后轴上。

③灵活利用空间布置电池。传统燃油汽车上的燃油箱虽然也可以根据车内空间做成各种形状,但它必须是一体式的,无法分开放置,而纯电动汽车的多个动力电池可以分开安放,充分利用座椅下、车底各处的空间,大大提高了汽车的空间利用效率。

(2) 纯电动汽车的优点

从环保特性、能源利用、使用维修等角度考量,纯电动汽车具有以下优点:

①无污染,噪声低。纯电动汽车无燃油汽车工作时产生的废气,不产生排气污染,对环境保护和空气的洁净是十分有益的,有"零污染"的美称。纯电动汽车电机的噪声也较小。

②能源利用效率高,使用成本低。研究表明,纯电动汽车的能源效率已超过燃油汽车。特别是在城市道路运行时,汽车会频繁启停,行驶速度不高,纯电动汽车更加适宜。

纯电动汽车停车时不消耗电量,在制动过程中,电机可自动转化为发电机,实现制动、减速时能量的再利用,使用成本低。

③简单可靠,使用维修方便。纯电动汽车较燃油汽车结构简单,运转、传动部件少,运行可靠,维修保养工作量小。

④平抑电网的峰谷差。纯电动汽车可在夜间利用电网的富余电能进行充电,用电高峰时还可向电网回馈电能,对电网起到"削峰填谷"的作用,有利于电网的高效利用和电压稳定。

(3) 纯电动汽车的缺点

从使用成本、续航里程和充电便利性等方面考量,纯电动汽车目前存在以下缺点:

①动力电池使用成本高,续航里程短。目前纯电动汽车尚不如燃油汽车技术完善,尤其是动力电池的寿命短,使用成本高。动力电池的储能量小,一次充电后行驶里程不理想,且动力电池价格较贵,未形成经济规模。纯电动汽车的使用成本主要取决于动力电池的使用寿命及当地的电价。

②充电时间长,配套设施不完善。纯电动汽车正常的充电时间为 8 h 左右,快速充电也得需要 1~2 h,需要通过外接电源来给车辆电池充电,然后驱动电机行驶。目前国内的充电站数量还不足,还需要一段比较长的时间建设配套基础设施。

3. 纯电动汽车的分类

目前纯电动汽车使用的电机主要为交流异步电机和永磁同步电机,如图 3-1 所示。

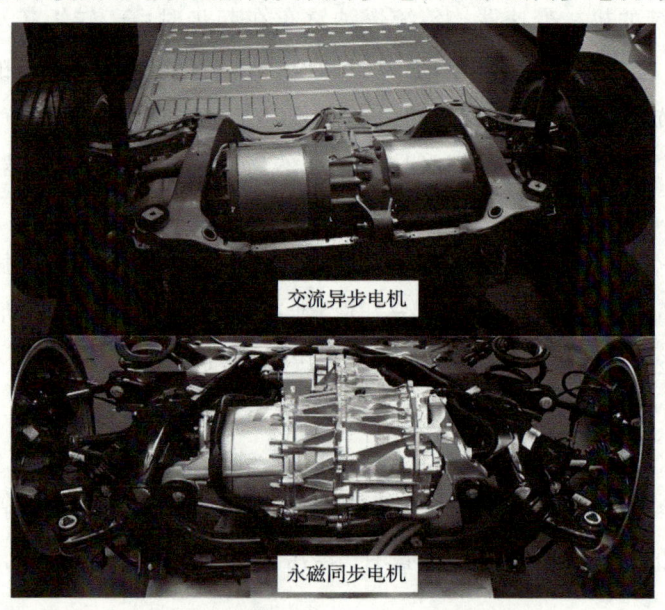

图 3-1 交流异步电机和永磁同步电机

按所使用的电机的不同,纯电动汽车可分为以下三类:

(1) 交流异步电机驱动的纯电动汽车

交流异步电机中没有磁铁,磁场来自定子中的通电绕组,所以外界环境对其性能的影响小,对温度不敏感,可靠性高,成本低,因而很多高性能纯电动汽车会配备交流异步电机。交流异步电机的缺点是功率密度小,相同功率下体积和质量均较大,会占用纯电动汽车较大空间,从而影响动力电池的布置,导致纯电动汽车续航里程短。

特斯拉研发的利用铜转子替代传统铝转子的专利技术,使得其交流异步电机的功率密度有一定的提升。采用交流异步电机驱动的纯电动汽车有特斯拉和蔚来 ES8 的早期车型、奔驰 EQC、奥迪 e-tron 等。

(2) 永磁同步电机驱动的纯电动汽车

永磁同步电机转子上的永磁材料目前多使用钕铁硼材料制作,其中钕来自稀土,故成本较高。永磁同步电机的优势是能量转换效率高,体积小,功率大,因而多用在长续航里程纯电动汽车上。永磁同步电机的缺点是永磁材料容易受热而发生退磁现象,导致高转速下的效率降低。

需要指出的是,由于我国稀土资源丰富,加上高耐热性、高磁性钕铁硼永磁体的成功开发,永磁同步电机在我国市场上为绝对主流,大多数自主品牌的纯电动汽车均配备永磁同步电机。

(3) 交流异步电机+永磁同步电机共同驱动的纯电动汽车

交流异步电机和永磁同步电机有各自的优势,一些纯电动汽车厂商开始考虑综合两种电机的特性进行匹配。例如 2019 款特斯拉 Model S 长续航版就同时搭载了两种电机技术,如图 3-2 所示,如此可发挥两种电机在不同工况下的技术特点。其前轴搭载的是经过优化的偏向于低速、高效率的永磁同步电机,最大输出功率为 202 kW,最大扭矩为 404 N·m。当车速处于中低速时,永磁同步电机工作。其后轴搭载的是偏向于高速的交流异步电机,最大输出功率为 285 kW,最大扭矩为 440 N·m。当车速处于高速时,交流异步电机和永磁同步电机同时工作,满足更高的性能输出要求。

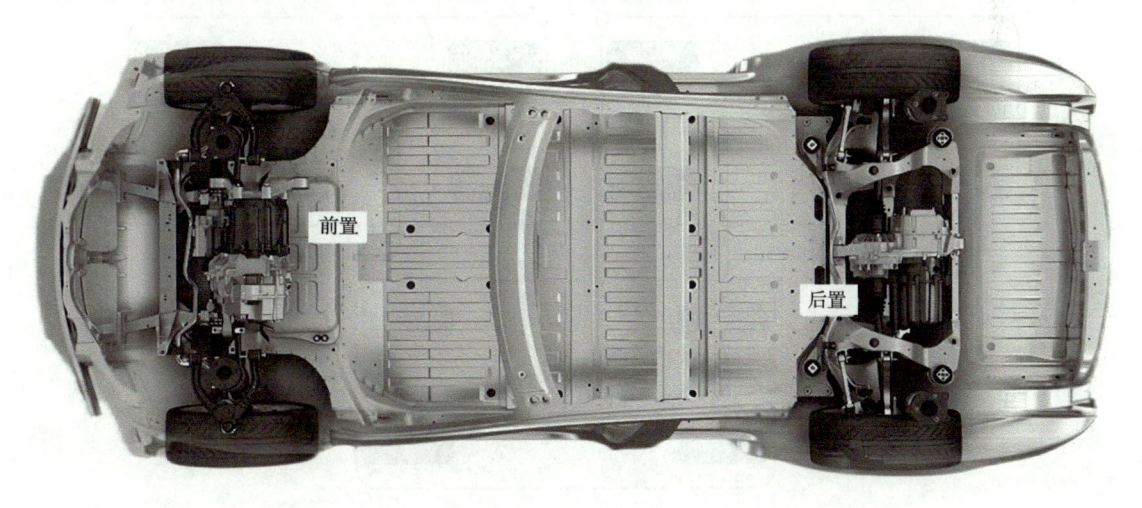

图 3-2 2019 款特斯拉 Model S 长续航版的前、后电机布置

4. 纯电动汽车电机驱动系统的布置形式

电机驱动系统是纯电动汽车的核心部分,其性能决定着整车运行的好坏。电机驱动系统的布置形式取决于电机的驱动方式,有电机中央驱动和轮毂电机驱动两种形式。

(1)电机中央驱动形式

电机中央驱动形式借用了燃油汽车的驱动方案,将内燃机换成电机,来驱动左右两侧车轮。这种方案结构紧凑、控制简单,为大多数量产车型所采用。电机中央驱动形式又可分为如下几种形式:

① 传统驱动式

如图 3-3(a)所示,这种布置形式与传统燃油汽车驱动系统的布置形式一致,带有变速器和离合器,内燃机为电机所取代,属于"油改电"式汽车。这种布置形式可以增大纯电动汽车的启动转矩,提高低速时纯电动汽车的后备功率。

② 电机-驱动桥组合式

如图 3-3(b)所示,这种布置形式取消了离合器和变速器,而将电机、减速器、差速器集成为一个整体,通过半轴驱动车轮。这种布置形式的传动路线较短,结构紧凑,方便布置,是当前量产纯电动汽车的主流电机驱动系统布置形式。

③ 双电机整体驱动桥式

如图 3-3(c)所示,这种布置形式取消了差速器,利用两个电机搭配固定速比的减速器来分别驱动两个车轮。每个电机都可独立调节,通过差速器解决差速问题。这种布置形式使电机驱动系统体积进一步减小,节省了空间,减小了设备质量,提高了传动效率。但要求电机有较大的启动转矩和后备功率,同时对系统的控制精度和可靠性也有更高的要求,以保证汽车行驶的安全性和稳定性。

(a)传统驱动式

(b)电机-驱动桥式

(c)双电动机整体驱动桥式

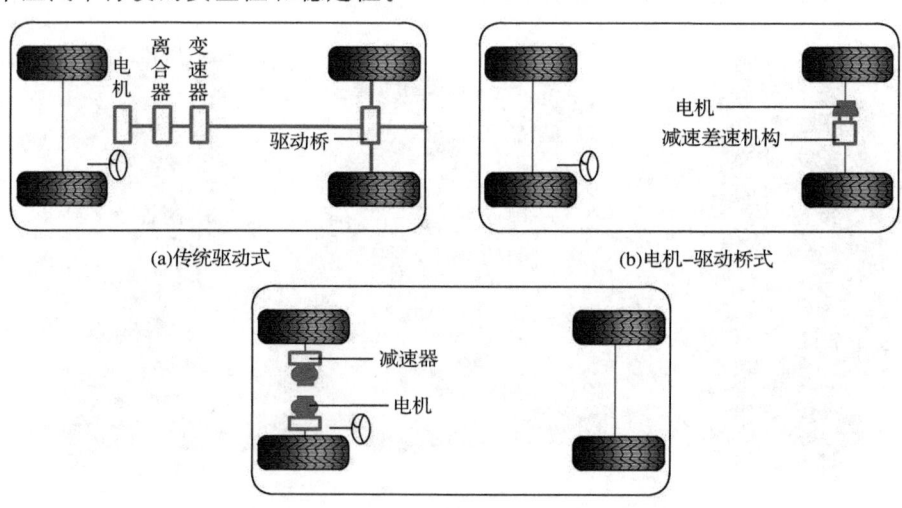

图 3-3 纯电动汽车电机驱动系统布置形式

(2) 轮毂电机驱动形式

轮毂电机如图3-4所示。轮毂电机驱动形式有两种结构：一种是内定子外转子结构，如图3-5(a)所示，其外转子直接安装在车轮的轮缘上，由于这种结构没有机械减速机构提供减速，因此通常要求电机为低速、小扭矩电机；另一种是内转子外定子结构，如图3-5(b)所示，其转子作为输出轴与固定齿比的行星齿轮变速器的太阳轮相连，而车轮轮毂与齿圈连接，这样能提供较大的减速比，来放大其输出扭矩。

图3-4 轮毂电机

(a)内定子外转子结构　　(b)内转子外定子结构

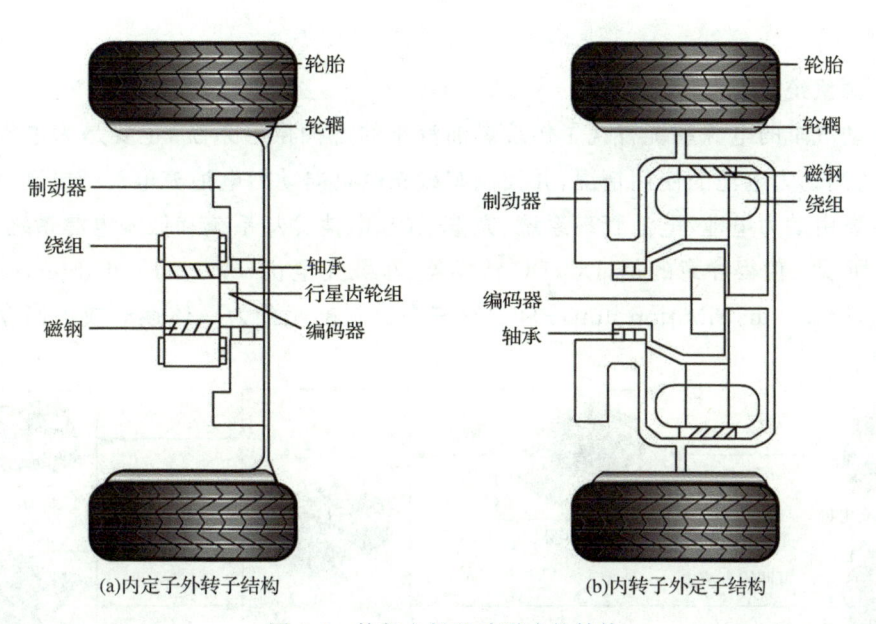

图3-5 轮毂电机驱动形式的结构

当采用轮毂电机驱动形式时，无传动半轴和差速器，传动路线大大缩短，传动效率更高，还节省了大量空间，高压电池组甚至可以布置到前机舱内。若采用内定子外转子结构，还能提高对车轮动态响应的控制性能。但由于成本过高，目前还没有采用轮毂电机驱动形式的量产车推出。

3.1.2 纯电动汽车的基本组成

与燃油汽车相比,纯电动汽车的构造比较简单。纯电动汽车主要由决定其工作性能的"三电"系统(电源系统、电机驱动系统、整车控制系统)、车身、底盘及辅助电器等组成。"三电"系统如图 3-6 所示。

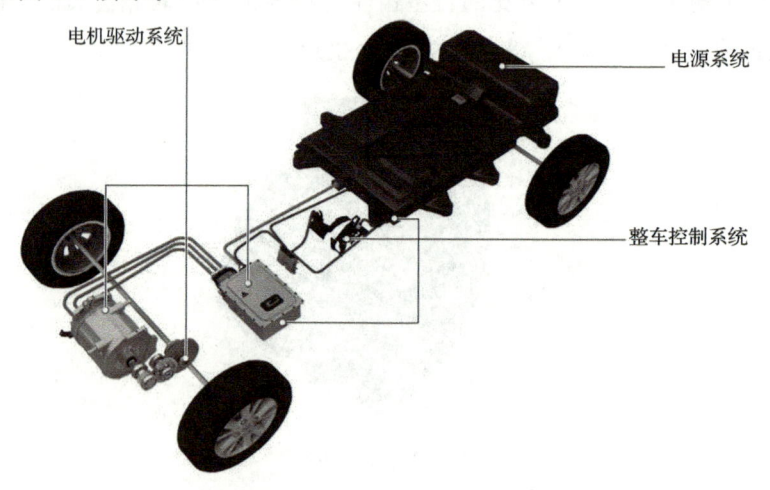

图 3-6 纯电动汽车的"三电"系统

1. 电源系统

纯电动汽车的电源系统替代了传统燃油汽车的燃油供给系统,主要是为电机提供驱动电能、监测动力电池的使用情况,并控制车载充电机向动力电池充电。纯电动汽车的电源系统主要由动力电池、电池管理系统、充电系统、电池冷却系统和低压电源系统等组成,如图 3-7 所示。值得注意的是,DC/DC 转换器、车载充电机(on-board charger,OBC)、高压控制盒(power distribution unit,PDU)这三个控制单元合为一体逐渐成为当今行业的发展趋势。

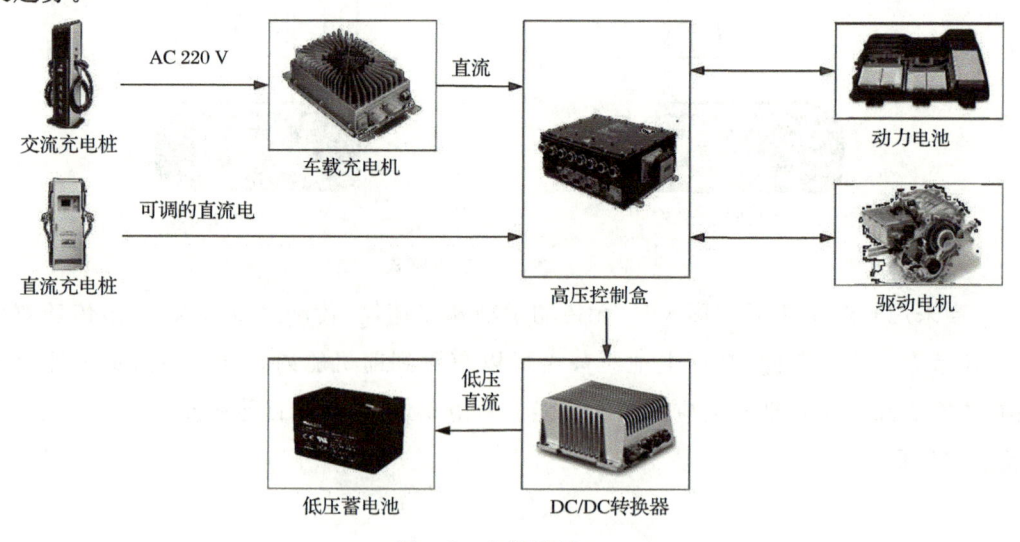

图 3-7 电源系统

(1)动力电池

动力电池是能量存储装置,它的作用是向电机提供驱动电能。对于没有辅助电源的纯电动汽车而言,动力电池是唯一的动力源,它的性能直接影响纯电动汽车的动力性能、续航能力和安全性。图 3-8 所示为动力电池从电芯到模组再到电池包的成组过程。

图 3-8　动力电池的成组过程

(2)电池管理系统

电池管理系统(battery management system,BMS)是电池保护和管理的核心部件。一方面,它检测、收集并初步计算电池实时状态参数,并根据检测值与允许值的比较关系控制动力电池的充电和放电;另一方面,它将采集的关键数据上报给整车控制器,并接收整车控制器的指令,与汽车的其他系统协调工作。

(3)充电系统

充电系统的作用是为车载储能装置即动力电池适时地补充电能。纯电动汽车一般配有快充充电口和慢充充电口,如图 3-9、图 3-10 所示分别为北汽 EV160 的快充充电口和慢充充电口。其中,快充电流大,充电速度快,充电时间短(1~2 h 可充满),便于车辆快速补充电能;慢充采用恒压、恒流的传统充电方式对纯电动汽车进行充电,充电速度较慢,充电时间一般持续 8 h 以上,纯电动汽车家用充电设施和小型充电站多采用慢充充电方式。

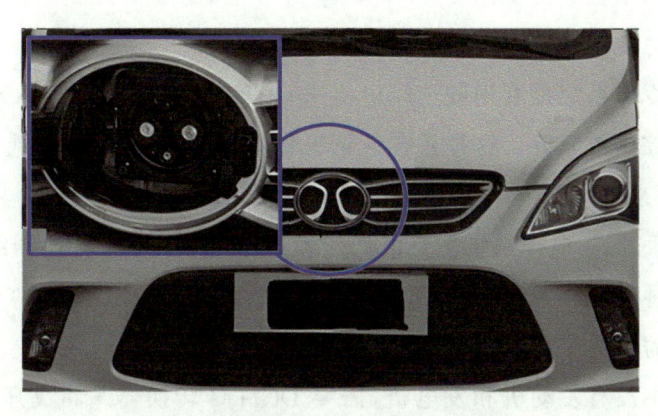

图 3-9　北汽 EV160 的快充充电口

图 3-10　北汽 EV160 的慢充充电口

(4) 电池冷却系统

动力电池在充、放电过程中会产生一定热量,导致温度上升,而温度过高会影响电池的内阻、电压、可用容量、充/放电效率和使用寿命。纯电动汽车为了将动力电池的温度控制在正常工作范围以内,会专门配备单独的冷却系统。电池冷却系统实质上属于整车热管理系统的一部分,有空调循环冷却式、水冷式和风冷式三种类型。

① 空调循环冷却式电池冷却系统

在高端纯电动汽车中,动力电池内部有与空调系统连通的制冷剂循环回路。动力电池直接通过冷却液进行冷却,冷却液循环回路与制冷剂循环回路通过冷却液热交换器连接。采用空调循环冷却式电池冷却系统的纯电动汽车有宝马 i3、特斯拉等。

② 水冷式电池冷却系统

水冷式电池冷却系统是利用特殊的冷却液在动力电池内部的冷却液管路中流动,将动力电池产生的热量传递给冷却液,从而降低动力电池的温度。目前多数纯电动汽车采用水冷式电池冷却系统。

③ 风冷式电池冷却系统

风冷式电池冷却系统是利用散热风扇将来自车厢内部的空气吸入动力电池箱,以冷却动力电池及其控制单元等。这种系统常见于日本、韩国早期生产的纯电动汽车上。

(5) 低压电源系统

如图 3-7 所示,低压电源系统主要由低压蓄电池和 DC/DC 转换器组成,其作用是给纯电动汽车的各种辅助装置,如电动助力转向机构、制动力控制装置、灯光、仪表、空调、电动门窗等提供所需要的工作电源,一般为 12 V 或 24 V 的低压电源。

纯电动汽车中没有发动机和发电机,需要 DC/DC 转换器来将高压直流电转为低压直流电,在为低压电器供电的同时也能为电压蓄电池补充电能,起到传统燃油汽车中发电机的类似作用。

2. 电机驱动系统

电机驱动系统是纯电动汽车的"心脏",其功用是在驾驶员的控制下高效率地将存储在动力电池中的电能转化为车轮的动能,推动汽车行驶,并能够在汽车减速、制动时实现再生制动(将车轮的动能反馈到动力电池中)。电机驱动系统主要由电机、电机控制器、减速器及电机冷却系统组成,并通过高低压线束、冷却管路与其他系统连接,如图 3-11 所示。

图 3-11 电机驱动系统
1—电机;2—电机控制器;3—减速器

目前,将电机、电机控制器和减速器集成为一体的三合一电机驱动系统因轻量化、节省空间和成本等优势已成为纯电动汽车电机驱动系统的发展主流。

(1)电机

电机是动力系统的执行机构,是电能与机械能之间的转化部件,如图 3-12 所示。电机在纯电动汽车中承担着电动机和发电机的双重功能,即在正常行驶时发挥其主要的电动机功能,将电能转化为机械能,通过传动装置驱动或直接驱动车轮;而在降速和滑行时又能转换为发电机,将车辆的惯性动能转换为电能,实现再生制动和能量回收。

图 3-12 电机

(2）电机控制器

电机控制器（motor control unit，MCU）如图 3-13 所示，作为电机的控制单元，其主要作用是将输入的直流电逆变成电压、频率可调的三相交流电输出给电机，同时根据电流传感器、电压传感器、温度传感器进行电机运行状态的监测，并根据相应参数对电机进行电压、电流的调整控制，以实现对电机转矩、转速和方向的控制。

图 3-13　电机控制器

电机控制器与电机必须配套使用。当汽车进行倒车行驶时，需通过电机控制器使电机反转来驱动车轮反向行驶。当汽车降速和滑行时，电机控制器使电机运行于发电状态，电机利用惯性发电，将电能通过电机控制器回馈给动力电池。

(3）减速器

纯电动汽车的减速器可以视为一种固定速比的单挡位变速器，其作用是将电机的驱动转矩传输给汽车的驱动轴，从而带动汽车车轮行驶，所以减速器一般与电机的输出端相连接，安装在驱动桥上。纯电动汽车的减速器大多由具有固定传动比的二级减速器和差速器组成，与传统汽车的传动系统相比，它具有结构简单、体积小、占用空间小的特点。减速器的结构如图 3-14 所示。

图 3-14　减速器的结构

电机可以直接带动负载启动,通过改变电流大小调节输出扭矩,也可以通过控制电流流向或者改变三相绕组顺序来改变电机的转向,从而实现前进或倒车,所以纯电动汽车用于动力传动的减速器可以没有离合器。

(4)电机冷却系统

电机冷却系统主要用于保证电机和电机控制器在规定的温度范围内工作,维持良好的工作性能。电机冷却系统一般由电动水泵、散热器及电子风扇、冷却液储液罐、电机组件冷却液管道等组成,如图 3-15 所示。

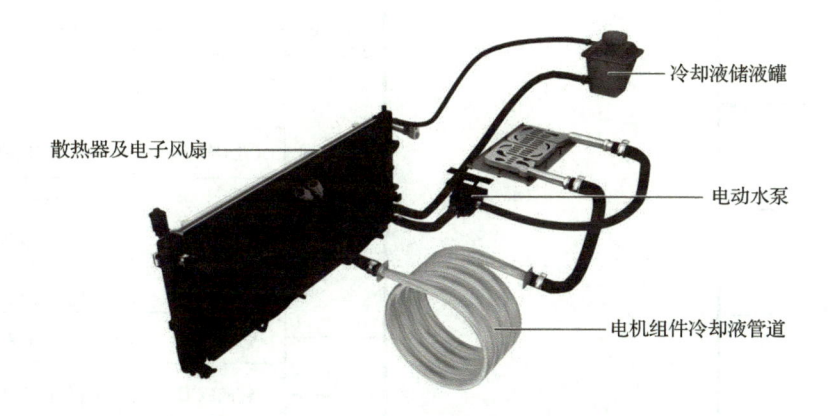

图 3-15 电机冷却系统的组成

电机冷却系统采用强制循环式水冷却,利用电动水泵增大冷却液的压力,强制冷却液在电动水泵、电机、电机控制器、散热器之间循环流动,通过热交换来降低电机驱动系统主要部件的温度。一般控制电机控制器的温度不超过 80 ℃,电机的温度不超过 120 ℃。

3. 整车控制系统

整车控制系统(vehicle management system,VMS)是纯电动汽车的控制核心。性能优越、安全可靠的整车控制系统可以从各个环节上合理控制纯电动汽车的运行状态、能源分配和协调功能,以充分发挥各部分的优势,使整车获得最佳运行状态。整车控制系统的组成如图 3-16 所示。整车控制系统的核心部件是整车控制器(vehicle control unit,VCU),如图 3-17 所示。本系统将在 3.2.3 节中详细进行介绍。

4. 汽车底盘

汽车底盘是整个汽车的基体,其作用是支撑动力电池、电机、汽车车身及各辅助装置,并将电机动力进行传递和分配,使汽车按照驾驶员意图行驶。

传统汽车底盘包括传动系统、行驶系统、转向系统、制动系统四大系统。纯电动汽车的底盘要求具有足够的空间存放动力电池,并要求线路连接、充电、检查和拆卸方便。所以,纯电动汽车底盘打破了传统汽车底盘的布置模式,主要由行驶系统、转向系统、制动系统三大系统组成,如图 3-18 所示。

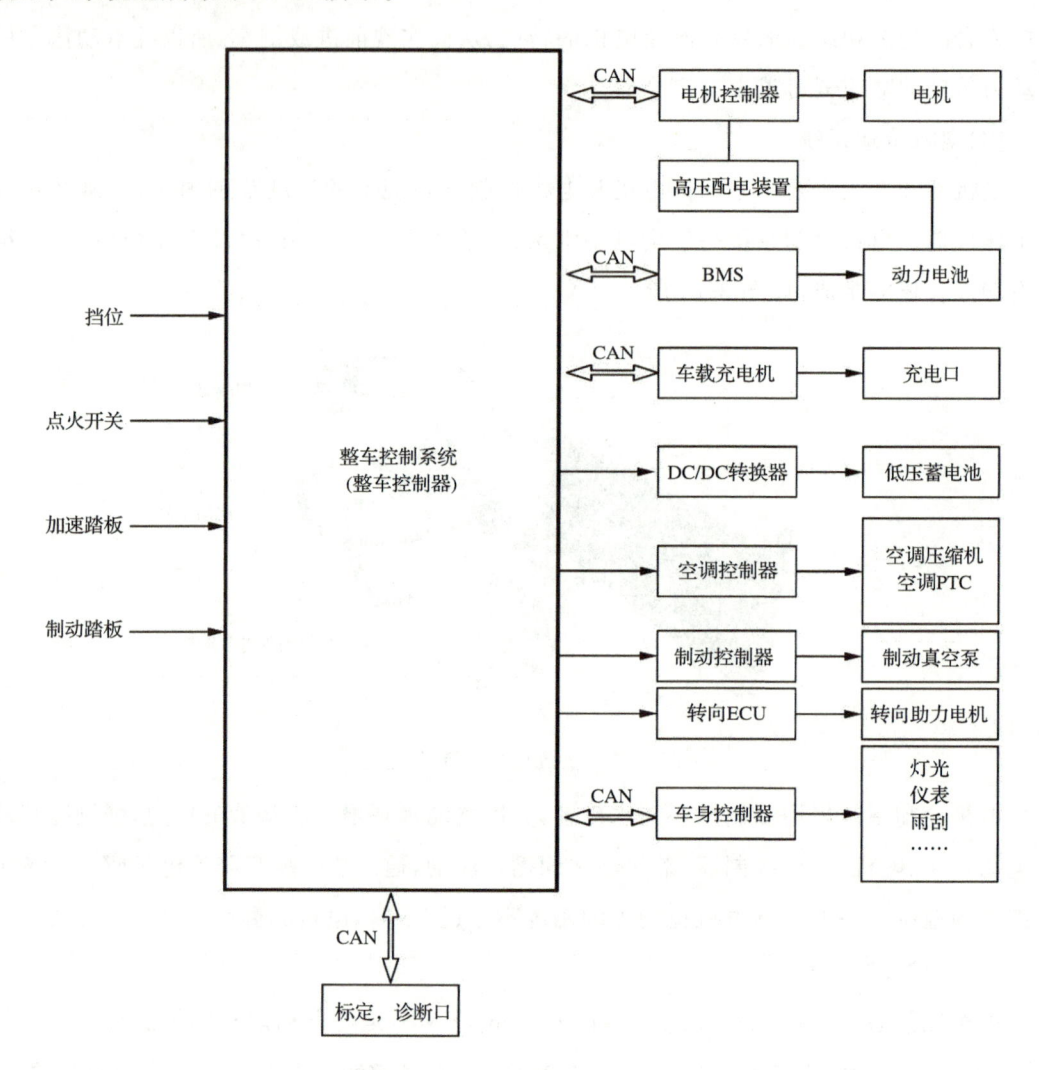

图 3-16 整车控制系统的组成

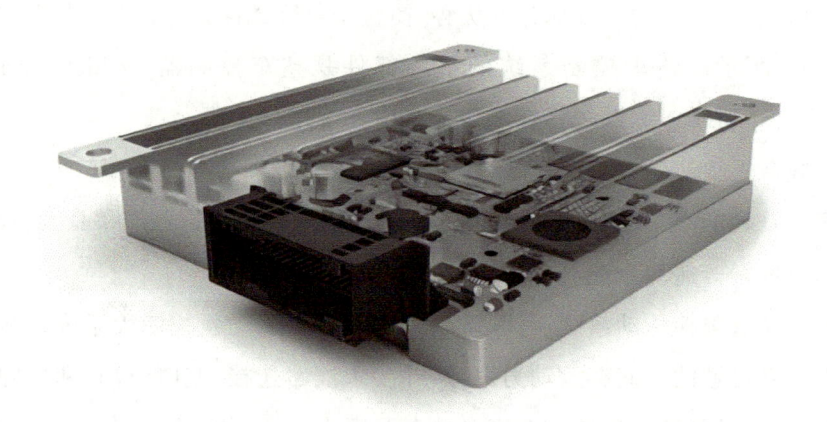

图 3-17 整车控制器

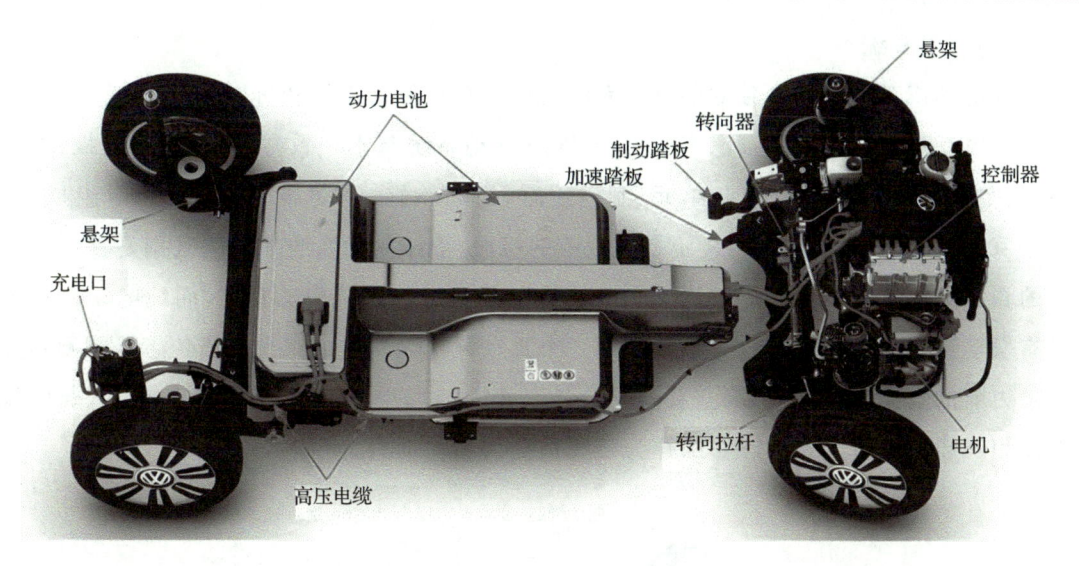

图 3-18 纯电动汽车的底盘

注意：纯电动汽车动力电池的质量大，为了减轻整车质量，需要采用轻质材料制造汽车底盘总成。

(1) 行驶系统

纯电动汽车行驶系统主要由车架、驱动桥、车轮和悬架等组成，除驱动桥以外，其他几乎与传统汽车完全一致。

行驶系统的主要功用是承受汽车的总重量；接收传动系传来的动力，通过驱动轮和地面之间的附着作用产生驱动力，从而克服外界阻力，保证汽车正常行驶；传递并承受路面作用于车轮的各种反力及所形成的力矩；缓和不平路面对车身造成的冲击和振动，保证汽车平顺行驶。

(2) 转向系统

纯电动汽车一般采用电动助力转向，与现在越来越多地采用电动助力转向的燃油汽车几乎无差别。

纯电动汽车的转向系统主要由转矩传感器、助力电机、减速机构和电子控制单元（ECU）等组成，如图 3-19 所示。

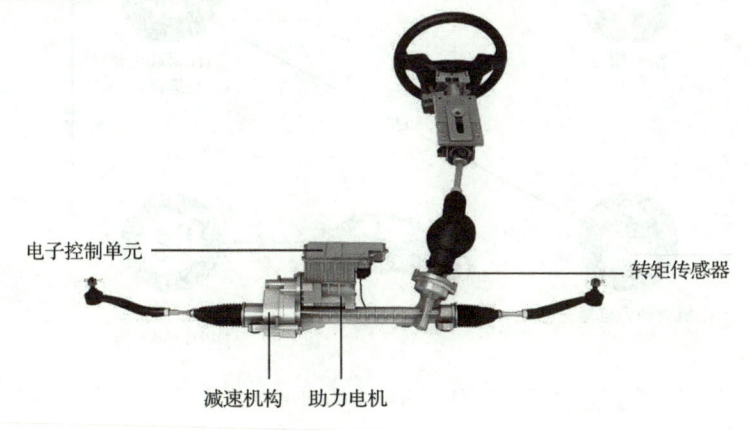

图 3-19 转向系统的组成

(3) 制动系统

纯电动汽车拥有两套独立的制动系统：机械/液压制动系统和再生制动系统。

纯电动汽车与传统燃油汽车的机械/液压制动系统基本一致，主要由制动踏板、真空泵、真空罐、真空助力器、控制单元、制动主缸、制动轮缸、制动器和制动管路等组成，如图 3-20 所示。纯电动汽车与传统燃油汽车的机械/液压制动系统唯一的区别是真空助力器的真空来源不同。传统燃油汽车利用的是发动机进气系统中的真空，而纯电动汽车上没有发动机，无法提供真空，一般是采用一个真空泵作为真空的来源。当传感器监测到真空助力器的真空度不足时，真空泵就开始工作并维持真空环境，通过这样的方式，确保真空助力器能够像传统燃油汽车那样为驾驶员提供制动助力。

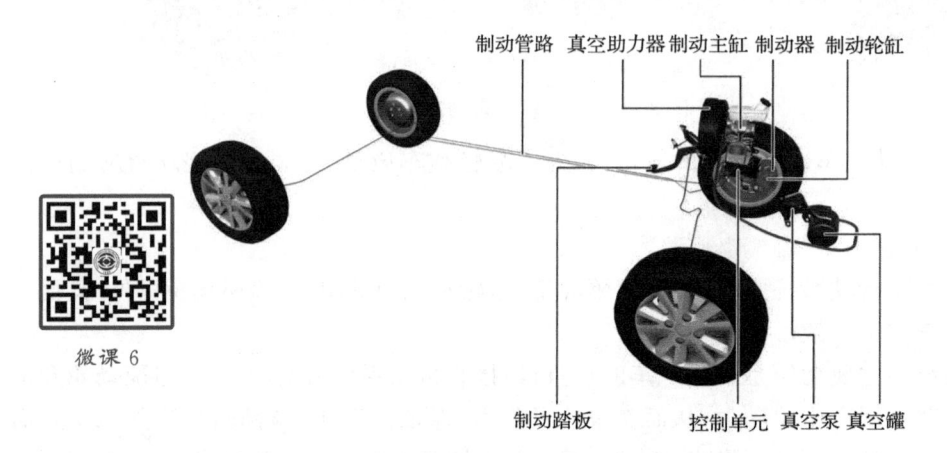

图 3-20　机械/液压制动系统的组成

再生制动系统的工作过程如图 3-21 所示。再生制动系统的优点是在制动和减速过程中电机释放的能量可回收并充入动力电池。能量回收和再生性制动对纯电动汽车的高效性起了重要作用。与此同时，再生制动系统也减轻了制动器的磨损。

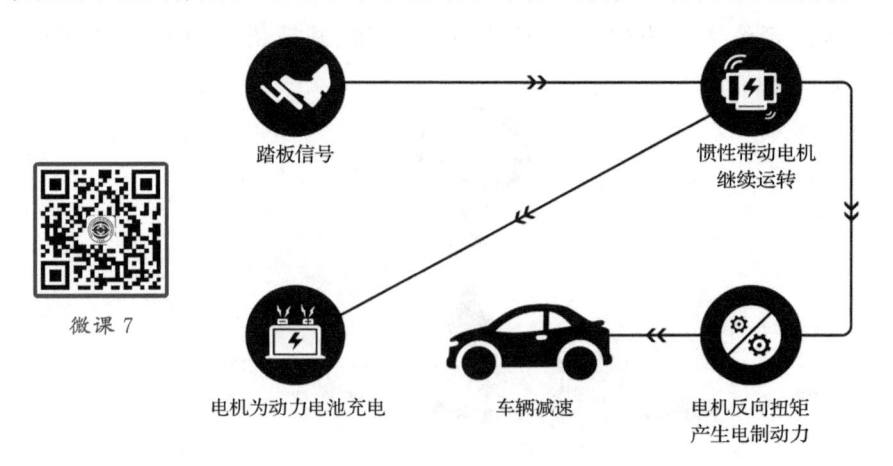

图 3-21　再生制动系统的工作过程

5. 汽车车身

汽车车身主要由车身本体、开启件、座椅、装饰部件和安全保护装置等组成,其中,开启件主要包括门、窗、行李箱和车顶盖等;安全保护装置主要包括保险杠、安全带、安全气囊等。

汽车车身的作用是安全容纳驾驶员、乘员及货物,使其免受外界侵袭和恶劣气候影响,为驾驶员和乘员提供安全舒适的驾驶环境和乘坐条件,保护他们尽量少受汽车行驶中振动、噪声、废气的影响。出于安全需要,汽车车身的构造与布局应符合以下要求:

(1)汽车车身应保证汽车具有合理的外部形状,造型美观,色彩协调,在汽车行驶时能有效地减小空气阻力和减少能源消耗。

(2)针对纯电动汽车续航里程有限的特点,纯电动汽车的车身外形应尽量符合空气流体动力学,减小行驶过程中的空气阻力,并选取高强度轻型材料来减轻自重。

(3)车内布局应尽量减少刚性机械部件连接的动能传动,选取柔性电缆,使纯电动汽车车内布局有较大的灵活性。动力电池作为纯电动汽车上必不可少的动力源,其自身也有一定重量,尽量将其分散布置,作为配重布局。

总之,纯电动汽车各个部件的总体布局应在符合车辆动力学对汽车重心要求的同时,尽可能降低汽车质心高度,减轻汽车总体重量。

6. 辅助电器

纯电动汽车的辅助电器主要有空调、照明装置、各种声光信号装置、车载音响、刮水器、电动门窗、电动座椅调节器、车身安全防护装置等。除空调外,其他辅助电器均与传统燃油汽车无异,以下仅介绍空调。空调可分为制冷空调、暖风空调、热泵式空调等。

(1)制冷空调

在纯电动汽车上,空调压缩机采用独立电机驱动,并由动力电池提供电能。制冷空调采用空调压缩机+制冷剂的制冷原理,按照制冷量的变化调整运转速度,不因车速或汽车驱动力的变化而受影响。空调压缩机的组成如图3-22所示。

图 3-22 空调压缩机

(2)暖风空调

纯电动汽车上没有发动机,无法像燃油汽车那样采用一个暖风箱将发动机的余热收集起来为车内提供暖风,故一般采用自身制热的方式取暖。目前纯电动汽车上最常用的方式是采用 PTC(positive temperature coefficient,意为"正温度系数")加热器。PTC 加热器的工作原理是对热敏陶瓷元件通电来生热。热敏陶瓷元件由若干单片组合后与波纹散热铝条用高温胶黏结组成,当风机因故停转等原因致使 PTC 加热器得不到充分散热而温度升高时,其阻值会成倍增大,从而达到自动限温的效果,避免发生事故。PTC 加热器具有恒温发热、寿命长、省电、无明火、无辐射、安全性好、发热量容易控制等优点,其缺点是能耗大,长时间使用会明显缩短汽车的续航里程。

(3)热泵式空调

有一些纯电动汽车设计了冷热两用型热泵式空调,如图 3-23 所示为热泵式空调的组成。热泵式空调以传统制冷空调为基础,通过增设冷凝器等,可以冷、热两种相反的方式运行,在正常运行时可以产生冷风,在逆运行时又可以产生热风。热泵式空调的工作过程如图 3-24 所示。

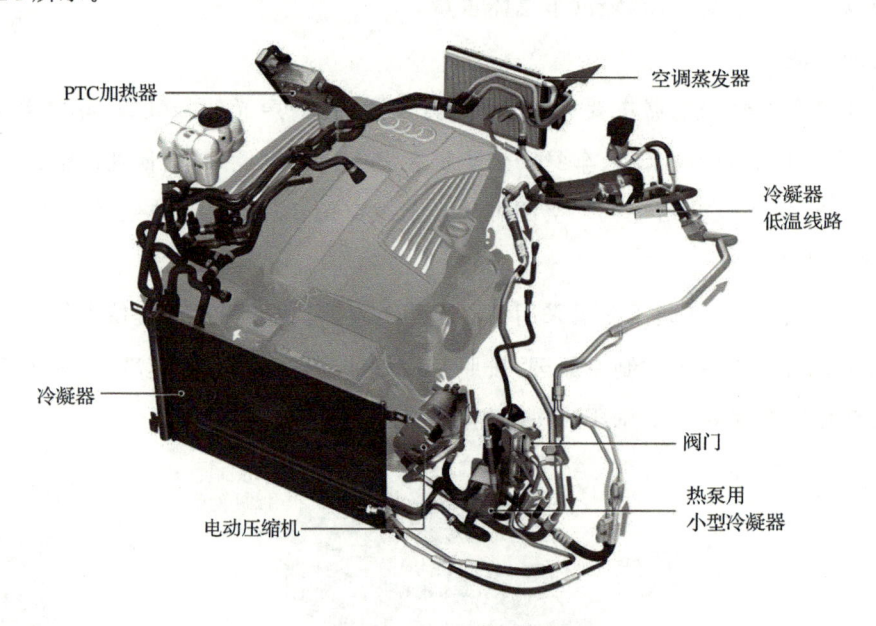

图 3-23 热泵式空调的组成

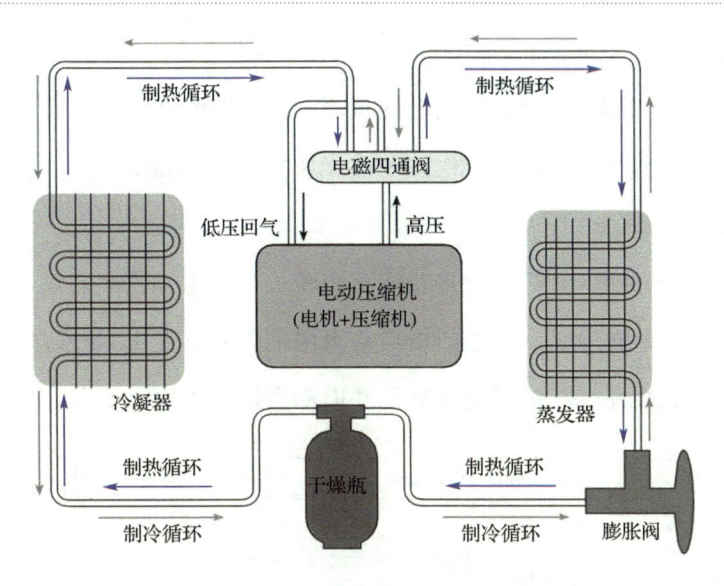

图 3-24 热泵式空调的工作过程

3.1.3 纯电动汽车的工作原理

1. 纯电动汽车的工作过程

如图 3-25 所示,当汽车行驶时,电机驱动系统将存储在动力电池中的电能高效地转化为车轮的行驶动能,整车控制器根据加速踏板、制动踏板的输入信号,向电机控制器发出指令,电机控制器控制电机的启动、加速、减速、制动以及汽车减速和滑行过程中的能量回收。机械传动装置将电机的转矩传递给汽车的驱动轴,从而控制汽车的前进和后退。

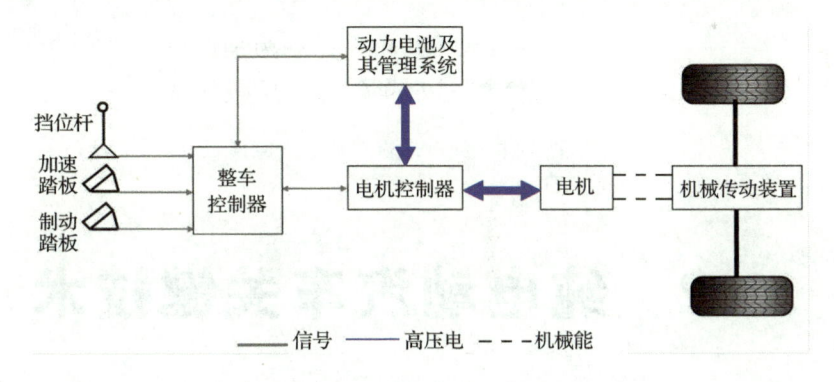

图 3-25 纯电动汽车的工作过程

2. 纯电动汽车的电控原理

如图 3-26 所示,从控制信号(信号流)和能量传递(能量流)的角度来描述纯电动汽车的电控原理。

(1) 信号流

整车控制器通过采集加速踏板、制动踏板、挡位杆等驾驶员意图信息,并根据这些信息向电池管理系统、电机控制器等其他控制单元发出相应的指令。

(2) 能量流

动力电池向电机供电,电机运转带动汽车行驶。当纯电动汽车制动或滑行时,电机可运行在发电状态,将车辆的部分动能回馈给动力电池以对其充电,延长续航里程。当需要充电时,车载充电机通过充电接口接入电网并向动力电池充电。

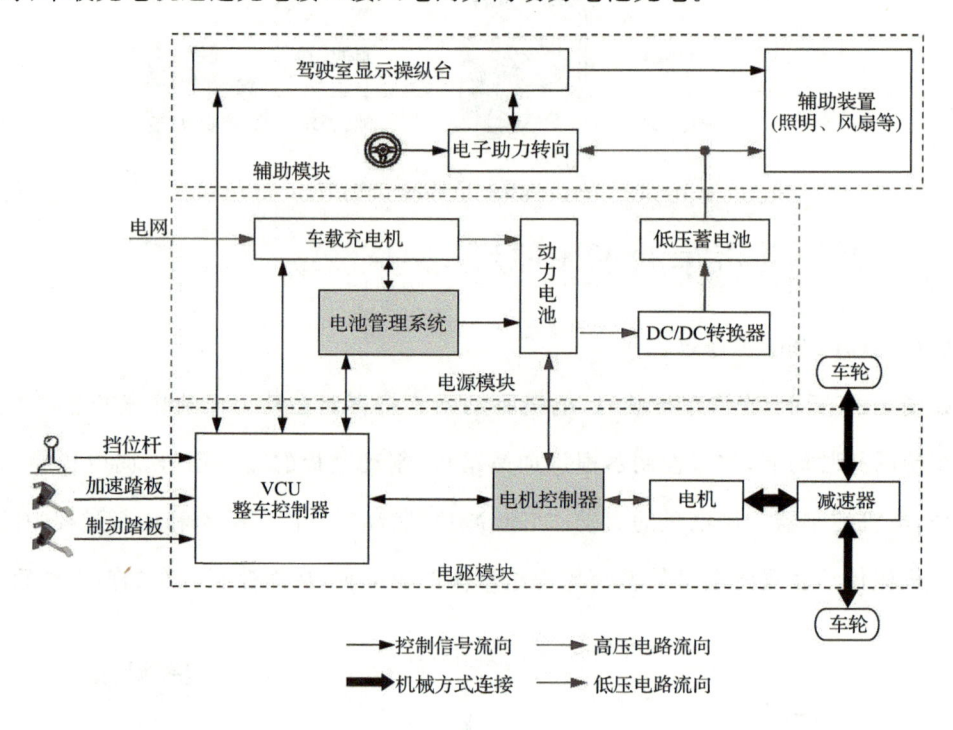

图 3-26 纯电动汽车的电控原理

3.2 纯电动汽车关键技术

纯电动汽车是由动力电池储能、电机驱动的车辆,车辆核心技术包括动力电池和电机的管理,同时考虑电池质量对车辆的影响。因此纯电动汽车的关键技术主要涉及以下四个方面:电池及管理技术、电机及控制技术、整车控制技术以及整车轻量化技术。

3.2.1 电池及管理技术

电池技术一直是制约纯电动汽车发展的关键因素,它是整车的动力之源,直接影响汽车的续航里程、整车质量及成本。纯电动汽车用动力电池必须具备一定的条件,即安全性好、成本低、能量密度和功率密度小及使用寿命长等。但目前锂离子电池还不能完全达到这些要求,因此优秀的电池管理系统就显得尤为重要。动力电池及其管理系统如图 3-27 所示。

图 3-27 动力电池及其管理系统

1. 电池技术

目前,动力电池的商业化材料主要有钴酸锂、锰酸锂、磷酸铁锂和三元材料(镍钴锰酸锂/镍钴铝酸锂)。从发展趋势来看,动力电池历经了三代。

第一代动力电池正极的材料是钴酸锂($LiCoO_2$)。因为钴酸锂具有很大的能量密度,并且其产业成熟度较高,在数码领域得到广泛应用(应用于 18650 型电池),所以在纯电动汽车领域得到了很快的转换应用。但人们很快发现,钴酸锂本身具有很多先天缺陷,如材料成本很高、寿命较短、安全性差等,这限制了其在纯电动汽车领域的应用。

第二代动力电池的正极材料为锰酸锂($LiMn_2O_4$)和磷酸铁锂($LiFePO_4$)。锰酸锂具有原材料成本低、功率性好且材料安全性优良等优点,但材料克容量较小,高温循环性能差,限制了其在纯电动汽车中的应用,目前只应用在一些混合动力汽车、短途电动大巴上。锰酸锂电池在纯电动汽车上的典型应用为日产 Leaf 的第一代产品,但其续航里程只能达到 160 km。磷酸铁锂在材料安全性和寿命方面具有更大的优势,使得该材料在国内动力电池上得到广泛、迅速的应用。但磷酸铁锂体积能量密度较小,目前大多应用在电动大巴和储能领域。磷酸铁锂电池在纯电动汽车上的典型应用为比亚迪 E6，该车型在 60 kW·h 装机量下的续航里程能达到 300 km。

第三代动力电池的正极材料为镍钴锰酸锂或镍钴铝酸锂，即三元材料。三元材料具有能量密度大、电压平台高、循环性能好等优点，在动力电池市场中占据了重要的地位。三元材料最大的问题是安全性较差，制造成本高，不过随着能量密度要求的不断提高与动力电池安全技术的逐步成熟，正极材料的应用形成三元材料和磷酸铁锂两种材料并存的局面。三元材料和磷酸铁锂在国内动力电池市场的装机量如图 3-28 所示。

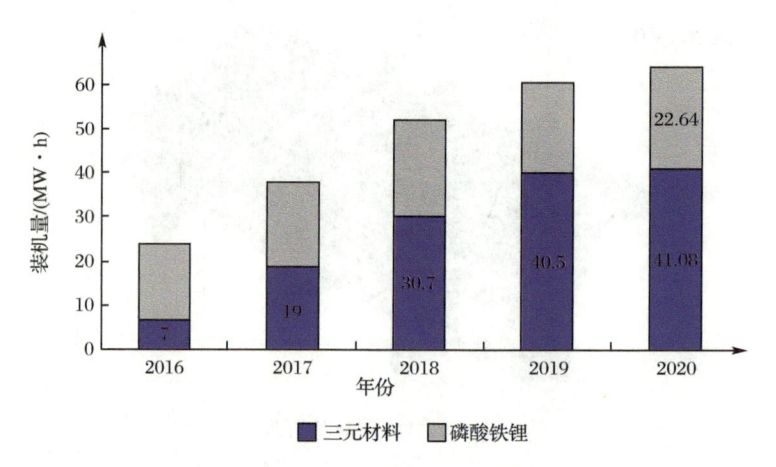

图 3-28　三元材料和磷酸铁锂在国内动力电池市场的装机量

2. 电池管理系统

电池管理系统如图 3-29 所示，承担着动力电池组的全面管理。电池管理系统通过检测动力电池组中各单体电池的状态来确定整个电池系统的状态，并根据它们的状态对动力电池系统进行对应的控制调整和策略实施，实现对动力电池系统及各单体电池的充/放电管理，以保证动力电池系统安全、稳定地运行。

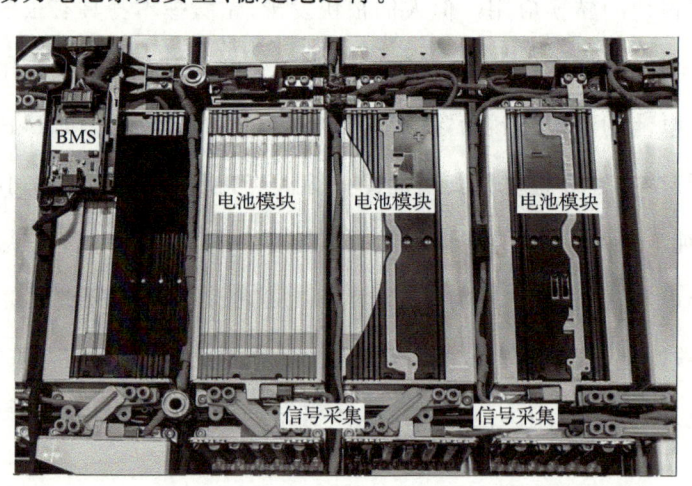

图 3-29　电池管理系统

(1) 电池管理系统的功能

电池管理系统通过电压、电流及温度检测实现对动力电池系统的过电压、欠电压、过电流、过高温和过低温保护;实现继电器控制、剩余电量(SOC)估算、充/放电管理、均衡管理、故障报警处理、与其他控制器通信等;此外,电池管理系统还具有高压回路绝缘检测和动力电池系统加热功能。

① 电池状态信息采集

电池管理系统可对动力电池组中单体电池的电压、充/放电电流、电池体温度、环境温度、功率器件温度进行监控,并将采集到的信息转换为数字值。

② 电池充/放电和均衡管理

电池过充电将破坏正极结构而影响性能和寿命,过充电还会使电解液分解,内部压力过大而导致漏液、变形、起火等问题。过充电保护就是当动力电池组中的某个单体电池的电压大于设定的过充电保护电压值且该状态的保持时间超过预设值时,采取保护动作,切断充电电路,停止对动力电池组的充电,并锁定为过充电状态。

电池过放电会导致大量活性物质容量不可逆而大量衰减,并可能导致漏液、零电压、负电压,也是损害电池性能的主要原因之一。过放电保护就是当动力电池组中的某个单体电池的电压小于设定的过放电保护电压值且该状态的保持时间超过预设值时,采取保护动作,切断放电电路,停止对动力电池组的放电,并锁定为过放电状态。

由于电池制作工艺等的差异,生产出来的电池性能不可能完全一致,而使用中充电、放电过程的不同又加剧了电池的不一致性,这就需要对电池进行有效的均衡,以保证动力电池组在使用周期内的一致性,从而有效改善动力电池组的使用性能,延长动力电池组的使用寿命。

③ 过电流、过电压及短路保护

过电流保护分为充电过电流保护和放电过电流保护。当动力电池组的充电电流或放电电流超过预设值且该状态的保持时间超过预设值时,启动保护功能,切断充电电路或放电电路,停止对动力电池组充电或放电,并锁定为过电流状态。过电流保护在一定时间后自动释放。过电压保护与过电流保护类似。

当动力电池组发生短路且该状态的保持时间超过预设值时,启动保护功能,切断充电电路和放电电路,禁止对动力电池组充电和放电。

④剩余电量检测与显示

通过估算电池的剩余电量,为系统相应的控制提供依据并为驾驶员合理安排驾驶提供参考。电池管理系统通过液晶显示屏显示相关检测数据,方便用户直观了解电池的使用情况。

⑤通信功能

电池管理系统具备通信功能,可扩充多种总线接口,通过通信接口与设备总线相连,发布动力电池组的参数和状态,接收整车管理系统的指令并做出响应。如接收到总线上相应指令时,电池管理系统按照上电流程完成自检、通信确认等流程,最终接通主正/主负接触器完成上电流程。

电池管理系统也可以通过通信接口接收设备总线下传的参数信息,更新或调整电池管理的相关参数,如保护参数、电压参数、电流参数、温度参数、时间参数等,它们都可通过编程的方式灵活修改。

⑥热管理

理想的电池工作温度为20 ℃,因此动力电池包中包含加热和散热组件,可对电池加热和冷却。由电池管理系统采集动力电池包中不同位置的温度信息,通过热管理系统(图 3-30)对电池的温度进行调节。

微课 10

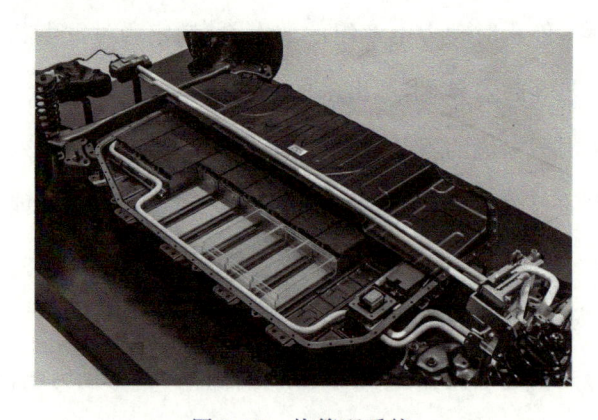

图 3-30 热管理系统

(2)电池管理系统的工作原理

电池管理系统与纯电动汽车的动力电池紧密结合在一起,通过传感器对电池的电压、电流、温度进行实时检测,同时还进行漏电检测、热管理、电池均衡管理、报警提醒,计算剩余电量和放电功率,报告电池劣化程度(SOH)和剩余电量状态,根据电池的电压、电流及温度用算法控制最大输出功率以获得最大行驶里程,以及用算法控制车载充电机进行最佳电流的充电,通过 CAN 总线接口与整车控制器、电机控制器、能量控制系统、车载显示系统等进行实时通信。电池管理系统的工作原理如图 3-31 所示。

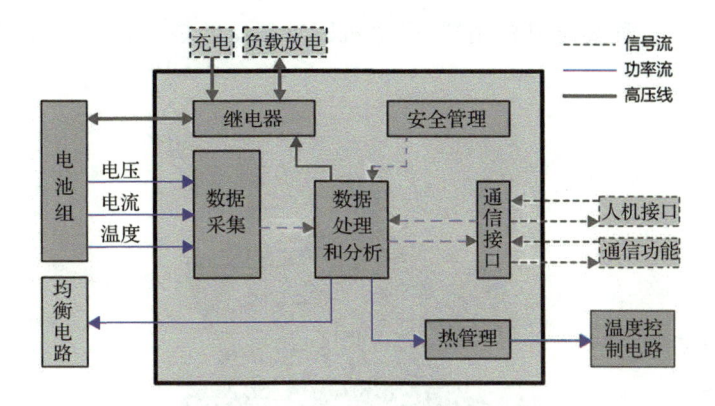

图 3-31 电池管理系统的工作原理

3.2.2 电机及控制技术

电机及控制系统(图 3-32)是纯电动汽车的驱动模块,从整车控制器获得整车的需求指令,控制电机输出的转速和扭矩,同时将从动力电池获得的直流电逆变为三相交流电提供给电机。

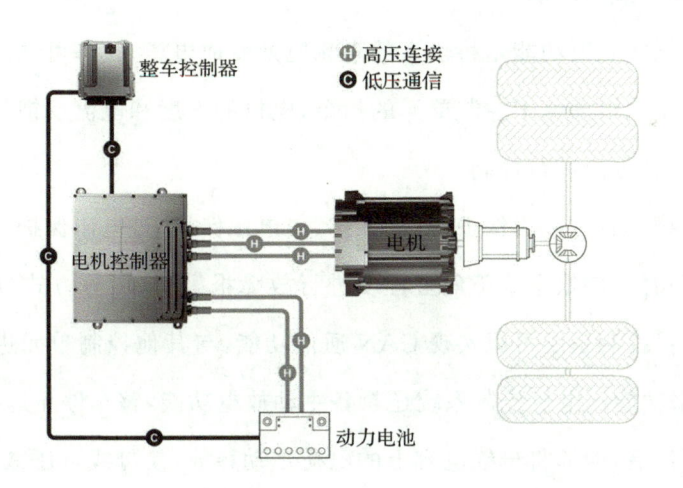

图 3-32 电机及控制系统

1. 电机

车用电机属于特种电机,是纯电动汽车的关键部件。要使纯电动汽车有良好的使用性能,电机应具有较宽的调速范围、较高的转速、足够大的启动转矩,并且体积小,质量轻,效率高,动态制动强,有合理的能量回馈性能。纯电动汽车的电机正在向大功率、高转速、高效率和小型化方向发展。

2. 电机控制系统

电机控制系统又称为电机控制器,是电机驱动系统的核心,其内部如图3-33所示。

微课11

图3-33　电机控制器

(1)电机控制系统的功能

电机控制系统的主要功能是将输入的直流电逆变成电压、频率可调的三相交流电,供给配套的电机使用。根据电子控制单元的指令,电机的速度和电流反馈信号,对电机的速度、驱动转矩和旋转方向进行控制。

电机控制系统具有过电流保护、过载保护、欠电压保护、过电压保护、缺相保护等保护功能和故障诊断功能,能根据故障危害程度进行故障报警、停机等方式分级处理,确保整车使用安全。电机控制系统可以实现CAN通信功能,与其他控制单元进行交互,并具备CAN唤醒和休眠功能。电机控制系统还具备主动放电功能,整车停止运行且动力电池与电机控制器断开以后,能够将母线电容上的电荷主动释放,使母线电压减小至人体安全电压,确保操作人员的安全。

(2)电机控制系统的组成

电机控制系统是控制主牵引电源与电机之间能量传输的装置,主要由电子控制装置和功率转换器组成,如图3-34所示。

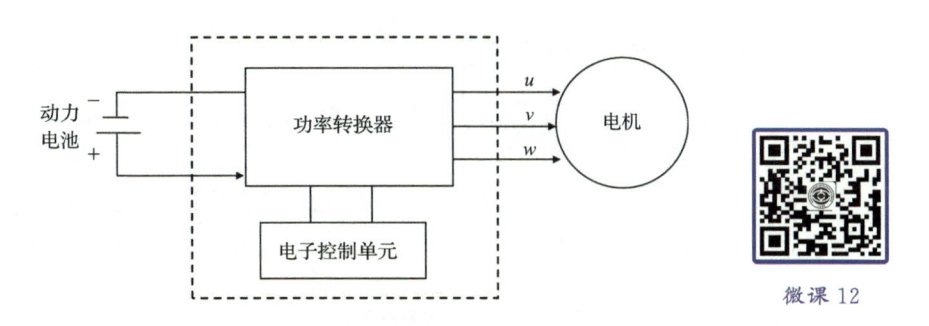

图 3-34　电机控制系统的组成

① 电子控制装置

电子控制装置主要通过电流传感器、电压传感器、温度传感器来监测和调整电机运行状态，并根据相应参数进行电压、电流的调整控制，以实现对电机的转速、扭矩和功率的控制。

② 功率转换器

功率转换器是一种起逆变和整流作用的变压器装置，它相当于是逆变器和整流器的集成。功率转换器的作用：当电机驱动车辆行驶时，功率转换器将动力电池的直流电转换为交流电（DC/AC 逆变）供给电机；当车辆减速、滑行时，电机作为发电机运转回收能量，功率转换器将交流电转换为直流电（AC－DC 整流），为动力电池充电。

3.2.3　整车控制技术

整车控制系统是纯电动汽车的神经中枢，可以实现对各系统的数据交换、信息传递、故障诊断、安全监控、驾驶员意图解析、动力电池能量管理等，对纯电动汽车的动力性、经济性、安全性和舒适性等有根本性的影响。

1. 整车控制系统的功能

整车控制系统可实现驱动与换挡控制、整车能量优化管理、网络管理、回馈制动控制、故障诊断和处理、车辆状态监测和显示等。

(1) 驱动与换挡控制

纯电动汽车驱动控制需要实时考虑行驶工况、电池剩余电量等因素，根据既定策略将转矩合理分配给电机，同时限定电机的工作区域和剩余电量的范围，确保电机和动力电池能够长时间保持高效的状态。驱动控制策略如图 3-35 所示。

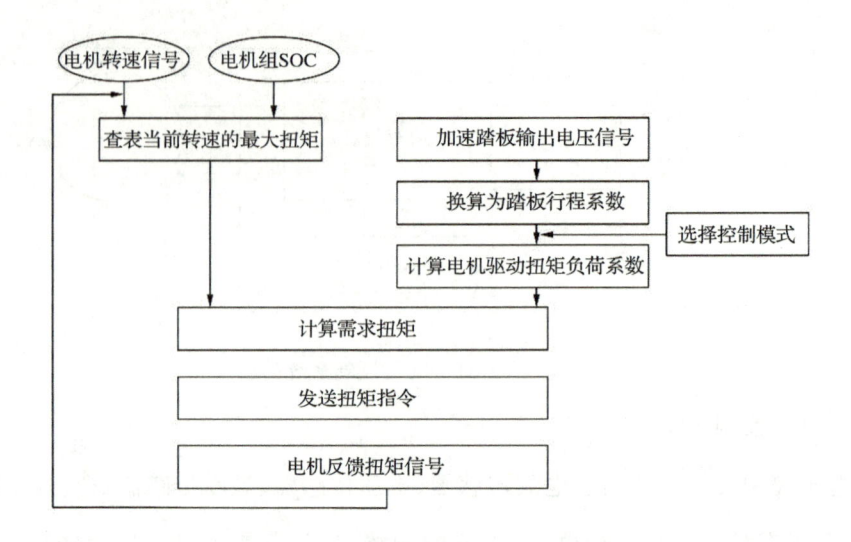

图 3-35 驱动控制策略

驱动控制策略的核心是根据驾驶员动作分析其驾驶意图,并综合考虑动力系统状态,计算驾驶员对电机的期望转矩,然后向电机驱动系统发出指令,使纯电动汽车的行驶状态尽可能快速、准确地达到驾驶员的驾驶要求。

纯电动汽车上配备变速杆,却没有传统意义上的变速器。当需要换挡时,整车控制器接收来自换挡按钮的反馈信号,将执行信号传递给电机控制器,电机控制器根据执行信号控制车轮的正转、反转或不转,如图 3-36 所示。

图 3-36 换挡控制

(2) 整车能量优化管理

纯电动汽车的整车控制器根据加速踏板、制动踏板、点火开关等驾驶员操纵信息和动力电池状态信息,进行汽车的电机驱动系统、电池管理系统以及其他车载能源动力系统(如空调)的协调和管理,以获得最佳的能量利用率,如图 3-37 所示。

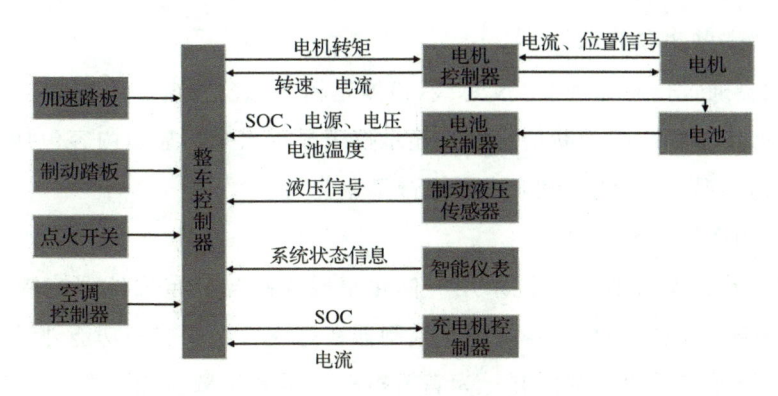

图 3-37 整车能量优化管理

(3) 网络管理

纯电动汽车信息通信多采用 CAN 总线进行。与传统汽车相比，纯电动汽车的车载网络系统在传统汽车的基础上增加了新能源和快充通信系统，所以纯电动汽车车载网络系统主要由用于车身、安全系统及多媒体系统的信息传输的原车通信网、用于动力电池和电机信息通信的新能源网和用于快充通信的快充网组成，如图 3-38 所示。其中，整车控制器作为信息控制中心，负责组织信息传输、网络状态监控、网络节点管理、网络故障诊断和处理等功能。

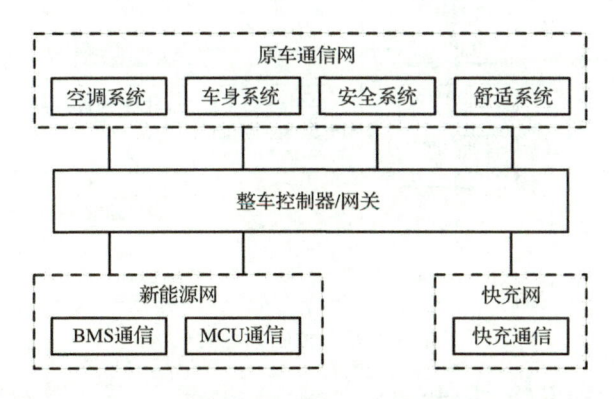

图 3-38 车载网络系统

(4) 回馈制动控制

整车控制器根据制动踏板和加速踏板、车辆行驶状态、蓄电池状态等信息，向电机控制器发出制动指令，在不影响原车制动性能的前提下，回收部分能量。

(5) 故障诊断和处理

整车控制器实时监测整车控制系统，进行故障诊断并存储故障码，供维修时查看。故障指示灯指示出故障类别和部分故障码。根据故障内容，及时进行相应安全保护处理。对于不太严重的故障，能做到"跛行回家"。

(6) 车辆状态监测和显示

整车控制器通过传感器和 CAN 总线,检测车辆状态及其各子系统状态信息,驱动显示仪表,将状态信息和故障诊断信息经过显示仪表显示出来。显示内容包括车速、行驶里程、电机的转速和温度、电池的剩余电量和故障信息等。

2. 整车控制系统的架构

如图 3-39 所示,整车控制系统采用一体化集成控制与分布式处理控制的体系架构,其中每个子系统都有独立的控制器,整车控制器在完成自身的控制功能外,还对整个系统进行能量管理及各部件的协调控制。为满足整车控制系统数据交换量大、实时性和可靠性要求高的特点,整个分布式控制系统之间采用 CAN 总线通信。

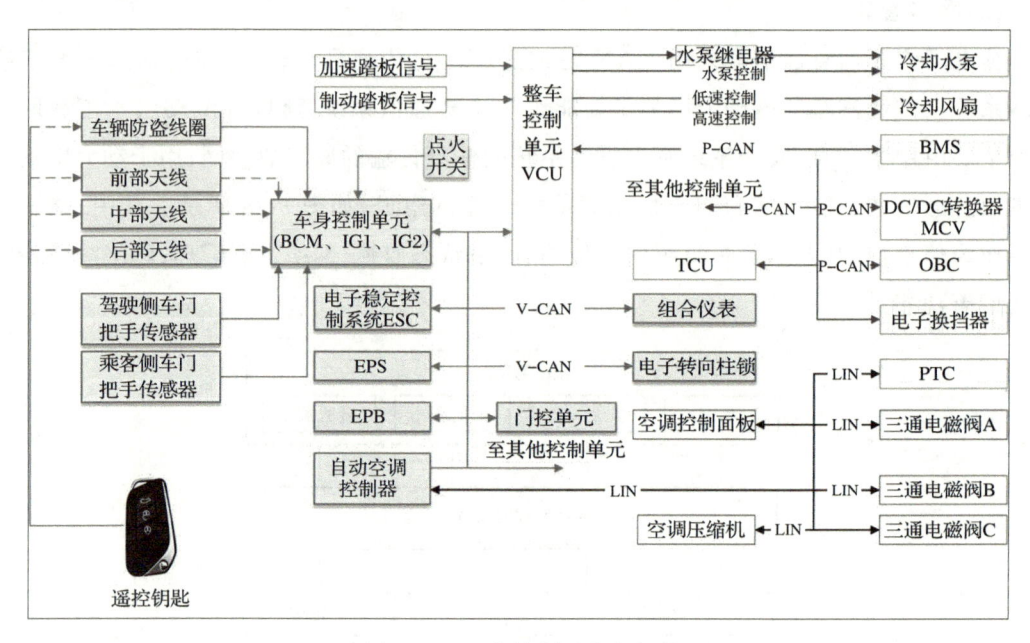

图 3-39 整车控制系统的架构

3.2.4 整车轻量化技术

整车轻量化技术始终是汽车技术重要的研究内容。纯电动汽车由于布置了电池组,整车质量增大较多,轻量化问题更加突出,可采用以下措施减轻整车质量:

(1)通过对整车实际使用工况和使用要求的分析,对电池的电压、容量,电机功率、转速和扭矩、整车性能等车辆参数进行整体优化,合理选择电池和电机的参数。

(2)通过结构优化和集成化、模块化设计,减小动力总成、车载供能系统的质量。这里包括对电机驱动系统、冷却系统、空调和制动系统的集成和模块化设计;通过电池、电池箱、电池管理系统、车载充电机组成的车载供能系统的合理集成和分散,实现系统优化。

(3)积极采用轻质材料,如电池箱的结构框架、箱体封皮、轮毂等采用轻质合金材料。

(4)利用CAD技术对车身承载结构件(如前桥、后桥、新增的边梁、横梁等)进行有限元分析研究,采取计算和试验相结合的方式,实现结构最优化。

图3-40所示为大量使用了CFK(碳结构浸渍材料)、PP-EPDM(热塑性塑料)、玻璃、CRRP(碳纤维复合材料)、铝合金等进行轻量化设计的宝马i3纯电动汽车。

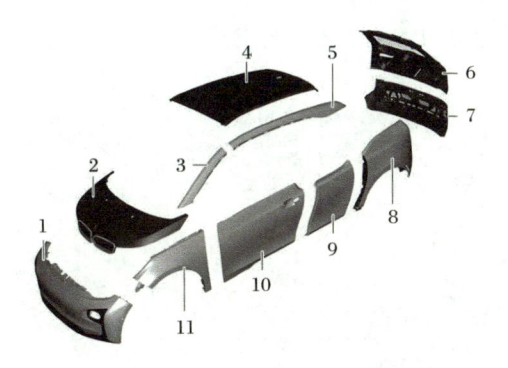

图3-40 宝马i3的轻量化设计
1～3,5,7～11—PP-EPDM;4—CFK;6—玻璃

3.3 了解典型纯电动汽车

3.3.1 特斯拉 Model S

1. 特斯拉 Model S 简介

Model S是特斯拉推出的第一辆真正面向大众的车型,它定位为大型豪华轿车,于2012年开始上市销售,其外观如图3-41所示。

图3-41 特斯拉 Model S 的外观

最初推出的特斯拉 Model S 基础型,电池容量仅有400 kW·h,NEDC(新欧洲行驶周期)续航里程为224 km,百千米加速时间为6.5 s。2015年,特斯拉推出了Model S 70作为入门款车型,NEDC续航里程达到了420 km,百千米加速时间为5.8 s。新款特斯拉

Model S Plaid 续航里程可达 637 km,百千米加速时间为 2.1 s。

特斯拉 Model S 分单电机后驱和双电机全驱两种车型。单电机后驱车型如图 3-42 所示。双电机全驱车型采用一前一后两个电机,分别驱动前轴和后轴,如图 3-43 所示。2019 年 5 月后,特斯拉 Model S 对电机进行了升级,大幅提升其加速能力,将原来的双交流异步电机升级为前永磁同步电机、后交流异步电机。

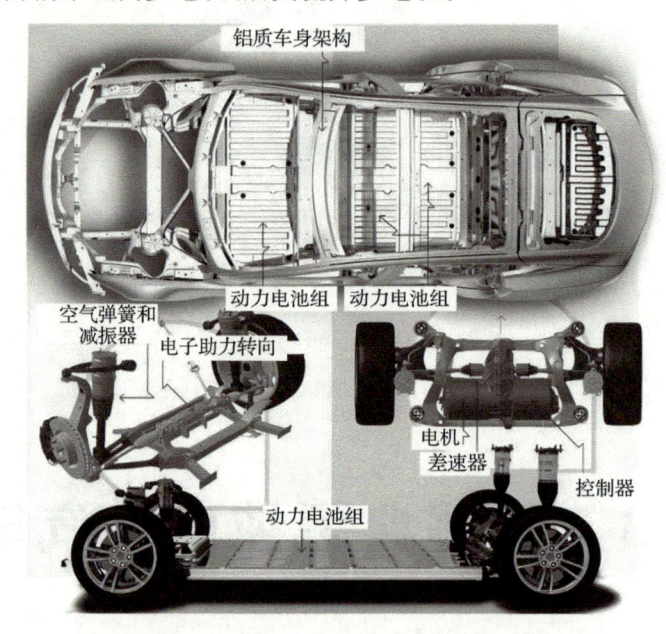

图 3-42 特斯拉 Model S 单电机后驱车型

图 3-43 特斯拉 Model S 双电机全驱车型

2. 特斯拉的技术特点

(1) 动力电池管理

特斯拉系列车型的动力电池采用圆柱三元锂电池,如图 3-44 所示。其中 1865 型电池的主要特点如下:

①能量密度大,稳定性、一致性高。

②技术较为成熟,生产自动化程度高,可以有效降低电池成本。

③单体电池尺寸小，但可控性高，可减少单体电池发生故障带来的影响，即使电池组的某个单元发生故障，也不会对电池整体性能产生影响。

图 3-44 特斯拉采用的圆柱三元锂电池

2021 年 9 月，特斯拉宣布自主生产 4680 型电池，取消了电池两侧极耳，相比 2170 型电池，能量提升了 5 倍，功率是过去的 6 倍，同时成本也降低了 14%，续航里程增加了 16%。

相比方块电池，圆柱电池虽然能量密度大，但稳定性较差，特斯拉对此提出以下解决办法：选用活性的电化学材料，改进电芯结构设计，优化模组设计，采用先进的故障保护机制和电池充/放电控制，以及其业内领先的热管理系统和电池管理系统。以特斯拉 Model S 为代表，采用了特斯拉第二代热管理系统，引入四通换向阀，实现电机回路与电池回路的串联/并联切换，在行业内属于首创。图 3-45 所示为特斯拉热管理系统技术路线。

	第一代	第二代		第三代	第四代
	Roaster	Model S	Model X	Model 3	Model Y
空调制冷	传统空调 间接制冷	传统空调 间接制冷		传统空调 直接制冷	热泵空调 直接制冷
电机散热	水冷电机	水冷电机		油冷电机	油冷电机
乘员舱暖风	高压风暖PTC	高压风暖PTC		高压风暖PTC	低压风暖PTC
电池加热	高压水暖PTC	高压水暖PTC		取消水暖PTC	取消水暖PTC
创新技术		四通阀		电机低效制热 PTC分区控制 集成式储液罐	电机/压缩机/ 鼓风机低效制热 集成歧管模块 集成阀门模块
	2008年	2012年	2015年	2017年	2020年

图 3-45 特斯拉热管理系统技术路线

(2) 安全性

在 Euro NCAP（欧盟新车安全评鉴协会）公布的车型安全评级中，特斯拉在包括正面碰撞、侧面碰撞、翻滚测试、儿童保护测试、行人保护测试等诸多评比项目中均取得了优异的成绩。2014 年、2022 年特斯拉 Model S 的碰撞测试均获得了最高安全等级五星。

特斯拉 Model S 拥有高强度车身架构和位于底盘的坚固电池组,可有效降低侧翻风险,保证车内人员安全,如图 3-46 所示特斯拉 Model S 的车身和底盘主要采用铝合金材料打造,相比传统钢材,铝合金材料本身就具有更好的金属延展性,因此可以更有效地吸收冲击力。同时车身框架用高强度材料加固,撞击时能够有效吸收能量,但驾驶舱却不易变形。实际高速驾驶强烈碰撞的结果也证明了铝合金材料所具备的优势。

图 3-46 特斯拉 Model S 的安全设计

全车最重的部件——电池组位于底盘正下方,这为车身安全带来两方面助益:一方面,沉重的电池组所带来的低重心让车辆发生侧翻的概率大大降低;另一方面,电池组本身的坚固设计又为车辆乘员舱增加了一层保护。

除此之外,特斯拉 Model S 拥有前行李厢设计,如图 3-47 所示,这不仅为车主腾出了一个巨大的储物空间,还起到了碰撞前缓冲区的作用。

图 3-47 特斯拉 Model S 的前行李厢

(3) 超级充电桩

特斯拉较早地建设了为车主提供快充的超级充电桩,它轻便、高效、灵活。目前的 V3 超级充电桩的充电功率峰值可达 250 kW,在峰值功率下,15 min 最多可为车辆补充 250 km 的续航里程,较好地解决了纯电动汽车车主的"里程焦虑"。

(4) 智能化

①空中下载技术

空中下载技术（over-the-air technology, OTA）是指汽车通过移动通信网络更新软件的方式。传统车企仅可以通过空中下载技术更新娱乐信息系统，而涉及汽车动力、操纵等系统的更新、升级，则必须到线下的 4S 店。特斯拉可通过空中下载技术更新自动驾驶系统，并且可以通过软件优化刹车距离、提升加速度等参数，如图 3-48 所示。

图 3-48　特斯拉 Model S 的空中下载技术

②自动驾驶芯片

特斯拉是全球第一家实现自动驾驶技术量产的车企。要实现自动驾驶，芯片至关重要，特斯拉的自动驾驶芯片是专为自动驾驶和安全而打造的专属芯片，其存储和算力都非常先进。主板采用完整的双系统冗余，保证其中某功能区出现问题时，依然可正常工作。SRAM 带宽达 2 TB/s，用于存放处理图像数据。

③远程诊断

这项功能可以让车主在遇到问题时，能够直接联络特斯拉技术支持售后，工程师可直接通过后台查看车辆出现的问题，不用到店检查，节省了车主时间，提高了诊断效率。

④自动求助

智能汽车不仅要智能、环保，还要安全。特斯拉不仅可以通过辅助驾驶、自助驾驶等功能保护车辆出行安全，自动求助功能也是一大亮点。

⑤交互关系

特斯拉目前配有官方移动客户端软件，车主可通过该软件操作实时操控车辆。车主忘记带钥匙，手机便可开启车门；车辆丢失，利用远程应用可查看车辆位置并协助找回车辆。

3.3.2　宝马 i3

宝马 i3 是宝马推出的量产新能源汽车，2011 年在法兰克福车展中第一次亮相，2013 年正式量产。宝马 i3 是一款造型独特的对开式两厢纯电动汽车，其外观如图 3-49 所示。

宝马i3采用碳纤维增强复合材料打造车身,底盘骨架采用钢结构。

图 3-49　宝马 i3 的外观

宝马i3有纯电动版和增程式版两款车型,它们的动力布局均为后置后驱,如图3-50所示。最新款纯电动版宝马i3搭载的单电机最大功率为210 kW,电机总扭矩为400 N·m,配备三元锂电池,电池容量为70 kW·h,快充需0.58 h,慢充需6.75 h,标配充电桩一个,续航里程为526 km。

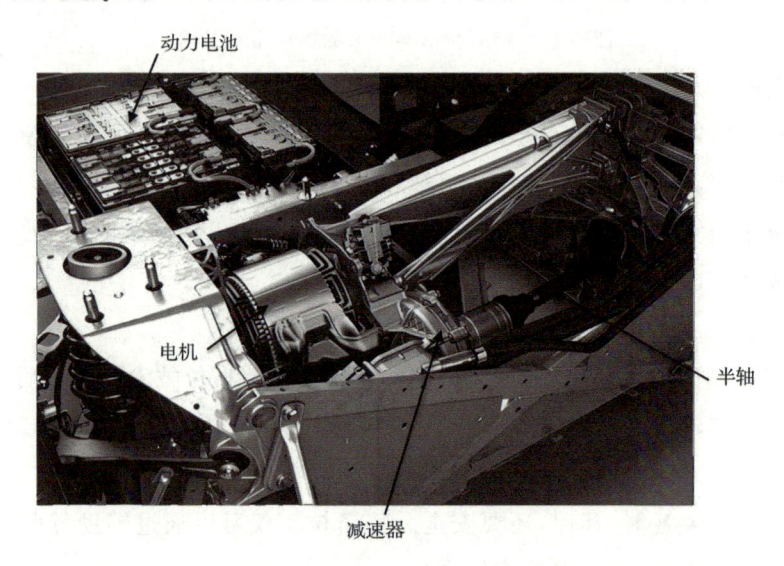

图 3-50　宝马 i3 的动力布局

宝马i3的最大特点是车身结构采用了由"Life"和"Drive"两个模块拼合而成的"LifeDrive"架构,如图3-51所示。其中,"Life"代表乘员舱,由轻量化且高强度的CFRP(碳纤维增强复合材料)构成;而"Drive"则将悬架、电池组、电机驱动系统和碰撞防护结构纳入模块中。碳纤维车身平衡了电池组所带来的质量增大,使宝马i3的车身质量控制为1 300 kg左右,同时在碰撞测试中拥有稳定的表现。

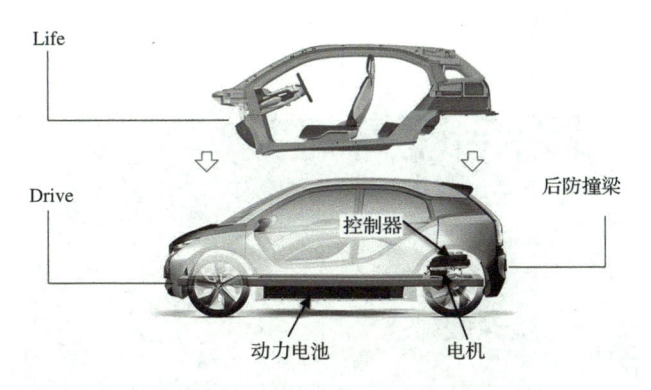

图 3-51 宝马 i3 的车身结构

3.3.3 比亚迪 E5

比亚迪 E5 是一款由比亚迪在速锐燃油汽车的基础上开发的纯电动汽车,其外观如图 3-52 所示。

图 3-52 比亚迪 E5 的外观

比亚迪 E5 所使用的动力电池、电机、整车控制系统等均由比亚迪自主研发,搭载一台输出功率为 160 kW、最大扭矩为 310 N·m 的永磁同步电机,搭配磷酸铁锂电池,最高车速为 130 km/h。电池容量为 43 kW·h,综合工况续航里程为 305 km。

1. 动力电池包

比亚迪 E5 的动力电池包由串联的 13 块动力电池组及动力电池箱、动力电池辅助装置和高压维修开关等组成,如图 3-53 所示(图中拆除了 5 块电池组)。

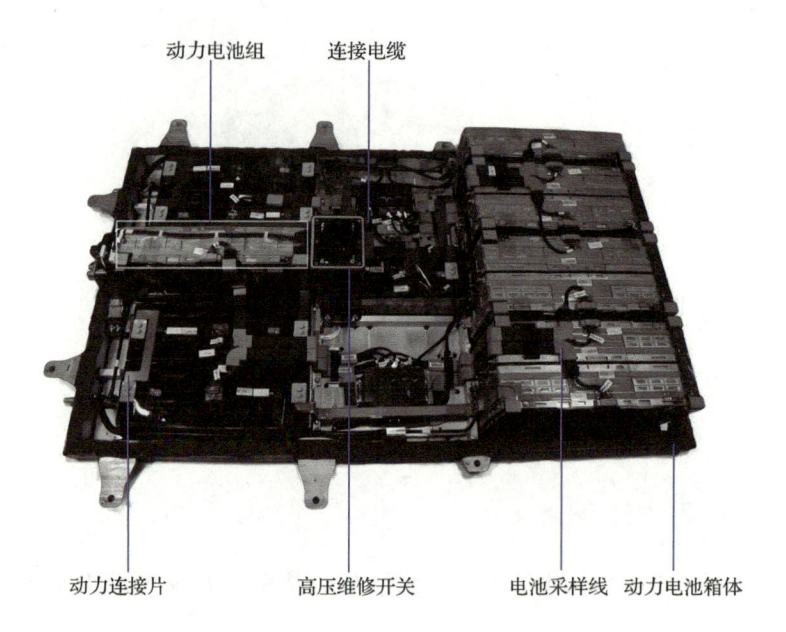

图 3-53　比亚迪 E5 动力电池包的组成

2. 高压电控总成

比亚迪 E5 高压电控总成将纯电动汽车的双向交流逆变式电机控制器（VTOG）、车载充电机、高压配电箱和 DC/DC 转换器这四个高压电控装置合为一体，称为"高压四合一"。图 3-54～图 3-57 分别为比亚迪 E5 高压电控总成在前机舱中的位置、其前端和后端接口及内部结构。

图 3-54　比亚迪 E5 高压电控总成在前机舱中的位置

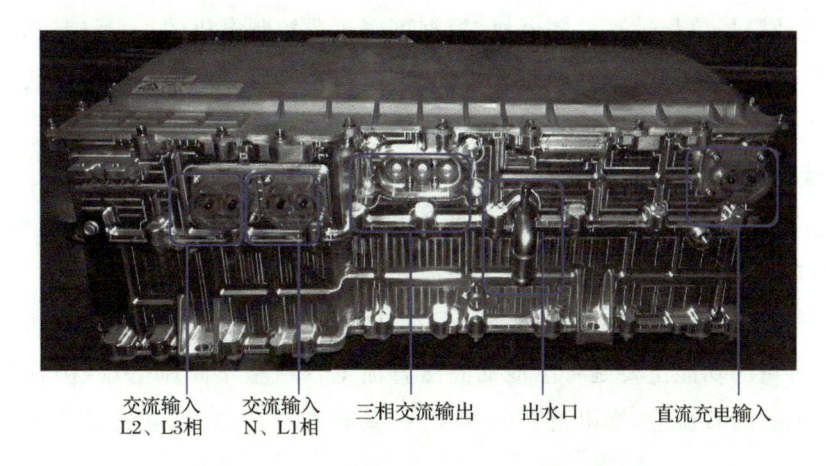

图 3-55　比亚迪 E5 高压电控总成的前端接口

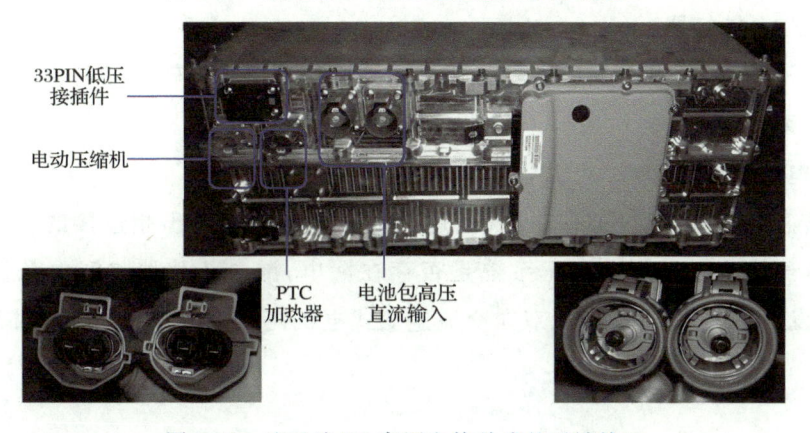

（交流输入 L2、L3 相　交流输入 N、L1 相　三相交流输出　出水口　直流充电输入）

图 3-56　比亚迪 E5 高压电控总成的后端接口

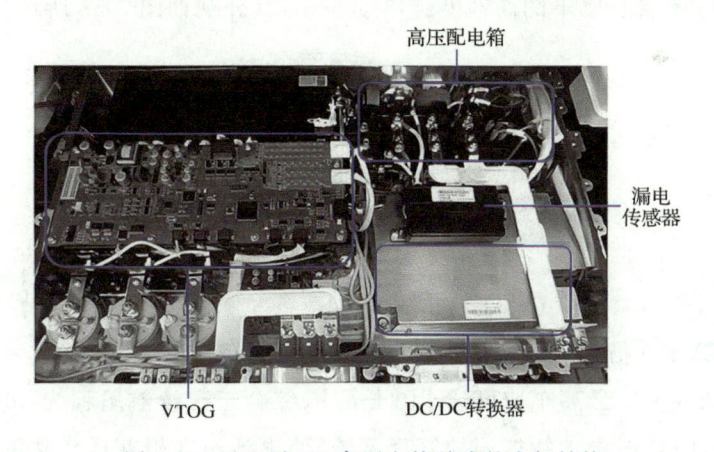

（33PIN 低压接插件　电动压缩机　PTC 加热器　电池包高压直流输入）

图 3-57　比亚迪 E5 高压电控总成的内部结构

（高压配电箱　漏电传感器　VTOG　DC/DC 转换器）

(1) 电机控制器

比亚迪 E5 的电机控制器为双向交流逆变式电机控制器。该电机控制器为电压型逆变器，可利用 IGBT 装置将直流电转化成交流电。其主要功能是通过收集挡位信号、加速踏板信号、制动踏板信号等来控制电机,根据不同工况控制电机的正/反转、功率、扭矩、转速等,即控制电机的前进、倒退,维持车辆的正常运转。此外,该电机控制器还具备充电控制功能,能进行交/直流转换,进行双向充/放电控制。

(2) 车载充电机

车载充电机固定安装在高压电控总成的下侧,根据电池管理系统提供的数据,动态调节充电电流或电压参数,执行相应动作,完成充电过程。

(3) 高压配电箱

高压配电箱的功能主要是将电池的高压直流电供给整车高压电器,接收车载充电机或非车载充电器的直流电,给电池充电,同时还具有电流检测、漏电监测等其他辅助检测功能。

(4) DC/DC 转换器

高压电池通过 DC/DC 转换器给低压蓄电池充电,DC/DC 转换器与低压蓄电池一起为低压电气系统供电。

(5) 漏电传感器

漏电传感器含有 CAN 通信功能,通过监测与动力电池输出相连接的负母线与车身底盘之间的绝缘电阻来判定高压系统是否存在漏电,漏电传感器将漏电数据信息通过 CAN 信号发送给电池管理系统、双向交流逆变式电机控制器,采取相应保护措施。

3.3.4 吉利帝豪 EV450

帝豪 EV450 是吉利旗下的高性能纯电动轿车,其外观如图 3-58 所示。

图 3-58 吉利帝豪 EV450 的外观

吉利帝豪 EV450 搭载了一台最大功率为 120 kW 的电机,最大扭矩为 250 N·m,电池容量为 45.3 kW·h,最高车速可达 140 km/h,综合工况续航里程为 400 km。吉利帝豪 EV450 配备的 ITCS 电池智能温控管理系统,使电池组在极寒或炎热的天气下均能可靠工作。吉利帝豪 EV450 配备了多种充电模式,在慢充模式下需 14 h 完成充电,而在快充模式下仅需 30 min 即可充满 80% 的电量。

吉利帝豪 EV450 的高压系统由动力电池、电机控制器、电机、车载充电机、电动压缩机、PTC 加热器和手动维修(MSD)开关等组成,如图 3-59 所示。其高压配电系统如

图 3-60 所示。

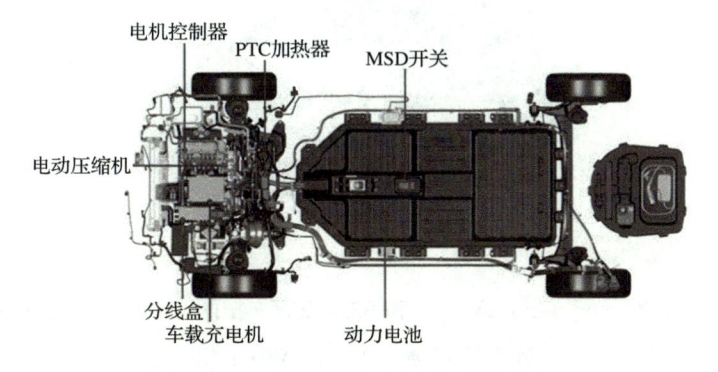

图 3-59 吉利帝豪 EV450 的高压系统

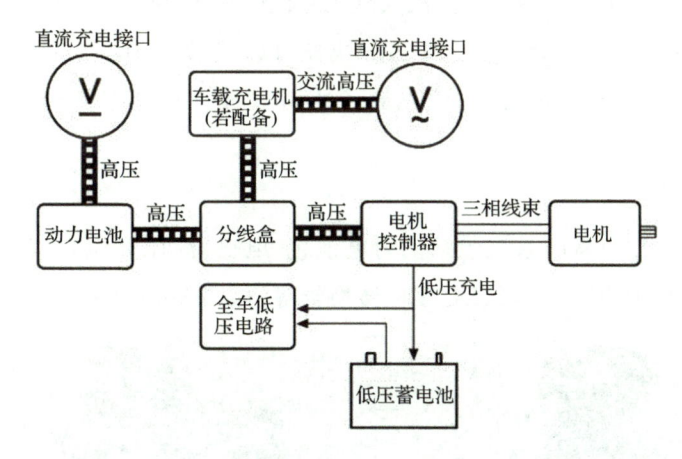

图 3-60 吉利帝豪 EV450 的高压配电系统

长期停放的车辆容易造成低压蓄电池亏电,而低压蓄电池严重亏电将会导致车辆无法启动上电。为避免这一问题,吉利帝豪 EV450 设计了智能充电功能。在车辆停放过程中,整车控制器将持续对低压蓄电池电压进行监控,当电压小于设定值时,整车控制器将唤醒电池管理系统,同时通过电机控制器给低压蓄电池进行充电,防止低压蓄电池亏电,如图 3-61 所示。

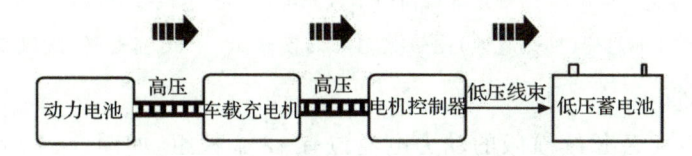

图 3-61 吉利帝豪 EV450 的智能充电系统

3.3.5 上汽大众 ID.4 X

ID.4 X 是上汽大众推出的首款基于 MEB 平台的电动 SUV 车型,其外观如图 3-62 所示。

图 3-62 上汽大众 ID.4 X 的外观

上汽大众 ID.4 X 标配 57.3 kW·h 和 83.4 kW·h 两套电池，电芯是由宁德时代提供的 NCM811 体系三元锂电池，最大能量密度为 175 W·h/kg，最高输出功率为 260 kW，高配的长续航版续航里程可达 607 km。上汽大众 ID.4 X 快充 100 kW 最大功率可以 30 min 完成动力电池包约 80% 的电量补充，10 min 快充可以续航约 100 km。交流充电功率为 7.2 kW，并预留了 11 kW 充电技术，汽车系统内可以查找充电桩、计算达到充电桩剩余电量以及预约充电时间等功能。

1. 高压系统

上汽大众 ID.4 X 的高压系统包括动力电池包、电机、高压充电口、车载充电机、电机控制器、空调压缩机、PTC 加热器、DC/DC 转换器等，如图 3-63 所示。

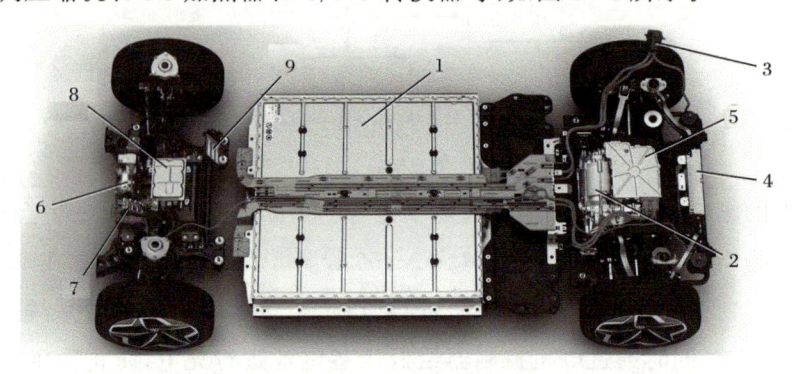

图 3-63 上汽大众 ID.4 X 的高压系统

1—动力电池包；2—电机；3—充电口；4—车载充电机；5—电机控制器；6—空调压缩机；
7—PTC 加热器（加热电池）；8—DC/DC 转换器；9—PTC 加热器（暖风空调）

2. 动力电池包

上汽大众 ID.4 X 长续航版的动力电池包有 12 个模组，如图 3-64 所示，每个模组为 8S2P（8 串 2 并）的结构形式，电池管理系统集成于电池包壳体内。动力电池包提供了防爆阀和平衡阀等被动安全系统，内部的爆炸保险系统监测到碰撞和短路的情况可以在 2 ms 内反应，来保证极端情况下电池的安全。

如图 3-65 所示，动力电池包中配备了液冷系统。该系统位于电池底板内，采用了流道并联的设计，在底板与电池之间有高导热系数导热胶，可以让电芯温度差异小于 3 ℃，

图 3-64 上汽大众 ID.4 X 的动力电池包

工作更加稳定。动力电池包整体允许工作温度为 −30～55 ℃，最佳工作温度为 15～30 ℃，液冷系统可以让电池组保持在最佳工作温度。

图 3-65 上汽大众 ID.4 X 动力电池包的液冷系统

3. 电机

上汽大众 ID.4 X 四驱版在后轴搭载 150 kW 永磁同步电机，最高转速为 16 000 r/m，最高效率可以达到 97%，在高速区间也能保持较高的工作效率；前轴搭载 80 kW 交流异步电机。两款电机均采用了电机、电机控制器和减速器三合一的结构。电机采用水冷散热，冷却水道分布在电机主体的周围，如图 3-66 所示。

图 3-66 上汽大众 ID.4 X 电机的冷却水道

3.3.6 小鹏 P7

小鹏 P7 是基于 SEPA 平台开发的纯电动汽车,其外观如图 3-67 所示。

图 3-67 小鹏 P7 的外观

小鹏 P7 有后驱和四驱版两种车型。其中,后驱版在车辆后桥位置配置了一台最大功率为 196 kW、峰值扭矩为 390 N·m 的永磁同步电机;四驱版在两驱版的基础上,在前桥位置增加了一台最大功率为 120 kW、峰值扭矩为 265 N·m 的永磁同步电机。小鹏 P7 百千米加速时间为 4.3 s。

小鹏 P7 的纯电系统由动力电池、电机控制器、电机、减速器、集成式车载三合一电源、整车控制器、空调压缩机、PTC 加热器等部件组成,具有纯电驱动、能量回收、交流充电、交流放电和直流充电等功能。小鹏 P7 的纯电系统如图 3-68 所示,其高压部件的功能见表 3-1。

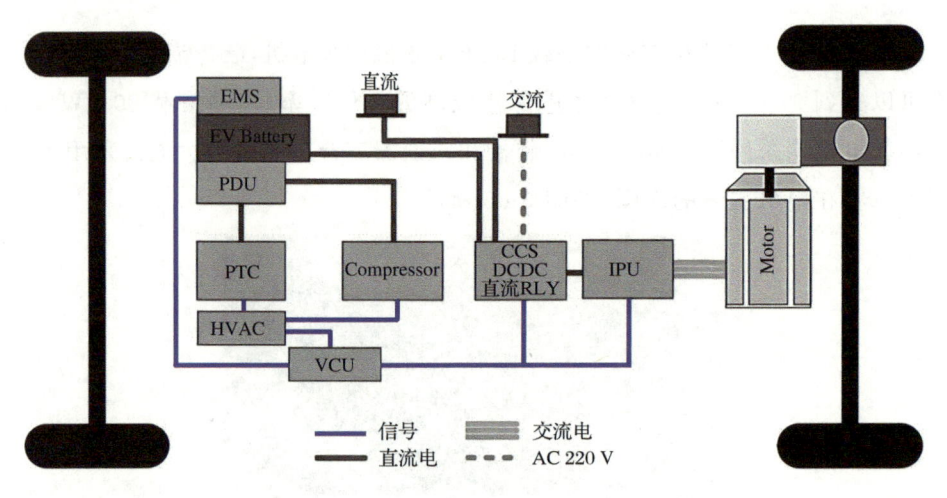

图 3-68 小鹏 P7 的纯电系统

表 3-1　　小鹏 P7 高压部件的功能

部件名称	代号	主要功能/说明
整车控制器	VCU	1. 控制纯电系统状态，包括高压下电、高压上电、行驶、交流充电、交流放电、直流充电等
		2. 不同驾驶模式下的驱动和能量回收转矩控制
		3. 电动系统热管理
动力电池	EV Battery	1. 为电动系统提供能量
		2. 动力电池内具有继电器组，可以切断动力电池对外连接
电池管理系统	BMS	1. 动力电池安全监控，包括过流、过压、过温
		2. 动力电池 SOC 估计、SOH 估计、SOP 估计
		3. 继电器组控制
		4. 交流充电和直流充电控制
高压配电盒	PDU	将来自动力电池的高压分配给其他高压电器
电机控制器	IPU	按照 VCU 的转矩请求，控制电机输出转矩，包括驱动和发电两种工作模式
集成式车载电源三合一	CCS	识别交流充电枪，接收交流充电口的单相交流电流，转换为与动力电池电压匹配的直流高压，为动力电池充电
	DCDC	将输入端的高压直流电转换为低压直流电，为蓄电池充电、为低压负载供电
	直流 RLY	识别交流放电枪，将电池高压直流电转换为家用 AC 220 V（适用于高配车型）
空调压缩机	Compressor	制冷，用于车内空调制冷和动力电池冷却
PTC	PTC	制热，用于车内空调制热和动力电池加热
空调系统	HVAC	控制制冷、制热等功能

巩固练习

3-1 纯电动汽车的定义是什么?

3-2 相较其他新能源汽车,纯电动汽车有哪些独有的特点?

3-3 纯电动汽车有哪些驱动布置形式?各有什么特点?

3-4 纯电动汽车的三电系统是哪些?各有什么基本功能?

3-5 当前主流家用纯电动汽车的电机驱动系统有何特点?该系统是否包含变速器?

3-6 纯电动汽车的高压系统一般包含哪些高压电器?

3-7 什么是 PDU、OBC、DC/DC 转换器?分别解释其作用。

3-8 纯电动汽车的底盘结构相对于传统燃油汽车有哪有改变和不同?

3-9 纯电动汽车的空调系统相对于传统燃油汽车有哪有改变和不同?

3-10 简要叙述纯电动汽车的工作原理。

3-11 电池管理系统一般安装在什么位置?它的主要功能有哪些?

3-12 电机控制器的主要作用是什么?它还有哪些控制功能?

3-13 整车控制系统的主要功能有哪些?其核心装置是什么?

3-14 什么是 OTA 技术?有何优点?

3-15 对比比亚迪 E5、吉利帝豪 EV450、上汽大众 ID.4 X 和小鹏 P7 的结构特点,说明其高压系统架构的不同之处。

模块 4
识别不同类型混合动力汽车

知识目标

- 掌握混合动力汽车的定义和分类。
- 了解混合动力汽车的优点和缺点。
- 熟悉混合动力汽车的能量管理方式。
- 熟悉混合动力汽车的关键技术。
- 掌握典型混合动力汽车的结构及工作过程。

能力目标

- 能够识别混合动力汽车的主要总成。
- 能够解释混合动力汽车的关键技术。
- 能够分析混合动力汽车的动力传递路线。
- 能够通过收集资料对比出各种类型混合动力汽车的结构特点。

素质目标

- 培养自主学习能力以及分析问题、解决问题能力。
- 具备团队协作、爱岗敬业的精神,形成良好的职业素养。

4.1 认识混合动力汽车

混合动力汽车(hybrid electric vehicles,HEV)结合了传统内燃机汽车和电动汽车的优点,使用内燃机和电机(电动机/发电机)进行驱动。液体燃料仍然是混合动力汽车的主要能量源。内燃机是主能源转换装置,提供车辆所需的能量。电动机通过调整发动机的力矩和转速来优化内燃机的工作范围,并且通过再生制动回收动能,提高车辆的工作效率。内燃机使车辆的续航里程增加,使混合动力汽车能够克服纯电动汽车续航里程不足的缺点。

4.1.1 混合动力汽车简史

1898 年,费尔南德·波尔舍博士制造出了世界上的首辆混合动力汽车,如图 4-1 所示。这辆混合动力汽车通过内燃机带动发电机为汽车轮毂中的电动机提供能量。还有一辆混合动力汽车由 Krieger 公司在 1903 年制造,它通过汽油机为使用电池组电能的电动机补充能量。这两款混合动力汽车的设计与现在的串联式混合动力汽车相似。

图 4-1 1898 年的混合动力汽车

在 20 世纪初,一家比利时汽车制造公司 Pieper 发明了一款混合动力汽车"Voiturette",它将一个小型的汽油机和电机成对地安装在汽车座椅下。当汽车巡航时,电机作为发电机为电池充电;当汽车爬坡时,电机与汽油机共同驱动汽车。这款混合动力汽车的设计与现在的并联式混合动力汽车相似。

在 20 世纪 20 年代,美国有很多电动汽车公司,其中有两家公司——克利夫兰贝克公司和芝加哥伍兹公司占据着主要的电动汽车市场。传统汽车公司也提供混合动力汽车,但是它们比汽油机汽车昂贵，销量很差。至1930年，混合动力汽车和电动汽车已经淡出市场，所有的电动汽车公司都倒闭了。

进入21世纪，随着汽车技术、电池技术和电控技术的发展，电动汽车又逐步走回人们的生活。

4.1.2 混合动力汽车的图景

联合国环境规划署在全球气候行动进展报告中警告，人类正处在悬崖边缘，需要弥合"承诺实现的减排水平"与"为防止气候变化达到危险水平而必须达到的减排水平"之间的差距。在此背景下，各国政府对于汽车油耗和排放的要求日趋苛刻，作为碳排放第一大国，我国要在2060年达到碳中和，任重而道远，这也是我们每个人需要为国家承担的义务和责任。

这样看，动力混合化似乎是给传统内燃机"续命"的唯一方法；而且，如果电动汽车最终取代燃油汽车，在电池能量密度、价格、充电技术、充电设施建设尚未成熟的情况下，发展混合动力不失为一种过渡手段。因此，有越来越多的厂商加大了资源的投入，研发混合动力技术。根据《节能与新能源汽车技术路线图2.0》的规划，预计至2035年，传统能源动力乘用车将全部转为混合动力车型，节能汽车与新能源汽车销量将各占50%。节能与新能源汽车技术路线如图4-2所示。

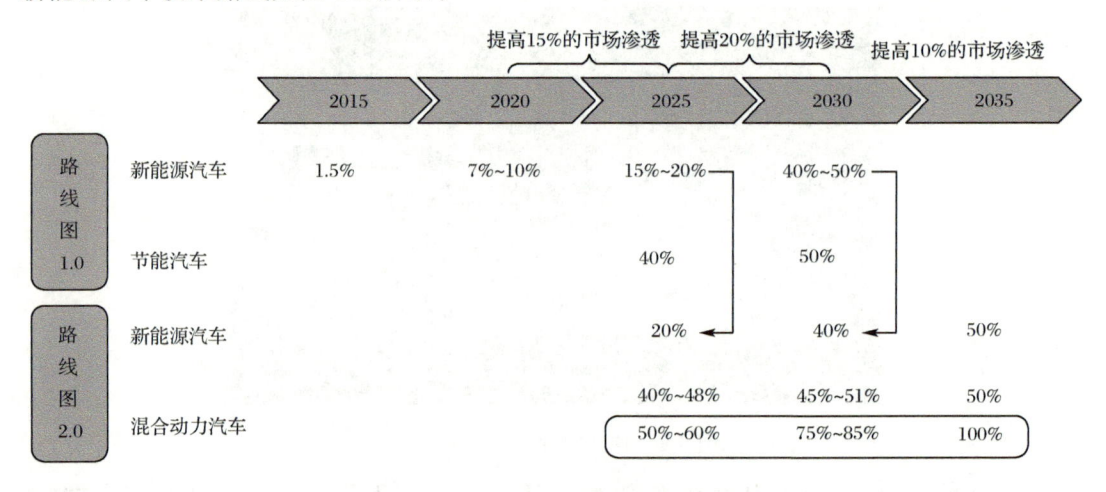

		2015	2020	2025	2030	2035
			提高15%的市场渗透	提高20%的市场渗透	提高10%的市场渗透	
路线图1.0	新能源汽车	1.5%	7%~10%	15%~20%	40%~50%	
	节能汽车			40%	50%	
路线图2.0	新能源汽车			20%	40%	50%
	混合动力汽车			40%~48%	45%~51%	50%
				50%~60%	75%~85%	100%

图4-2 节能与新能源汽车技术路线

4.1.3 混合动力技术的现实意义

混合动力的目标是突破内燃机技术的限制，提升效率，从动力性和经济性两个方面提高车辆的综合性能。

电机在绝大多数转速和负荷区间效率都在85%以上,而内燃机目前的最高纪录是丰田最新的2.5 L直列四缸直喷发动机,也只有41%。所以其实如果只是比两个动力机构的效率,电机的效率无论在低速还是高速都比内燃机高。

加入电池相当于为汽车提供了一个峰值能量存储装置PPS(peaking power source)。与油箱和天然气罐不同,PPS在车辆行驶的过程中不仅能释放能量,也可以填充能量。以此为基础,混合动力技术通过以下设计来提升效率:

内燃机外特性曲线如图4-3所示。内燃机的高效工作区间非常狭窄,往往只局限在中低转速、中高负荷的狭小范围。而PPS则起到了"削峰填谷"的作用。发动机最优工作功率高于路况需求功率时,多余功率通过电机转化为电能储存在电池中;低于路况需求功率时,电池储存的电能驱动电机与发动机共同驱动车辆。这样一来,内燃机就可以在更多情况下,工作在最优或接近最优的区间。简单来说,就是在起步工况,用电机代替发动机;在高负荷工况,电机作为有效的功率补充。

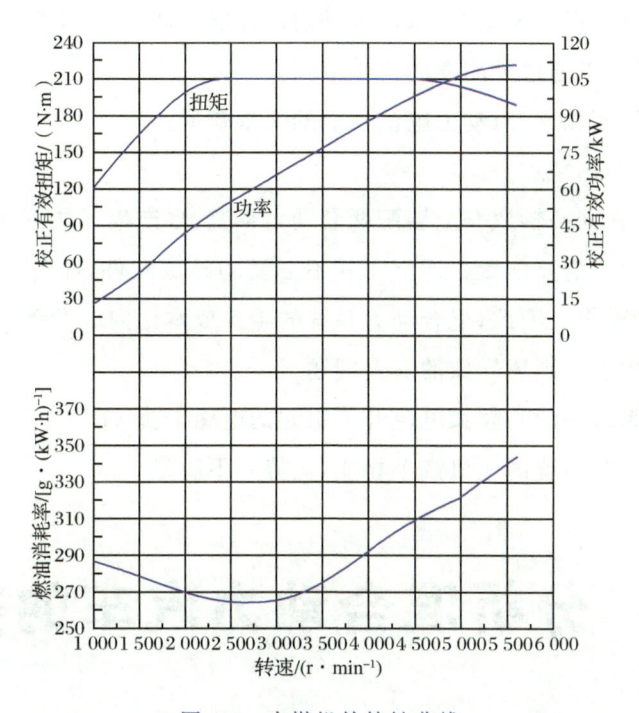

图4-3 内燃机外特性曲线

因为得到电池支持的电机可以在短时间内脱离内燃机独立工作,可以在有极端需求时对动力进行补充,所以内燃机的设计可以更为极端,只考虑在最优工况工作时的热效率和NVH(振动、噪声和平顺性),而不需要像传统发动机一样兼顾其他工况。目前丰田、本田等车厂生产的混合动力汽车普遍采用的阿特金森循环发动机,配合混合动力系统即可得到很好的工作效率。

此外，PPS的存在也使得动能回收成为可能。传统内燃机汽车在下坡或减速、制动时动能转化为刹车片的热能，浪费能量并增加制动系统的损耗。但混合动力汽车有一个相对大的储能机构，就可以将这些动能回收，之后再用于驱动车辆。

4.1.4　混合动力汽车的优点与缺点

1. 混合动力汽车的优点

混合动力技术被公认为是目前最可行、最现实的节能技术。混合动力汽车的优点如下：

（1）与同类发动机车型相比，在电机的辅助下，发动机可以工作在最佳工况，燃烧充分，降低油耗，减少排放。

（2）通过回收制动能量，可以提高整车的燃料经济性。

（3）可以使用电机启动发动机，从而改进启动性能。此外，在全混合动力汽车中，发动机怠速的燃油消耗可以通过关闭发动机来消除。

（4）与纯电动汽车相比，对动力电池性能的要求较低。

2. 混合动力汽车的缺点

混合动力汽车在同一辆汽车上装配两套动力系统，也产生了如下缺点：

（1）混合动力汽车需要配置普通汽车并不需要的昂贵配件，如动力电池组、驱动电机和精密的电子控制模板。因此，混合动力系统的生产成本比内燃发动机系统的成本更高。

（2）车辆系统中引入高压导致的安全问题。

（3）电力传动系统中的高频大电流开关引起的电磁干扰（EMI）。

（4）高速工况下与传统内燃机汽车相比，优势并不明显。

4.2　分析混合动力汽车的类型

混合动力汽车通过两种不同能源（内燃机和电池/电机）的组合来推进。通过电力系统的介入，有效优化内燃机的运行效率。混合动力汽车中的电池可以由发动机充电，也可以通过能量回收系统捕获的制动能量充电。当20世纪末混合动力汽车重新获得汽车制造商的兴趣时，混合动力汽车已经延展出几种变体技术。

4.2.1 按照内燃机和电机动力的混合度分类

按照内燃机和电机动力的混合度，可以分为微混合动力、轻混合动力、全混合动力、插电式混合动力、增程式混合动力等。

1. 微混合动力汽车

微混合动力汽车是指以发动机为主要动力源，不具备纯电动行驶模式的混合动力汽车。具备停车/起步（Stop/Start）功能的混合动力汽车是一种典型的微混合动力汽车。

这种混合动力系统在传统内燃机上的启动电机改为皮带驱动启动交流电机即 BSG（belt-alternator starter generator）系统。该电机为启动机/发电机一体式电机，用来控制发动机的停止和启动，从而取消了发动机的怠速，降低了油耗，减少了排放，如图 4-4 所示。同时增加 48 V 锂离子电池和 DC/DC 转换器，可在特定工况进行能量回收。从严格意义上来讲，这种微混合动力系统的汽车不属于真正的混合动力汽车，因为它的电机无法为汽车行驶提供持续的动力。

图 4-4 微混合动力汽车的 BSG 系统

微混合动力汽车代表车型有宝马 1 系和 3 系、菲亚特 500、smart、雪铁龙 C3、福特福克斯和梅赛德斯-奔驰 A 级等。

2. 轻混合动力汽车

轻混合动力汽车（MHEV）是指以发动机为主要动力源，电机作为辅助动力的混合动力汽车。这种混合动力系统采用集成启动电机即 ISG（integrated starter generator）系统。与微混合动力系统相比，轻混合动力系统除了能够实现用发电机控制发动机的启动和停止，由于搭载有额外的蓄电池，还可以在减速和制动时，对部分能量进行回收，并且在汽车等速运行时，发动机产生的能量可以在驱动需求或发电机充电需求之间进行调节。轻混合动力系统的混合度一般在 20% 以下。轻混合动力模块如图 4-5 所示。

图 4-5　轻混合动力模块

轻混合动力汽车代表车型有宝马 7 系 Active Hybrid、带 e-Assist 的别克君越、带 e-Assist 的雪佛兰迈锐宝、本田思域和 INSIGHT Hybrid、梅赛德斯-奔驰 S400 Blue Hybrid 等。

3. 全混合动力汽车

在全混合动力汽车(图 4-6)中,电机和电池明显大于微混合动力汽车和轻混合动力汽车。根据车辆的动力需求,电机可以独立于发动机驱动车辆前进。与微、轻混合动力汽车相比,全混合动力汽车可以使用排量更小的发动机,需要更复杂的能源管理系统。与非混合动力汽车相比,在实际驾驶中,全混合动力汽车的典型燃油效率提高 40%~45%。

全混合动力汽车可以进一步细分为 Synergy Hybrid 和 Power Hybrid。Synergy Hybrid 在驱动性能、能源效率和减排方面做出了妥协,与传统汽车相比,发动机尺寸较小。Power Hybrid 的目标是拥有更好的驾驶性能,因此发动机并没有缩小尺寸,与电机配合使用,将拥有比传统汽车更好的驾驶性能,如丰田汉兰达。

全混合动力汽车代表车型有雪佛兰 Tahoe Hybrid、丰田普锐斯和凯美瑞 Hybrid、福特 C-Max、本田 CR-Z 和起亚远舰 Hybrid。

图 4-6　全混合动力汽车的结构

4. 插电式混合动力汽车

插电式混合动力汽车(PHEV)(图 4-7)基本上具有与全混合动力汽车相同的配置,但增加了外部电网充电插头、更大的电气组件(电机和电池)和小型化的发动机。由于采用了大容量的动力电池,插电式混合动力汽车能够长时间依靠电力运行。

图 4-7 插电式混合动力汽车

插电式混合动力汽车代表车型有雪佛兰 Volt、比亚迪秦 DM-I、福特 C-Max Energi 和 Fusion Energi、Fisker Karma、保时捷 Panamera S E-Hybrid 和丰田普锐斯 Plug-in 等。

5. 增程式混合动力汽车

增程式混合动力汽车(REEV)(图 4-8)用发动机进行发电,电机进行驱动。增程式混合动力汽车的设计理念是在纯电动汽车动力传动系的基础上,增加一个增程器(通常为小功率的发动机-发电机组或燃料电池发电系统等),延长动力电池组一次充电续航里程,满足日常行驶的需要。当电池组电量充足时,采用纯电动模式行驶;而当电量不足时,启动车内发动机,带动发电机为动力电池充电,提供电机运行的电力,即增程模式。相比纯电动汽车,增程式混合动力汽车可以采用较小容量的动力电池组,有利于降低动力电池组的成本。

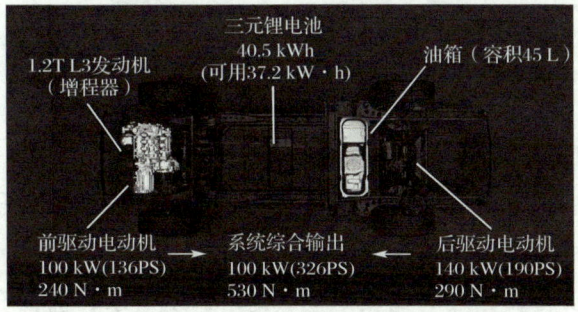

图 4-8 理想 ONE 增程式混合动力汽车

增程式混合动力汽车代表车型有理想 ONE、岚图、日产 e-POWER 等。

4.2.2 混合动力汽车的动力构架

根据能源的功率流设计,混合动力汽车的动力构架主要有以日系品牌为代表的 DHT 构架、以欧系品牌为代表的 P2 并联式混合动力构架和以增程式混合动力汽车为代表的串联式构架。并以此为基础推演出各种各样的连接方式。现有的混合动力汽车可分为串联式、并联式和混联式三种形式。

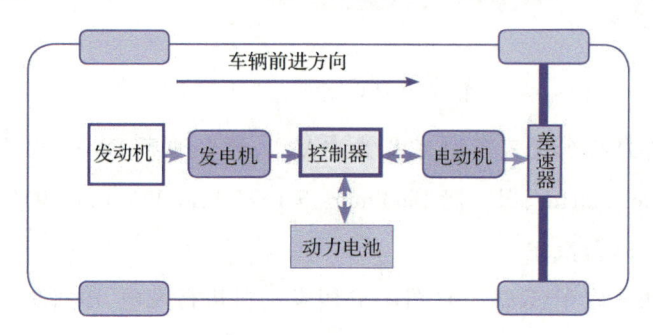

1. 串联式混合动力构架

串联式混合动力构架的发动机并不直接提供动力,也不能单独驱动车轮,发动机输出的动力仅用于推动发电机发电,向电池充电,提供电动机运行的电能,只靠发电机驱动车辆行驶,如图 4-9 所示。增程式混合动力汽车即使用这种串联式混合动力构架。由于发动机不直接驱动车辆,也被称为增程器。代表车型有雪佛兰沃蓝达、理想 ONE、奥迪 A1 e-tron(图 4-10)等。

图 4-9 串联式混合动力构架

微课 13

图 4-10 奥迪 A1 e-tron

2. 并联式混合动力构架

并联式混合动力构架由一台发动机和一台电动机等组成,发动机和电动机与车轮间均采用机械连接,都可以单独带动车轮,即使一种动力停止工作,也不会影响另一种动力继续驱动汽车,两种动力装置之间比较独立,如图 4-11 所示。前面介绍的轻混合动力汽车和插电式混合动力汽车均可以采用并联式混合动力构架。

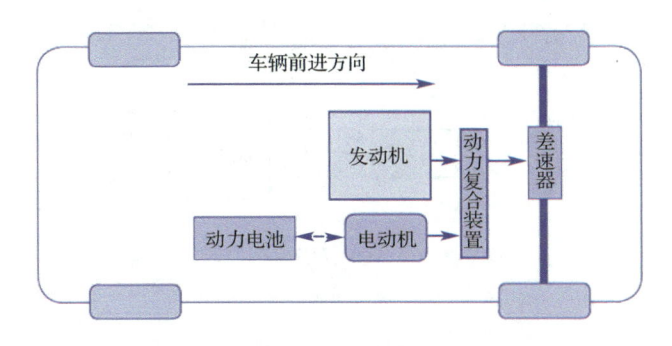

图 4-11　并联式混合动力构架(1)

目前,并联式混合动力构架用于微混与轻混车型,电动机更多地用于车辆起步和加速时动力的辅助来源。代表车型有本田 CR-Z、别克君越 eAssist。用于插电式混合动力汽车,电量充足时,电动机作为主要动力驱动车辆;电量不足时,由发动机驱动。代表车型有奥迪 A3 e-tron(图 4-12)、高尔夫 GTE 等。

图 4-12　奥迪 A3 e-tron

并联式混合动力构架可以设计发动机和电动机分别驱动前轮和后轮,以简化混合动力模块,因此发展出第二种并联式混合动力类型,如图 4-13 所示。

3. 混联式混合动力构架

混联式混合动力构架以电动机为主要动力,发动机为辅助动力,电动机和发动机都能单独驱动汽车,也可以共同驱动汽车,如图 4-14 所示。由于系统中配置有独立发电机,因而系统输出的最大动力等于发动机、电动机以及充当电动机(部分情况)的发电机的输出动力之和。混联式系统结构复杂,但动力性能和燃油经济性都相当出色。代表车型有丰田普锐斯(图 4-15)、比亚迪秦 DM-I、荣威 E550 等。

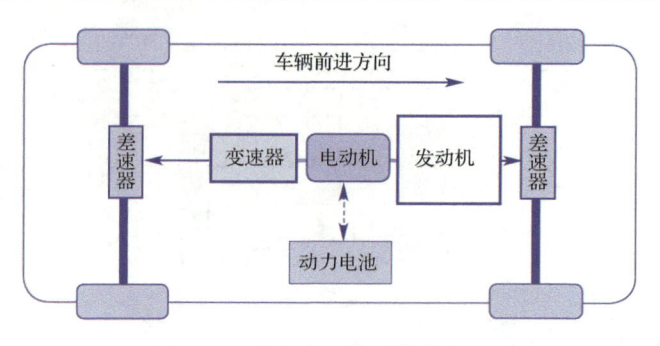

图 4-13 并联式混合动力构架（2）

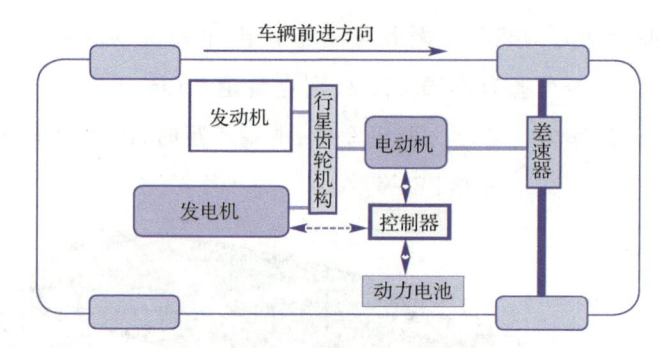

图 4-14 混联式混合动力构架

图 4-15 丰田普锐斯混合动力结构

4.2.3 混合动力模块的类型

混合动力汽车需要将发动机与电机的动力整合在一起输出，如何将两股甚至三股力量"混"成一股力量，消除不同动力之间的运动干涉是混合动力汽车的核心技术。将电机及其动力整合机构的组合称为混合动力模块。不同的企业对应该模块有不同的名称，如驱动电桥、动力分配装置、动力复合机构、动力耦合机构等，其实都是指分配和协调发动机与电机动力的机构。

1. 电机配合离合器

混合动力模块由一个电机和离合器组成，通常集成在变速器前端，如图 4-16 所示，混合动力模块的离合器端与发动机相连,电机端则与变速器相连。这种采用单电机＋离合器的混合动力模块,适用于使用单电机的混合动力车型。

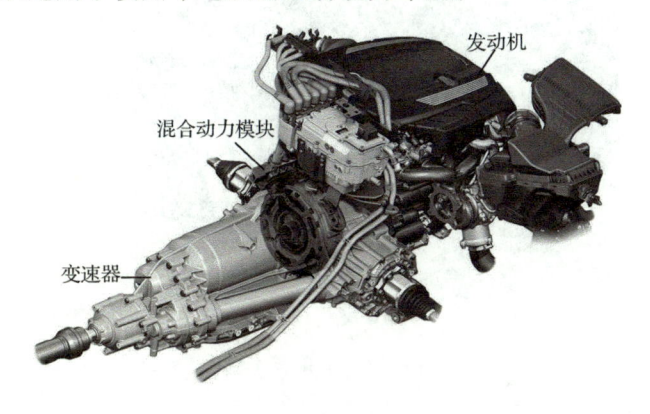

图 4-16　混合动力模块

大众、奥迪、奔驰、长安、比亚迪、长城等混合动力车型,不论是前横置发动机车型,还是前纵置发动机车型,只要是单电机的混合动力汽车,大多都采用电机＋离合器混合模式,如图 4-17 所示。

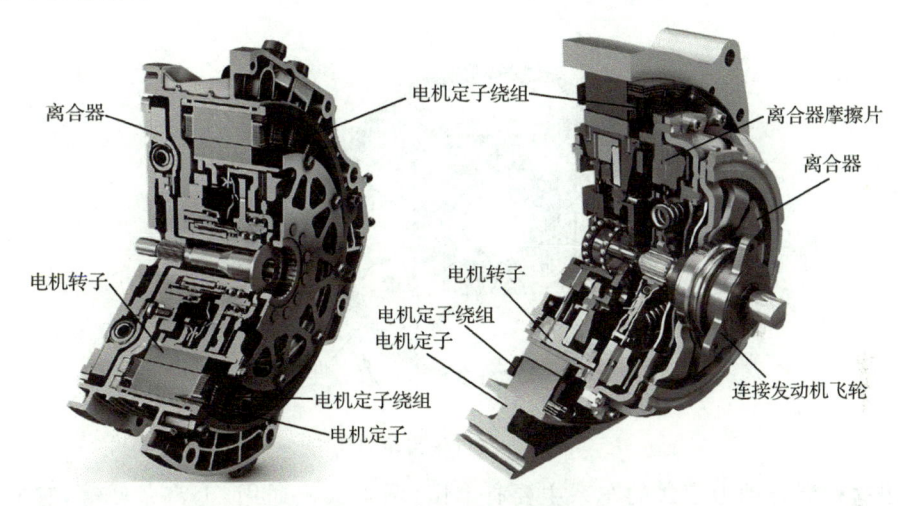

图 4-17　电机＋离合器混合模式

双电机也可以配合离合器使用。例如本田雅阁插电式混合动力汽车所配置的 E-CVT(电子无级变速箱),如图 4-18 所示。其核心是一对电机,其中一个总是连接车轮驱动车辆,称为推进电机,而另一个保持连接到发动机并主要用于发电。

图 4-18　本田 E-CVT

2. 电机配合行星齿轮机构

行星齿轮机构由太阳轮、行星架和齿圈组成，如图 4-19 所示，可以实现减速、超速、反转等传动动作，当确定其中两个部件的转速后，第三个部件会以确定的转速和方向运动，并传动动力。可以通过一排或两排行星齿轮机构来协调电动机、发电机和发动机之间的运动关系。

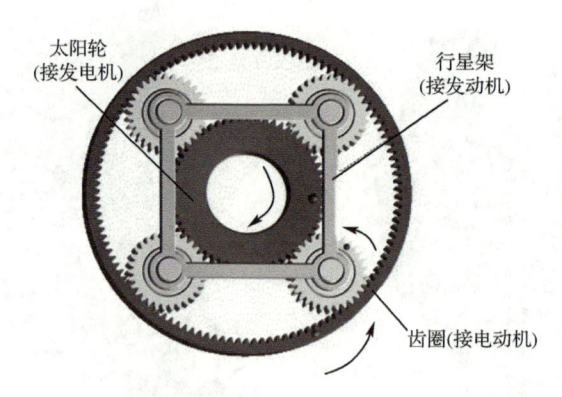

图 4-19　行星齿轮机构

采用这种混合动力模式的车系主要有丰田（图 4-20）、通用、上汽荣威等，它们的原理基本相同，只是具体设计稍有差别。在丰田普锐斯混合动力汽车上，环齿轮与电动机相连，行星架与发动机相连，太阳轮与发电机相连。

图 4-20　丰田普锐斯混合动力模块

4.3　认识 48 V 轻混合动力系统

随着排放政策日趋严格,装配 48 V 轻混合动力系统的汽车越来越多。48 V 轻混合动力系统的优势主要体现在以下几个方面:
(1)集成在车辆上相对简单。
(2)模块化、安全和紧凑。
(3)部件的质量相对较小,因此对车辆总质量的影响有限。
(4)系统性价比(燃油效率、扭矩提升)非常具有竞争力。

汽车厂商和供应商目前正在分析和评估轻混合动力汽车的几种主要动力总成架构。依据电机的安装位置,48 V 轻混合动力系统可以分为五种类型,如图 4-21 所示,具体见表 4-1。

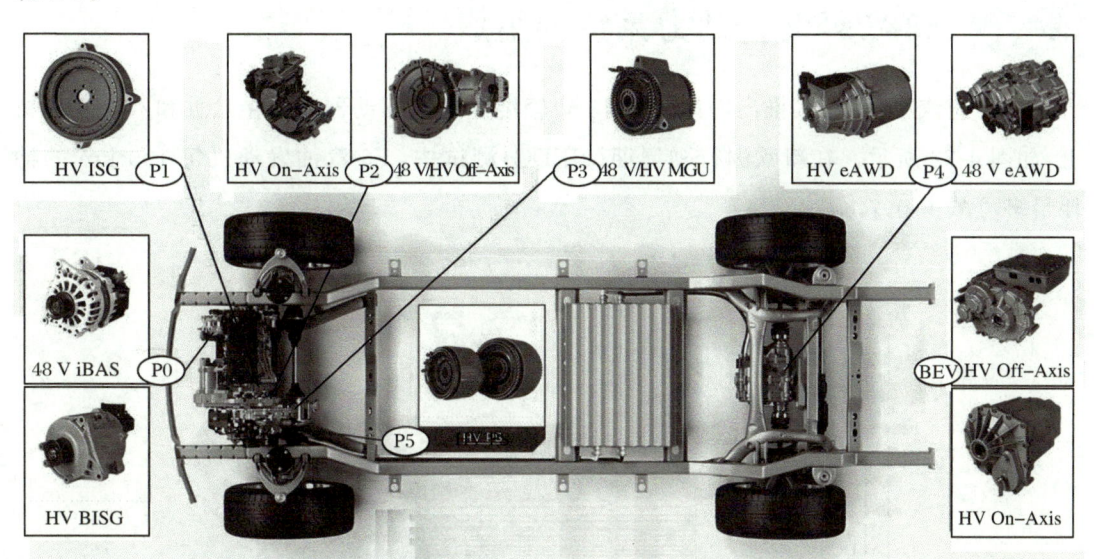

图 4-21　48 V 轻混合动力系统的类型

表 4-1　48 V 轻混合动力系统电机的连接类型与连接关系

类型	连接关系
P0	电机通过皮带与内燃机连接,在前端附件驱动器上
P1	电机直接与内燃机的曲轴连接
P2	电机侧附(通过皮带)或集成在内燃机和变速器之间;电机与发动机分离,并且具有与发动机相同的速度
P3	电机通过齿轮啮合与变速器连接,电机与发动机分离,速度是车轮速度的倍数
P4	电机通过车辆后桥上的齿轮啮合连接;电机与发动机分离,位于后桥驱动器或轮毂中

P0 构架 48 V 轻混合动力系统对现有车辆架构的影响有限，这种轻度混合拓扑也被称为带集成启动发电机的 BiSG，通过更换 12 V 交流发电机将 48 V 电机集成到现有的发动机附件皮带传动中，成为现有 48 V 轻混合动力系统的主流结构。P0 构架连接方式如图 4-22 所示。

图 4-22　P0 构架连接方式

4.3.1　48 V 轻混合动力系统的组成

以奥迪汽车为例，其推出的第二代 48 V 轻混合动力驱动器装配在六缸和八缸发动机上，如图 4-23 所示。在新欧洲行驶周期（NEDC）测试中，V6 汽油发动机每 100 km 的油耗最多可减少 0.7 L。

图 4-23　奥迪 48 V 轻混合动力系统

全新 A8、A7、A3、Q5 等车型中均装配了奥迪轻混合动力驱动系统。该系统包括三个核心部件：交流发电机启动器、48 V 电池、DC/DC 转换器。

1. 交流发电机启动器

奥迪汽车位于发动机前侧的水冷带式交流发电机启动器（BAS）如图 4-24 所示，重型 V 型肋带将其连接到曲轴。在电机模式下为动力总成提供 60 N·m 的扭矩，通过皮带轮比放大时，曲轴处的扭矩可达到 160 N·m。以发电机模式发电，可产生高达 12 kW 的能量回收水平。

图 4-24 奥迪轻混合动力汽车配 BAS

大多数 48 V 启动发电机是带有集成逆变器的三相交流电机，其结构如图 4-25 所示。其中，逆变器起到两个作用：其一，将电池提供的直流电转换为交流电，在驱动时为电机提供交流电；其二，将电机产生的交流电（在发电机模式下）转换为直流电，为电池充电。

图 4-25 三相交流电机

2. 48 V 电池

48 V 电池使用锂离子电池，充电容量为 10 A·h，恒压为 48 V。在新开发的一些大型轿车中，以 48 V 电气系统作为主电气系统。而 12 V 电气系统通过 DC/DC 转换器连接到主电气系统。

3. DC/DC 转换器

48 V 轻混合动力汽车有两个电力网络：低压(12 V)电网和高压(48 V)电网。电能只能由 48 V 电机产生，因此需要一个 DC/DC 转换器将能量从高压电网传输到低压电网。如图 4-26 所示，将 DC 48 V 转换成 DC 12 V，使得 48 V 锂离子电池可以为 12 V 的用电设备供电和为 12 V 电池充电。发动机在停止状态下，也可以由 48 V 电池为空调、动力转向等系统提供能源。

图 4-26　DC/DC 转换器

4.3.2　48 V 混合动力系统的工作模式

下面基于第二代的 48 V 混合动力技术，以奥迪 A3 为例介绍 48 V 轻混合动力系统的工作过程。该系统在车辆上的布置如图 4-27 所示，其中增加了两个摄像头以判断车辆的启停状态。

如果驾驶员在 30～160 km/h 的行驶速度时将脚从加速踏板上移开，则汽车可以在发动机完全关闭的情况下滑行，在滑行时由 48 V 电池驱动 12 V 系统，如图 4-28 所示。

同时驱动管理系统可以根据汽车的运行状态，决定车辆滑行或将动能回收为电池充电，如图 4-29 所示。

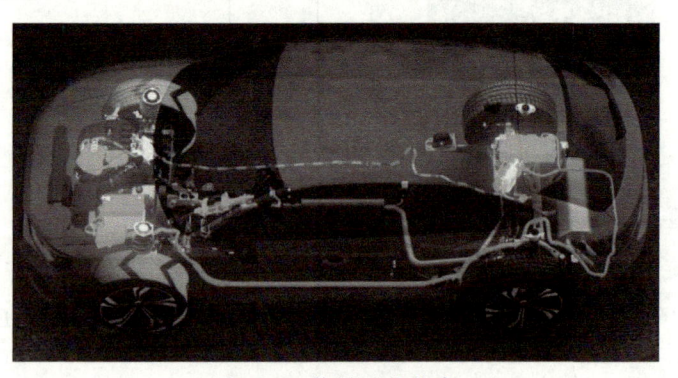

图 4-29　能量回收状态

图 4-27 奥迪 A3 48 V 混合动力系统

图 4-28 滑行状态

在 22 km/h 以上的轻度制动主要由发电机启动器执行；22 km/h 及以下的重度制动则由制动器来执行。

一旦驾驶员再次加速(无论是从停车还是行驶中)，车辆会快速且非常舒适地重新启动：BAS 将内燃机加速到目标速度，如图 4-30 所示，然后再次进行喷射，如图 4-31 所示。对于汽油发动机，虽然传统的小齿轮启动器仍然装配，但它实际上只在初始启动时发挥作用。

图 4-30 电机驱动状态

图 4-31 电机发电状态

在许多情况下,启停比滑行更有效。为了在两者之间做出选择,奥迪 A8 的驾驶管理系统使用雷达和前置摄像头(图 4-32)、来自预测效率助手的可选数据、存储在导航系统中的路线数据,以及由高度联网的传感器组提供的其他数据,综合判定汽车的状态。

前置摄像头

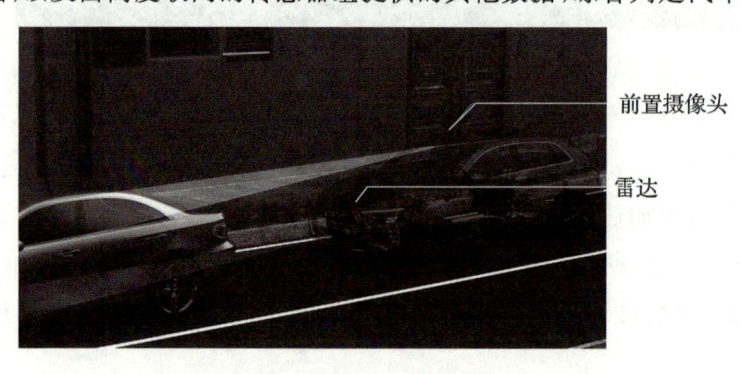

雷达

图 4-32 雷达和前置摄像头

随着 48 V 轻混合动力系统的推广,很多汽车厂商计划将泵和压缩机等辅助装置转换为 48 V。这样将能够根据要求进行更精确的控制,且有更轻、更紧凑的结构。这同样适用于大型静态用电设备,如窗户加热或音响系统。然而,控制单元或灯等小型用电设备将在未来很长一段时间内继续使用 12 V 系统。

4.4 分析丰田混合动力系统的工作原理

丰田混合动力系统（Toyota hybrid system，THS）是典型的混联式混合动力系统。1997年，丰田发布了第一代普锐斯，正式进入混合动力汽车市场。丰田虽不是混合动力技术的发明者，却开创了功率分流式（power-split）混合动力架构。THS 的核心部件是功率分流装置——行星齿轮系统，如图 4-33 所示。

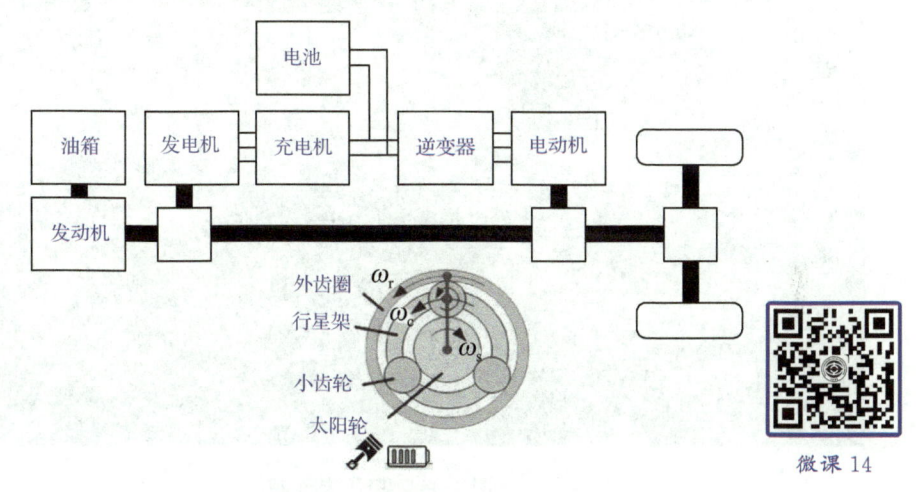

图 4-33 THS 构架

THS 功率分流式混合动力构架，基于行星齿轮组实现油电动力整合。发动机、电动机、发电机分别与太阳轮、齿圈、行星架连接，丰田将这套系统称为功率分流装置（PSD）。动力分流装置利用电机来调节发动机转速，传动比连续可变，是名副其实的 E-CVT 电子无级变速箱。电动机扭矩输出精准，能够迅速抚平发动机扭矩波动，带来了出众的平顺性。

经过多轮迭代，THS 衍生出不同版本，从最初的 THS-Ⅰ发展更新至最新的 THS-Ⅲ。例如，THS-Ⅱ优化了机械结构，轴向尺寸更紧凑；Multistage THS 在行星排的基础上增加了 4AT 变速机构，实现了更宽泛的速比，性能更加全面。

THS 是融合了电动机和发动机的优点，各取其所长的动力系统。它不是单纯地配置了电动机和发动机，而是利用尖端技术，理想地将两种动力进行优化匹配的结果。THS 在采用混联式混合动力的同时，还开发并改良了驱动系统、发电系统和控制系统，使其具有以往传动系所无法比拟的优点。

4.4.1 THS 的组成

THS 的组成如图 4-34 所示,包括发动机、电动机、发电机、动力电池、动力控制模块、行星齿轮机构等。利用动力控制模块可将发动机的动力分成两部分:一部分用来直接驱动车轮;另一部分用来发电,给电动机供应电力和给动力电池充电。根据行驶条件的不同,汽车可以仅靠电动机驱动行驶,也可以靠发动机和电动机联合驱动行驶。而发电机可以一边给行驶提供电力,一边给动力电池充电。THS 的动力流程如图 4-35 所示。

图 4-34 THS 的组成

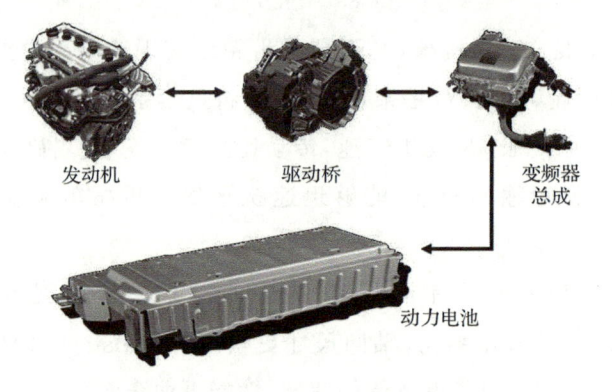

图 4-35 THS 的动力流程

1. 发动机

THS 中的发动机采用阿特金森循环发动机,如图 4-36 所示。与以往机型相比,它具有低油耗、高输出的特性。

图 4-36 普锐斯阿特金森循环发动机

阿特金森循环发动机还具有以下特点：

(1) 高膨胀比循环

在阿特金森循环发动机中，进气门的关闭时间被延迟，因而延迟了实际的压缩行程开始时间，使一部分混合气通过进气门重新回到进气歧管，造成事实上的做功行程大于进气行程，以其达到阿特金森循环的效果，而不需要复杂的曲柄连杆机构，如图 4-37 所示。

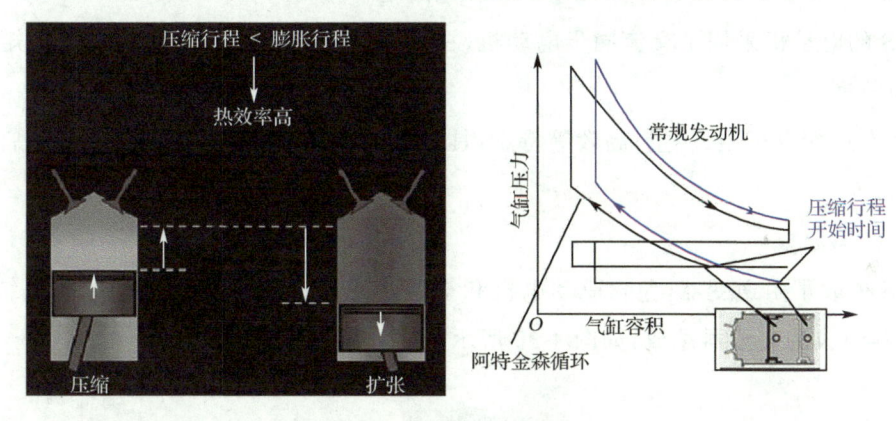

图 4-37 阿特金森循环

做功行程的相对延长，使发动机的做功更充分，从而提高了发动机的经济性。但进气的反流造成实际进气量的测量困难，因此，此种类型的阿特金森发动机无法采用增压的模式。

(2) 结合 VVT-i

结合 VVT-i，可根据行驶状况细微地调节进气门的工作状态。可以实现在发动机在阿特金森发动机和普通发动机之间的转换，从而弥补阿特金森发动机在高速和低速模式下的问题。

2. 驱动桥

THS 为了产生动力和进行发电,在驱动桥内安装了电动机、发电机、行星齿轮机构等,如图 4-38 所示。

微课 15

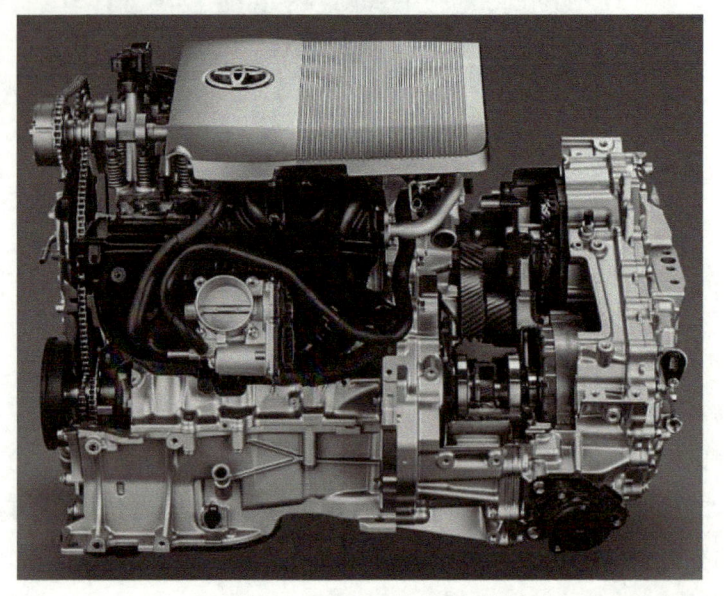

图 4-38 混合动力驱动桥

THS 的电动机采用了交流同步电动机,在高转速时仍然可以提供较高的扭矩,有宽泛的调速范围。

另外它还拥有小型、轻量、高效等特点,具有优秀的动力性能,可进行顺畅的启动、加速等操作。

3. 变频器总成

THS 搭载了由逆变器(包含驱动电机和空调压缩机的变频器)、可变电压系统、DC/DC 转换器组成的变频器总成,如图 4-39 所示。

动力蓄电池 → DC 201.6 V → 变频器总成 → AC 201.6 V → 空调压缩机

图 4-39 普锐斯变频器总成

这一装置变换直流与交流,对电源电压进行恰当的调整。变频器不仅可使电动机发挥出最高性能,而且提高了车辆整体的效率。

4. 动力电池

安装在 THS 上的高输出动力电池具有输入/输出密度大和重量轻、寿命长等特点。该电池不需要利用外界电源进行充电,也不需要定期交换。

THS 改进了电极材料和单电池之间的连接结构,减小了动力电池的内部电阻,可实现电池单元约 540 W/kg 的功率密度。

另外,THS 使用车辆加速时的放电、减速时的再生制动器,以及用发动机行驶时产生的剩余能量来进行充电,从而累积充电放电电流,使充电状态保持稳定,不会出现放电过多或多余充电等现象,从而延长了动力电池的使用寿命。

4.4.2　THS 的技术特点

THS 高水平地满足了现代汽车对低油耗、低尾气排放量的要求,加速良好,运行安静。

1. 降低油耗

THS 可完美地分别使用电动机和发动机来行驶,油耗与低一等级排量/车体尺寸的车辆相当,功率却与高一等级排量/车体尺寸的车辆相当。

为了实现最高水准的低油耗,THS 分别发挥电动机和发动机各自的特长来行驶,其工作过程如图 4-40 所示。

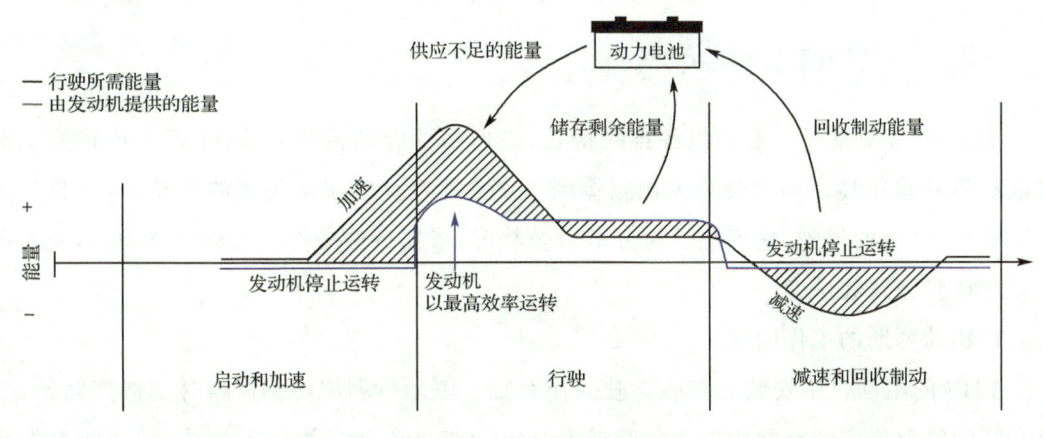

图 4-40　THS 的工作过程

2. 减少排放

汽油燃烧时会产生二氧化碳、一氧化碳、氮氧化合物、碳氢化合物等物质。THS 在以低油耗来减少燃料消耗、控制排气排放物排放的同时,采用三元催化剂和 VVT-i,并改良了空燃比补偿装置、点火时间控制装置、燃料蒸发排放物控制装置等,利用高效燃烧有效地控制了有害气体的产生,实现了高水平的尾气净化排放。

配备 THS 的丰田普锐斯混合动力汽车二氧化碳排放量为 104 g/km,氮氧化合物排放量为 0.010 g/km，碳氢化合物排放量为 0.020 g/km，其尾气排放量不到配备有尾气控制装置的同等级燃油汽车的一半。

3. 减小噪声

THS 作为利用电动机驱动力的系统，其行驶时的静谧性远远超过发动机驱动系统。配备 THS 的汽车在低速至中速段行驶时仅利用电动机的驱动力。此外，部分采用 THS 的汽车车中还配有 EV 模式，如图 4-41 所示，驾驶者可通过操作 EV 模式开关，选择仅使用电动机，即在停止发动机运转的状态下行驶。

THS 还采用了各种技术来减小发动机噪声以及从发动机、车胎发出的透射声，如在适当位置敷设消音材料以减小发动机的噪声，在驾驶室前壁板、地板上涂抹减振材料以确保吸音性和遮音性等，从而全面保证车内和车外的静谧性。

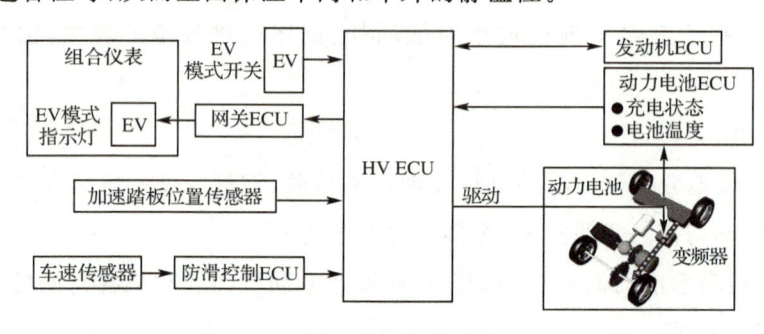

图 4-41　EV 模式

4.4.3　THS 的工作模式

THS 发挥电动机和发动机各自的特长，采用高性能的控制系统，实现了卓越的加速性能和驾驶稳定性。当驾驶员发出指令时，THS 能迅速输出所需要的驱动力，并且为了保证安全、舒适的驾驶，它还能随时分析驾驶状况，根据行驶条件输出最佳驱动力，使驾驶员充分体验到驾驶乐趣。

1. 驱动辅助的工作原理

THS 的电动机中安装有智能驾驶操作系统。电动机利用传感器随时掌握驾驶情况，可在瞬间输出稳定的行驶所需要的驱动力。电动机可单独提供汽车启动、加速所需的足够驱动力，因此可以正确地辅助驾驶员的驾驶。

2. 电动机 TRC 控制系统

电动机 TRC 控制系统是通过控制电动机的驱动力，来防止车轮打滑的系统，如图 4-42 所示。

当高精度旋转传感器检测出轮胎即将空转或已经空转时，电动机立即向驱动轴补充能量，以恢复驱动轴的动力。

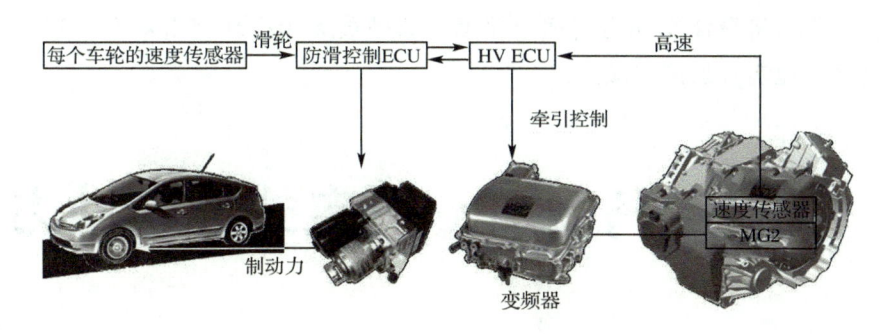

图 4-42　电动机 TRC 控制系统

3. 爬坡辅助控制

爬坡辅助控制是一种在爬坡时利用电动机来补充驱动力的技术。利用该技术，在开始爬坡以及爬坡途中出现坡度变化时，驾驶员无须进行突然的加速操作，如图 4-43 所示。

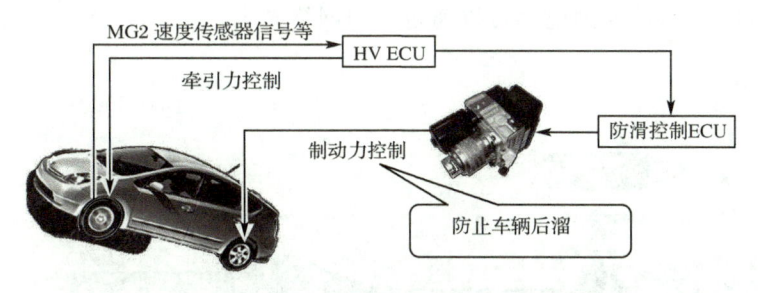

图 4-43　爬坡辅助控制

高精度的旋转传感器可检测出坡道的坡度和汽车的总体重量及其他信息，以便根据行驶情况来修正驱动力输出。

4. 坡道启动控制

坡道启动控制是一种通过使用电动机的驱动力来防止汽车在斜坡上停止及启动时出现倒车现象的技术。即使驾驶员将制动器松开，汽车也不会后退，使坡道启动得以顺畅实现。高精度的旋转传感器可以检测出车轮最细微的前进和后退，并根据坡度和油门开度指示电动机输出恰好所需的驱动力。

5. 加速控制

电动机可从低旋转带开始产生大扭矩，而发动机则在高旋转带具有良好的输出功率。THS 通过控制两种动力资源，使得无论是在低速还是高速时都能实现灵敏、顺畅、平稳的加速感觉。

此外，THS 还辅助电动机和发动机的高驱动力输出，可提供相当于上一等级排量的启动、超车加速性能。

6. 扭矩分配系统控制

扭矩分配系统控制是一种可进行无级变速、不浪费能量的技术。THS 可将发动机、发电机和电动机的转速及扭矩的分配通过电子方式进行无级控制。THS 根据行驶条件和驾驶员的要求,将最佳驱动力传递给路面。驾驶员无须操作离合器和变速器,即可迅速、灵敏且平稳地实现加速或减速。

4.5 认识宝马 eDrive 插电式混合动力系统

eDrive 是所有 BMW i 车型和插电式混合动力车中的新驱动技术,主要由电机、高压锂离子电池和智能能源管理系统组成。eDrive 目前在多款 BMW 汽车和 SUV 上提供,包括 330e、530e、740e 和 X5 xDrive40e。

在 eDrive 中,增大了电池的容量,使其拥有更长的纯电动行驶里程。同时提供充电接口,如图 4-44 所示,使动力电池可以通过电力网络充电。

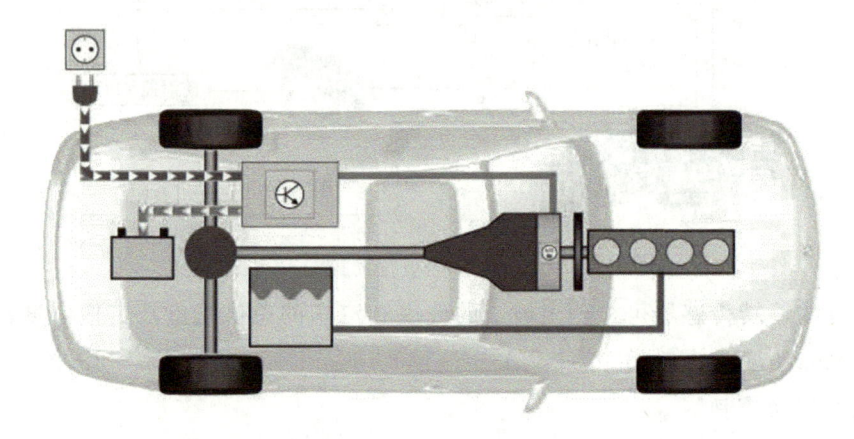

图 4-44 eDrive 充电接口

4.5.1 eDRIVE 的组成

eDRIVE 主要由发动机、发电机(集成在自动变速器中)、自动变速器、电机控制系统、动力电池、差速器等部件组成,如图 4-45 所示。

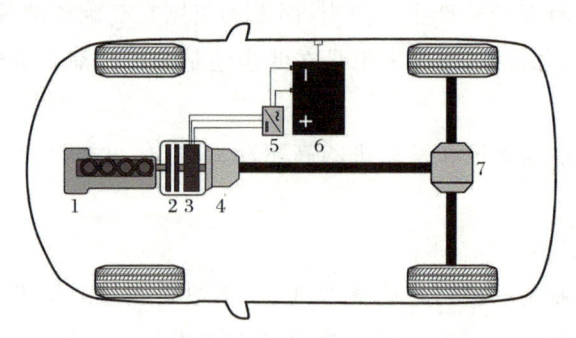

图 4-45 插电式混合动力汽车(PHEV)动力总成架构
1—发动机;2—离合器;3—发电机;4—自动变速器;5—电机控制器;6—动力电池

以宝马 740e 为例,其总功率为 240 kW,最高车速为 250 km/h,百千米加速时间为 5.4 s,纯电动模式续航里程为 48 km,综合油耗可达 2.0~2.2 L/100 km。宝马 740e 为前置后驱车型,使用由一台发动机和一台电机组成的动力系统,使用 8 速混合动力自动变速器,电机作为混合动力模块的一部分集成在变速器内,取代传统 AT 的液力变矩器,无法单独更换。电池布置在后排座椅下方,部件的位置分布如图 4-46 所示。

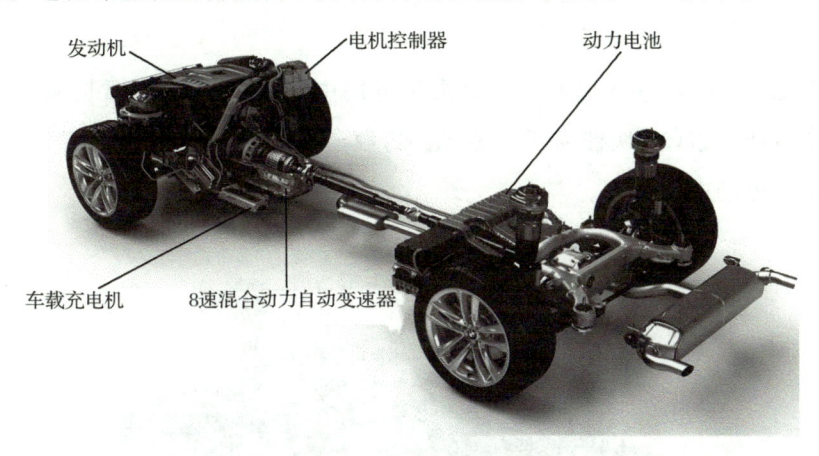

图 4-46　宝马 740e 总体结构

1. 发动机

eDRIVE 使用四缸 2.0 L 汽油发动机,如图 4-47 所示,采用宝马的 TwinPower Turbo 技术。发动机的最大输出功率为 190 kW,400 N·m 的峰值扭矩在 1 550~4 400 r/min 保持恒定。

图 4-47　eDRIVE 发动机

发动机使用了集成在铸钢排气歧管中的 TwinScroll 涡轮增压器;高精度喷射系统,最大燃油压力达到 200 bar;VALVETRONIC 可变气门正时,以及进气侧和排气侧的可变凸轮轴控制(Double-VANOS)。铝制曲轴箱中带有滚动轴承支撑的平衡轴提高了发动机的性能,而催化转化器的紧密耦合布置和涡轮增压器的电控排气调节优化了其排放。此外,电子可切换发动机支架提供与车身的连接,这些支架可根据需要消除由发动机引起的振动(如负载的变化),确保所有乘员都能体验到极低的振动水平。取消了12 V发电机,并使用高压电动空调压缩机,因此汽油发动机配备了一个特殊的皮带传动。

2. 动力电池

动力电池(图4-48)用于吸收和存储高压电网中的电能,并在需要时释放电能。动力电池由6个电池模组(96块锂离子电芯)组成,额定电压为351.4 V,容量达7.4 kW·h,安装在后桥前方的中间位置。

图4-48 动力电池

3. 混合动力模块

混合动力模块使用一套紧凑的并联机构,将电机和自动变速器集成在一起,如图4-49所示。

图4-49 混合动力模块

电机使用永磁同步电机,用于驱动车辆和能量回收,如图4-50所示。电机转子位于内部。电机通过变速箱油进行冷却,与变速器使用共同的冷却器,而且冷却接口没有直接布置在电机上,而是集成在变速器壳体内部。电机最高转速为 7 200 r/min,因此在发动机的整个转速范围中均可使用电机。电机的额定扭矩达 250 N/m,最大功率为 83 kW。

由于混合动力模块取消了液力变矩器,使用双质量飞轮和扭转减振器(图 4-51)来减小发动机的扭转振动。

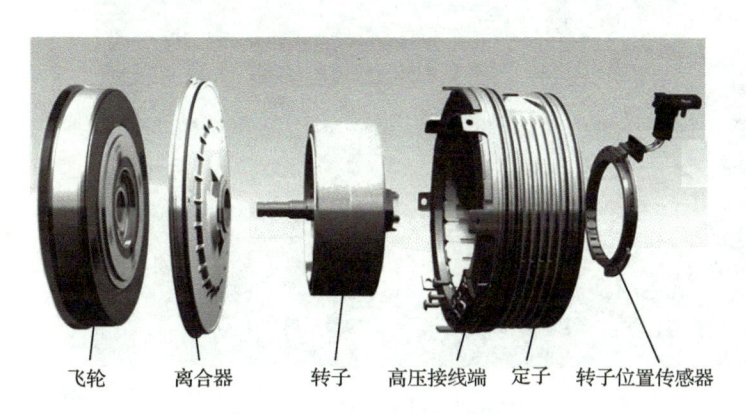

图 4-50 混合动力系统电机

图 4-51 扭转减振器

当汽车纯电动行驶时,需要断开与发动机的连接,因此在发动机和变速器输入轴之间装配了发动机分离离合器,如图 4-52 所示。

图 4-52 发动机分离离合器

对常规 8 速自动变速的 D1 挡制动器(IAE)进行了改良,以适应在没有液力变矩器的情况下车辆的起步,如图 4-53 所示。

图 4-53 加强的 D1 挡制动器（IAE）

系统中安装了一个机械油泵和一个电动油泵，如图 4-54 所示。当发动机工作时，由机械油泵提供变速器油压，保证动力的传递和挡位的变换；当发动机停机（滑行或纯电动模式）时，由电动油泵提供变速器油压。

图 4-54 变速器油泵

这套将电机与变速器集成在一起的混合动力系统，确保了纯电动驾驶、增强动力的电动助力和制动能量回收都能高效地进行。电机的集成还意味着变速器不需要变矩器（能够减轻重量），而混合动力模块接管了启动元件的功能。8 速混合动力自动变速器将效率与换挡动态和换挡舒适性提高到了一个更高的水平。

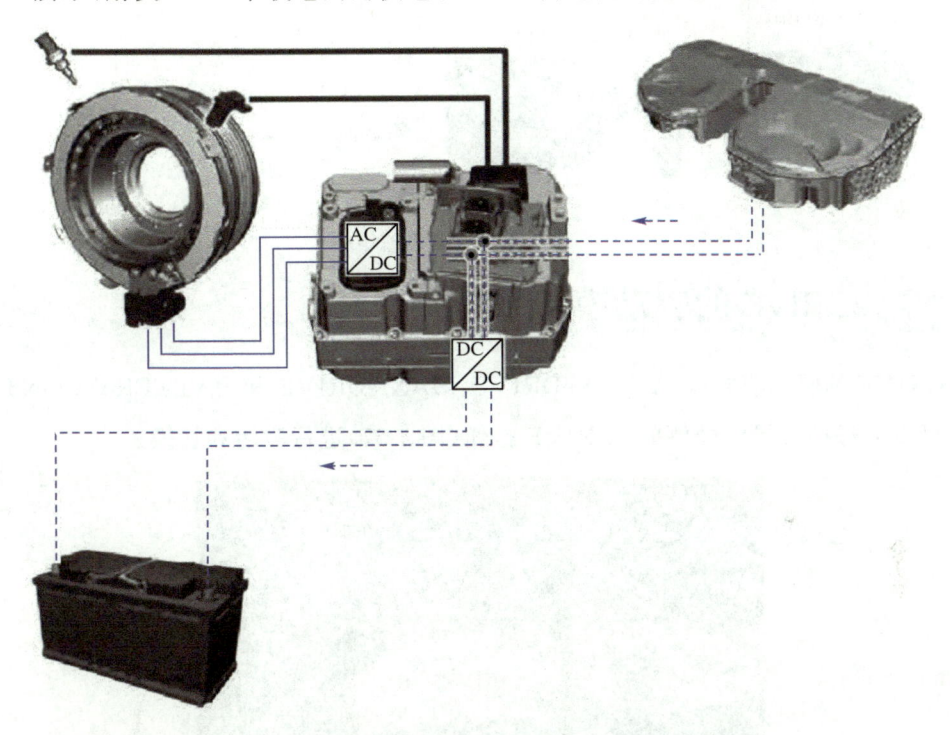

4. 电机电子伺控系统

电机电子伺控系统也被称为电机控制模块（MCU），将动力电池的高压直流电转换成电机需要的三相交流电，同时通过对交流电频率、电压等参数的调整，实现对交流电机转速和转矩的控制，如图 4-55 所示。在制动或滑行时，电机电子伺控系统还可以将电机发出的三相交流电转换成直流电，为动力电池充电，实现能量回收的功能。因此在电机电子伺控系统中有一个 AC/DC 双向转换器，可以在电机作为电动机运行时作为逆变器，也可在电机作为发电机运行时作为整流器。

电机电子伺控系统还需要完成对电机转速和温度的监控，通过旋转变压器或转速传感器、温度传感器完成此项功能。此外，电机电子伺控系统还集成有 DC/DC 模块，如图 4-55 所示，解决 12 V 车载电网的供电和 12 V 蓄电池的充电问题。

图 4-55 电机电子伺控系统的作用

5. 车载充电机

车载充电机安装在车辆底板，变速箱的左侧。它可将 220 V 单相交流电转换成直流电并向动力电池充电，同时负责协调充电流程和各相关模块之间的通信，如图 4-56 所示。

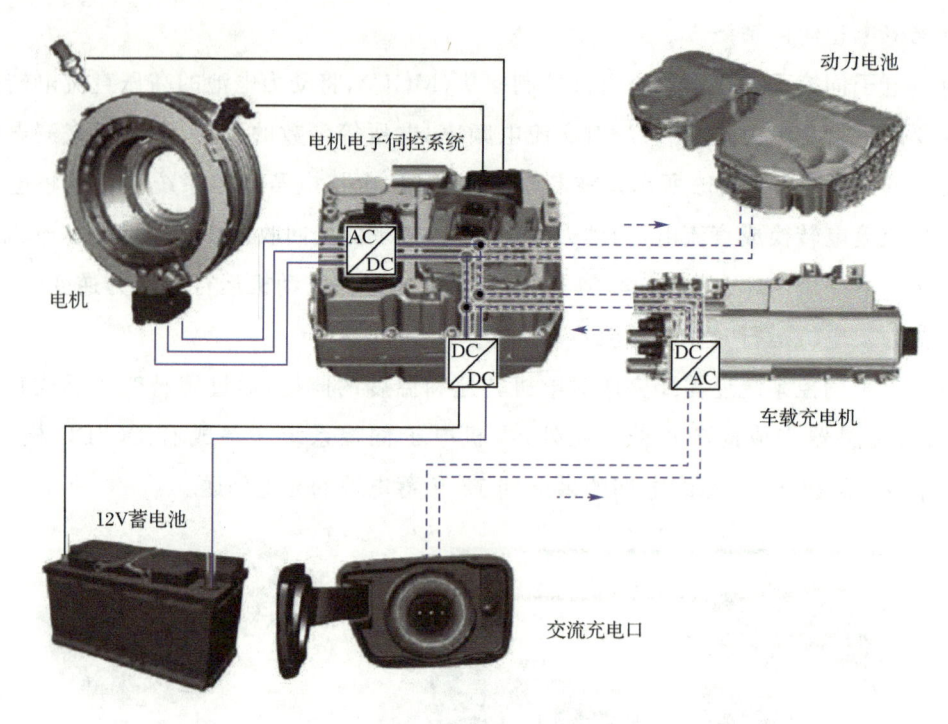

图 4-56 车载充电机的作用

4.5.2 eDRIVE 的驱动模式

eDRIVE 的驱动模式有 AUTO eDRIVE、MAX eDRIVE 和 BATTERY CONTROL 三种,可以通过挡位操纵杆侧的 eDRIVE 按钮(图 4-57)进行激活和切换。

图 4-57 eDRIVE 按钮

AUTO eDRIVE 模式(图 4-58)是每次启动的默认模式,会依据电池的充电状态和加速踏板位置,选择最佳的驱动组合。

图 4-58 AUTO eDRIVE 模式

在 AUTO eDRIVE 模式下,电池电量在 12% 以上时为放电阶段,纯电动模式下,离合器 K0 断开,中断变速器与发动机的动力连接,IAE 离合器接合,将电机的动力传递给变速器,汽车以最高 80 km/h 的速度行驶。当车速大于 80 km/h 或者增大加速踏板行程时,离合器 K0 闭合,带动发电机旋转,当发电机达到较高的稳定转速后,喷油并点火,发电机和电动机共同驱动车辆。当电池电量低于或等于 12% 时,进入守恒阶段,发动机在 55 km/h 开始介入工作。

在 MAX eDRIVE 模式下,汽车可以纯电动模式运行,只能通过强制降挡和运动模式使发动机介入工作。在 MAX eDRIVE 模式下,纯电动驱动车速可以达到 140 km/h。

在 BATTERY CONTROL 模式(图 4-59)下,将积聚电能,可以为动力电池主动充电。还可以通过中央控制台设置充电电量。

图 4-59 BATTERY CONTROL 模式

在 BATTERY CONTROL 模式下,将限制电机的工作,离合器 K0 结合,车辆由发动机驱动行驶,同时带动永磁转子旋转为电池主动充电。

4.6　读懂增程式混合动力汽车理想 ONE

全球首款量产增程式混合动力汽车是通用汽车的雪佛兰 Volt,如图 4-60 所示,在 2007 年首次作为概念车亮相,采用了一台 1.0 L 增压汽油机作为发电机的动力源,在 2010 年 11 月的量产版上换成了 1.4 L 4 缸机。2015 年后,雪佛兰 Volt 升级为别克 VELITE 5,采用 E-CVT 变速器,可以将发动机输出的动力经行星齿轮分配给驱动电动机或发电机,属于混联式插电式混合动力汽车,即通用汽车抛弃了增程式驱动模式。

图 4-60　雪佛兰 Volt

2010 年,奥迪推出一款名为 A1 e-tron 的增程式混合动力概念汽车,如图 4-61 所示,是在奥迪 A1 在售车型的基础上加以改造,在车尾位置(图 4-62)安装一台体积非常小的转子发动机作为增程器,直接驱动发电机,如图 4-63 所示。

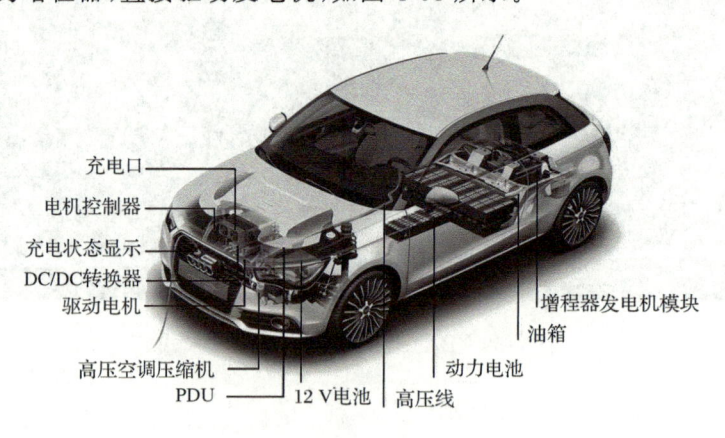

图 4-61　奥迪 A1 e-tron

图 4-62 增程器安装位置

图 4-63 转子发动机

奥迪 A1 e-tron 纯电动模式可行驶 50 km,纯粹市区通行设定,使用转子发动机可再行驶 200 km,整体续航能力仍然不足。

此外,宝马 i3 纯电动汽车有一款衍生车型 i3 REX,和奥迪 A1 e-tron 类似,在车尾安装有小排量的双缸发动机,单纯提供发电的功能,可以增加 150 km 左右续航里程。然而市场并不接受,从 2019 年起,宝马 i3 将不再推出增程式车型,只有纯电动版。

从技术角度来说,增程式混合动力汽车落后于具有全混合动力功能的插电式混合动力汽车,混联式插电式混合动力汽车可以实现增程式混合动力汽车所使用的串联式驱动方式,而增程式混合动力汽车却无法实现发动机的直接驱动。混联式插电式混合动力汽车开始大行其道,人们开始逐渐放弃增程式混合动力汽车,直到理想汽车在一片质疑声中推出其首款车型理想 ONE,在 2021 年以年销量 91 310 辆,力压大众途昂、宝马 X5、雷克萨斯 RX、奔驰 GLE 等明星车型,夺得中大型 SUV 销量冠军。理想汽车一举成为造车新势力"蔚小理"之一,也催生了岚图、问界 M5 等车型的问世。

理想 ONE 长度为 5 030 mm,轴距为 2 935 mm,最小离地间隙为 180 mm,如图 4-64 所示。

图 4-64 理想 ONE

理想 ONE 的动力系统如图 4-65 所示,配备东安动力 1.2T 直列三缸增程器、宁德时代的 40.5 kW·h 的三元锂电池组,以及前部 100 kW、后部 140 kW 的永磁同步电动机,动力系统总扭矩达到 455 N·m,百千米加速时间为 6.5 s,最高车速达 175 km/h。工信部综合工况续航里程为 188 km,归功于其拥有的 1.2 T 增程器和高效能发电机,配合 55 L 的油箱,其 NEDC 综合续航里程为 1 080 km,WLTC 综合续航里程为 890 km。

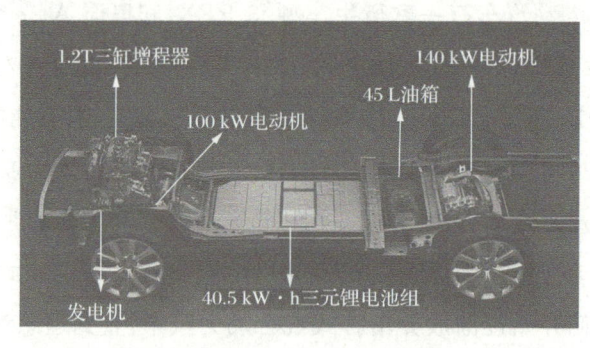

图 4-65 理想 ONE 的动力系统

4.6.1 理想 ONE 混合动力系统的工作模式

1. 驾驶模式

理想 ONE 设定了纯电动优先模式、燃油优先模式、油电混合模式三种驾驶模式,每种驾驶模式应对不同的使用场景。

(1) 纯电动优先模式

纯电动优先模式下,系统优先使用电池电量驱动电机,当电量低于 20% 时,发动机开始工作,在保证电量不再下降的同时为驱动电机供电,适合市区内短途通勤等具有良好充电条件的场景。

(2) 燃油优先模式

燃油优先模式下,系统会让电池电量维持在高百分比,优先使用发动机为电机供电,当电量低于 70% 时,发动机开始优先为电池发电,同时保证对驱动电机的供电。燃油优先模式适合没有充电条件的用户,在冬天温度低的时候可以优先选择该模式。

(3) 油电混合模式

油电混合模式下,系统在低速行驶时优先使用电池的电量为电机供电,中速行驶时发动机开始工作。除此以外,当电池电量低于 80% 时,发动机也会工作,在保证电量不再下降的前提下为驱动电机供电,该模式适合长途出行。

2. 工作模式

理想 ONE 混合动力系统在不同的工况、环境、电池剩余电量及所选择的驾驶模式下,电机、增程器与动力电池之间的搭配控制策略有很多种,其中常见的模式如下:

(1) 纯电动低速模式

纯电动低速模式下,发动机不工作,由动力电池提供电能,前电机驱动车辆行驶,如图 4-66 所示。

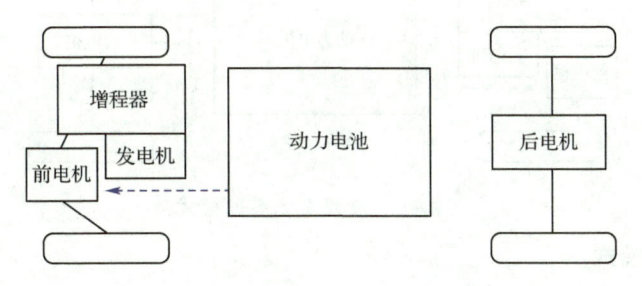

图 4-66 纯电动低速模式

(2) 纯电动高速模式

纯电动高速模式下,发动机不工作,由动力电池提供电能,前、后两个电机驱动车辆行驶,如图 4-67 所示。

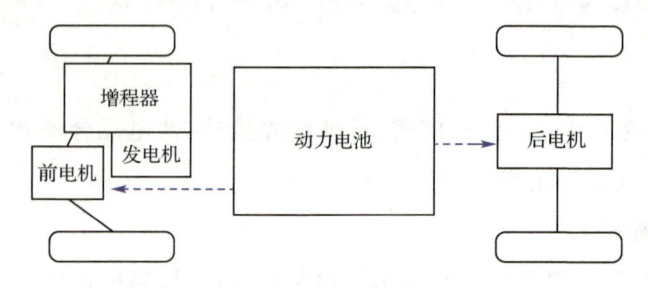

图 4-67　纯电动高速模式

(3)增程电动低速模式

增程电动低速模式如图 4-68 所示。增程器工作带动发电机发电,为前电机提供电能,驱动车辆行驶。如果有多余电量,为动力电池充电;如果增程器提供电量不足,则由动力电池补充。若动力电池电量不足,增程器需要提供更多的电能为动力电池充电。

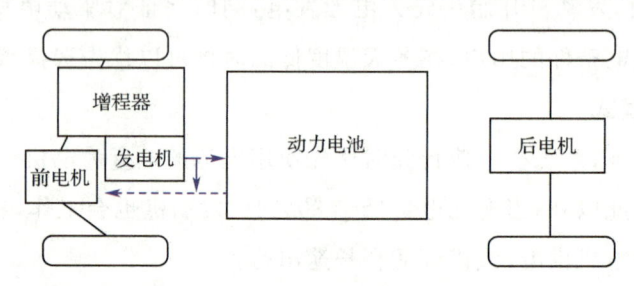

图 4-68　增程电动低速模式

(4)增程电动高速模式

增程电动高速模式在增程电动低速模式的基础上增加后电机,使汽车达到最高的输出功率,如图 4-69 所示。理想 ONE 的弹射起步即这种供电状态。

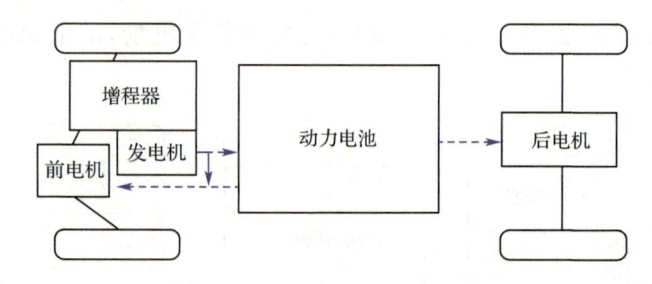

图 4-69　增程电动高速模式

(5)能量回收模式

能量回收模式驱动电机停止动力输出,在汽车的惯性作用下发电,为动力电池充电,将车辆的动能回收,转化为电能储存,如图 4-70 所示。

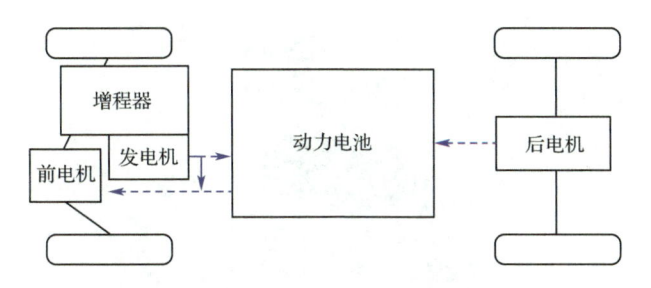

图 4-70　能量回收模式

4.6.2　理想 AD 辅助智能驾驶

理想 ONE 搭配 800 万像素感知摄像头和两颗地平线"征程 3"专用芯片,以支持理想 AD 辅助智能驾驶系统。理想 AD 辅助智能驾驶系统具有以下功能:

(1)通过感知摄像头,确认车道和前车距离,实现全速域自适应巡航系统和车道保持辅助,可以自动跟随前车,并保持车道,减轻驾驶员的驾驶疲劳,如图 4-71 所示。

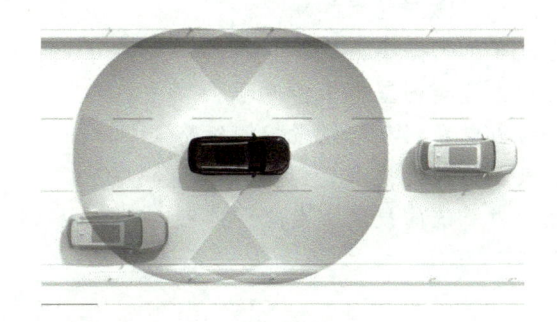

图 4-71　车道辅助功能

(2)通过摄像头和毫米波雷达实时监测车辆前方,当车距小于设定值时,汽车根据实际工况,自动减速或紧急制动,以减少因驾驶员注意力分散导致的追尾事故,如图 4-72 所示。

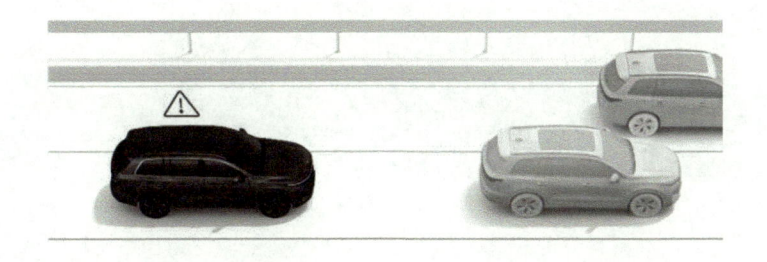

图 4-72　车距监测

(3)融入视觉与雷达感知,实现自动泊车功能,如图 4-73 所示。

图 4-73　自动泊车

巩固练习

4-1　什么是混合动力汽车？
4-2　混合动力汽车有哪些优点和缺点？
4-3　混合动力汽车如何分类？
4-4　简述混合动力汽车的基本工作原理。
4-5　简述混合动力电动汽车的能量控制策略。
4-6　混合动力汽车的关键技术有哪些？
4-7　丰田混合动力系统的技术特点有哪些？

模块 5
规范使用与维护电动汽车

知识目标

- 熟悉电动汽车使用注意事项。
- 掌握电动汽车的充电方式、充电过程。
- 掌握电动汽车常见维护项目。

能力目标

- 能够正确使用和操作电动汽车。
- 能够解释电动汽车的充电方法,并进行充电操作。
- 能够对电动汽车进行常规保养与维护。

素质目标

- 培养探究学习、终生学习的态度和分析问题、解决问题的能力。
- 具备较强的团队协作意识、合作精神。
- 培养精益求精的工作理念,建立职业认同感、责任感、使命感。

5.1 使用电动汽车

5.1.1 驾驶电动汽车

1. 电动汽车启动操作

传统燃油汽车和新能源汽车的驾驶方法基本一致,驾驶新能源汽车也需要取得中华人民共和国机动车驾驶证。本模块中,新能源汽车主要指电动汽车(包括纯电动汽车、混合动力汽车等)。目前大部分电动汽车的挡位有四个:D、N、P、E(E1、E2、E3)。其中,D是前进挡;N是空挡,启动和停车时使用;P是驻车挡;E是节能挡,与D挡一样用于前进,可以自动回收刹车和减速时的能量,使得电动汽车的续航里程增加约20%。电动汽车的动力系统与传统燃油汽车不同,因此启动过程略有不同。如图5-1所示为电动汽车的启动过程。

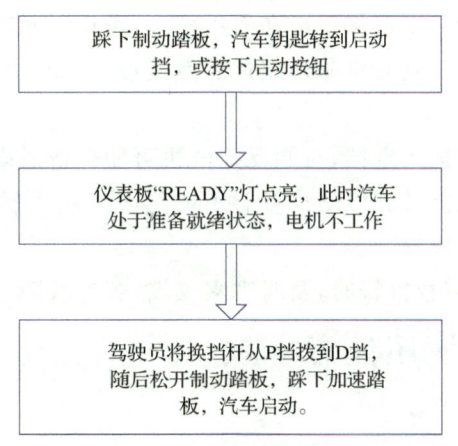

```
┌─────────────────────────────┐
│ 踩下制动踏板,汽车钥匙转到启动  │
│ 挡,或按下启动按钮             │
└─────────────────────────────┘
              ↓
┌─────────────────────────────┐
│ 仪表板"READY"灯点亮,此时汽车 │
│ 处于准备就绪状态,电机不工作    │
└─────────────────────────────┘
              ↓
┌─────────────────────────────┐
│ 驾驶员将换挡杆从P挡拨到D挡,   │
│ 随后松开制动踏板,踩下加速踏   │
│ 板,汽车启动。                │
└─────────────────────────────┘
```

图 5-1 电动汽车的启动过程

启动以后的驾驶方式如加速、制动、转向等操作与传统燃油汽车一样。只是在行驶过程中,当松开加速踏板后,会有明显的减速感,这是因为电机转化为发电机充电,又因为电动汽车本身的车重的因素,所以其减速感明显。

2. 电动汽车换挡操作

目前,电动汽车大多采用的换挡装置类别与传统燃油汽车类别差异不大,如图5-2所示为小鹏G3换挡杆,它集成在方向盘转向柱上,使用方便,节省空间。

整车启动"READY"灯点亮后,默认初始为N挡,当第一次换入D挡之前,须踩下制动踏板;后续换挡之前则无须踩制动踏板。当换挡杆处于D挡时,向前推动换挡杆或向后推动换挡杆,则挡位均切换为N挡。

图 5-2　小鹏 G3 换挡装置

3. 电动汽车行驶安全

(1)行驶中需经常注意电池电压、电量、电流,电量不足时应及时停车充电。

(2)尽量保持匀速行驶,避免不必要的连续高速行驶。一般情况下不要猛加速、猛减速。当高速行驶需要减速时,应轻踩制动踏板用电制动进行减速。如需车辆停止,则继续踩下制动踏板进行电压和气压制动或用驻车制动器停止车辆行驶。

(3)在车辆行驶状态下,不可将手放在换挡杆上,避免无意改变挡位。

(4)发现路上积水时,若判断水深未超过底盘高度 14 cm,可以 10 km/h 以下低速通过;若水深过深,不可通过。

(5)当需要拖车时,要挂入空挡,否则反拖电机可能会造成电机及电机控制器烧损。

(6)汽车转向时,转向盘转到极限位置后不能再继续用力转动转向盘,也不要长时间使转向盘处于转动的极限位置。

(7)在行驶中仪表有声音报警时,及时观察仪表,若有故障,靠边检查。

5.1.2　电动汽车使用注意事项

1. 夏季使用注意事项

(1)在高温到来前,必须对车辆的冷却系统管路进行检查,避免冷却液泄漏。并且检查膨胀水箱内冷却液液位高度,保证冷却液充足、不变质。

(2)驾驶员应加强对仪表的关注,注意动力电池高温报警。如果遇到动力电池高温二级报警,应立即靠边停车,等待动力电池降温;如果遇到动力电池高温一级报警,应立即靠边停车,及时、有序疏散乘客,并拨打报修电话。

(3)雨季行车前应先做好行车前检查,主要检查雨刷器、车辆空调除雾功能是否正常。

(4)当雨季行驶时,若车辆发生故障无法行驶,应当靠边停车,按要求设置好三角警告牌,等待救援,严禁自行维修。

(5)在泥泞路面行驶时,不要猛踩加速踏板,以免发生侧滑。

(6)勿驶入深水中,以免发生漏电、短路等事故。

(7)一旦发生水淹事故,应尽量远离车辆,寻求专业人员和机构的救援,以免车辆漏电造成伤害,尽早进行拖车救援,减少电池进水损伤。

(8)避免高温充电。因动力电池温度特性,车辆高速行驶后,夏季建议停放 30 min 后,再在阴凉通风处进行充电。

(9)暴雨打雷时尽量不要充电。车辆在露天或者地势较低的地方充电时,下雨后应终止充电,以免积水高度超过充电口发生短路。

(10)避免车辆暴晒。建议将车辆停放在阴凉通风处,以防车内温度过高,造成安全隐患。

2. 冬季使用注意事项

(1)做好车辆换季保养。对车辆各部件进行全面检查保养,为车辆装备必要的防冻装置,按规定添加机油、齿轮油。此外,对防冻液要勤检查、勤补充。蓄电池要注意保暖及充电。要注意检查轮胎,冰雪天气要安装防滑链,行驶中要保持足够动力,制动、转向不要过急。

(2)在冬季低温行驶后,建议及时充电,避免因长时间停驶导致动力电池温度低,造成用电浪费和充电延时。

(3)充电时,建议尽量将车辆停放于避风、朝阳且温度较高的环境。

(3)充电时,应预防雪水淋湿充电接口,不要将充电插头直接暴露在雪水下,防止发生短路。

(4)避免冬季气温较低导致充电异常等情况的出现,建议车辆充电功能开启后检查车辆是否真实充电。检查充电桩充电电流,若充电电流达到 12 A 以上,充电已开启。

3. 车辆起火注意事项

电动汽车起火后,需根据实际情况进行操作:

(1)起火时,将车辆退电至"OFF"挡并迅速停车,条件允许情况下,断开蓄电池电源。

(2)行驶中起火时,在保证人员安全的情况下,将车辆周边的易燃、可燃物品移开,防止火势进一步扩大、蔓延。拨打火警报警电话后,等待消防救援人员到现场处理。

(3)起火后,第一发现人要立刻报警求助,不建议未受过专业训练的普通人独自灭火,应该远离起火位置。

4. 拖车注意事项

(1)车辆在需要救援时,应首先选择专业拖车公司,不得盲目自行拖拽,以免对车辆造成不可逆的损坏。

(2)若无专业拖车公司时,在保证安全的前提下,选择自行拖车时应保证车辆钥匙处于 ON 挡,换挡手柄置于 N 挡。

(3)建议使用硬拖,选择合适的拖车杠。在自行拖车时,因车辆特性,需控制拖车时速不超过 15 km。

5. 车辆托底注意事项

在遭遇凹凸不平的路面时,应减速通过,尽量避免托底情况的发生。一旦发生严重托底,操作如下:

(1)检查电池外观是否发生损坏。

(2)若电池无损坏,重新启动车辆行驶。

(3)若车辆无法启动,应及时拨打售后服务电话,等待救援人员到现场处理。

5.2 认识电动汽车充电技术

对于电动汽车来讲,保持动力电池的电量充足是一项重要工作,因此,充电设备是电动汽车当中不可或缺的部分。目前,常见的充电方式是通过外部充电设备,利用充电线缆为电动汽车充电,如图 5-3 所示。此外,现阶段除了电池、电机等问题,充电技术也是阻碍电动汽车普及的因素之一。动力电池在充电过程中应满足安全性、便捷性、经济成本、效率等多方面的要求。如何智能、快速地为电动汽车充电是众多汽车厂商研发的重中之重。

微课 16

图 5-3 电动汽车的充电方式

5.2.1 电动汽车的充电方式

纯电动汽车或插电式混合动力汽车的动力电池充电主要是将市电电网的交流电能转换为动力电池需要的直流电能。目前给动力电池进行补给的方式主要是充换电技术。充换电技术分为充电技术和换电技术。其中,充电技术可分为交流充电技术、直流充电技术和无线充电技术,如图 5-4 所示。

```
                          ┌─ 交流充电技术
                   充电技术 ─┼─ 直流充电技术
                          └─ 无线充电技术
充换电技术 ─┤
                   换电技术
```

图 5-4　电动汽车的充电技术

1. 充电技术

(1) 交流充电技术

交流充电技术通常称为慢充,是市电电网通过交流充电桩经车载充电机为动力电池进行充电的技术,如图 5-5 所示。

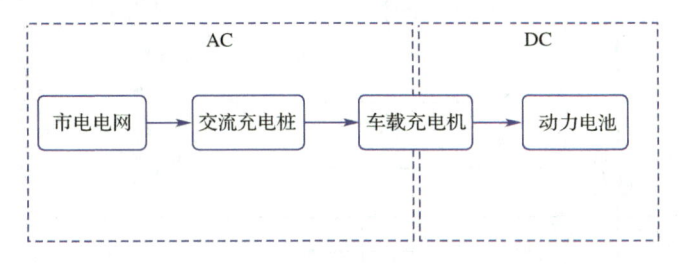

```
          AC              |         DC
市电电网 → 交流充电桩 → 车载充电机 → 动力电池
```

图 5-5　交流充电技术

目前,电动汽车都配备了便携式充电设备。车主可使用车上自带的便携式充电设备,利用民电或商电为车辆补充电能,也可以到专用充电站、充电桩进行充电。便携式充电设备允许电流多为 16 A,可以使用家中的插座进行充电。不过需要注意的是,家中的插座有 10 A 和 16 A 的区分,空调专用插座一般为 16 A,其余大部分用电器的插座是 10 A,充电时应选用 16 A 插座。

(2) 直流充电技术

交流充电技术为动力电池充满电的时间约为 8 h。当需要在极短时间内给电池充满电时,交流充电技术便无法满足要求,这时就需要采用直流充电技术。

直流充电技术也称为快充,是通过直流充电桩将市电电网转换为直流电后为动力电池充电的技术,如图 5-6 所示。

```
市电电网 → 直流充电桩 → 动力电池
```

图 5-6　直流充电技术

直流充电技术以大充电电流在短时间内为动力电池充电,一般 0.5 h 左右即可为电动汽车充 80% 的电。直流充电技术虽然在设备安装成本上相比交流充电技术要高,但其充电时间与内燃机加注燃油的时间十分接近。不过需要注意的是,并非所有电动汽车都可以进行直流充电,这是由于直流充电时,短时间内动力电池会承受较大电流的冲击,因此会出现过热现象,存在安全隐患。

(3) 无线充电技术

无论是交流充电技术，还是直流充电技术，充电装置和充电时使用的线路令其多少会受到场地制约，无线充电技术则在一定程度上解决了这个问题。无线充电技术不需要电源插座或充电电缆，而利用车外充电器，将工频电压临时转换成 100 kHz 高频交流电，变压器一次线圈和二次线圈分别设在充电机的连接器一端和车辆一侧的连接器上，通过电磁感应传递电力，实现给电动汽车的动力电池充电。无线充电系统如图 5-7 所示。

图 5-7 无线充电系统

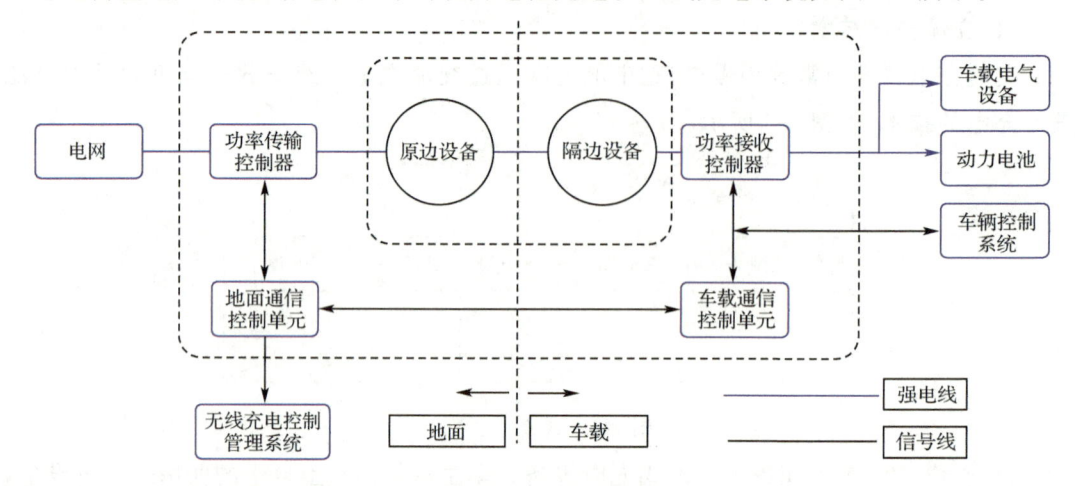

图 5-7 中相关部件功能见表 5-1。

表 5-1　无线充电系统部件功能

部件名称	部件功能
功率传输控制器	无线充电系统地面侧功率控制单元，实现市电电网到高频交流电的逆变，输出满足无线充电系统工作频率的交流电，驱动原边设备工作，并根据 CSU 的控制指令，完成无线充电过程的控制
功率接收控制器	无线充电系统车辆侧功率控制单元，对副边输出的高频进行整流，输出满足动力电池要求的直流电，并根据 BMS 的控制指令，完成无线充电过程的控制
地面通信控制单元	无线充电系统地面侧通信控制器，与 IVU 通信，协助完成充电过程的控制，并可与 WC-CMS 通信，完成无线充电系统地面设备的控制
车载通信控制单元	无线充电系统车辆侧通信控制器，与 CSU 通信，协助完成充电过程的控制，并可与 WC-CMS 通信，完成无线充电系统车载设备的控制
无线充电控制管理系统	负责一个或多个电动汽车充电协调控制、运维监控管理、业务运营管理和系统管理

2. 换电技术

换电技术是一种动力电池快速更换的技术，即在动力电池更换站内用电量充足的动力电池替换电量不足的动力电池。这样,可有效克服现阶段动力电池性能的限制,为电动汽车的运行创造有利条件。目前,国内蔚来、北汽＋澳动新能源的组合以及采用"分箱换电"模式的力帆汽车,是较早将换电技术导入乘用车市场的企业。如图5-8所示为蔚来已建成使用的换电站。

图5-8　蔚来换电站

2021年,上海蔚来汽车有限公司、北京新能源汽车股份有限公司、中国汽车技术研究中心有限公司等单位起草的国家标准《电动汽车换电安全要求》(GB/T 40032—2021)实施。由该标准可知,车载换电系统通常包括换电电池包、换电接口、换电机构以及车身与之相连接的部分,也可包括位置监测等功能的辅助电气装置。车载换电系统如图5-9所示。

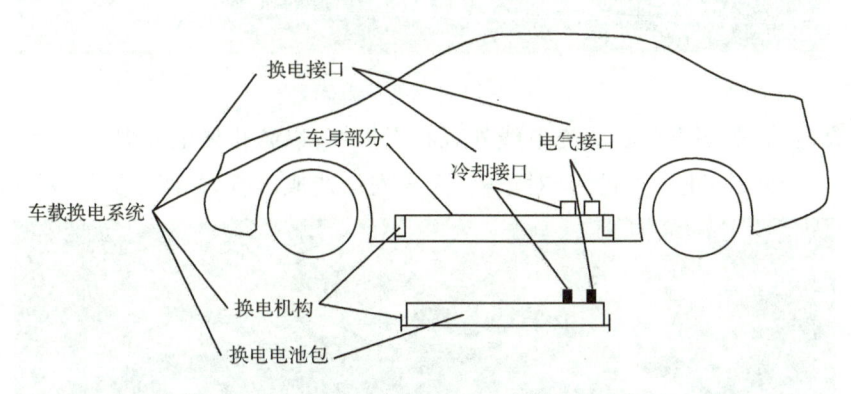

图5-9　车载换电系统

通过分析不同技术方案差异、车辆实际运行场景及运行数据,为确保用户在汽车使用寿命内换电时的安全性,国家标准《电动汽车换电安全要求》(GB/T 40032—2021)规定了电动汽车换电操作次数:卡扣式连接,5 000次;螺栓式连接,1 500次。

根据应用车型的不同,换电技术可分为商用车换电技术和乘用车换电技术,如图 5-10 所示。

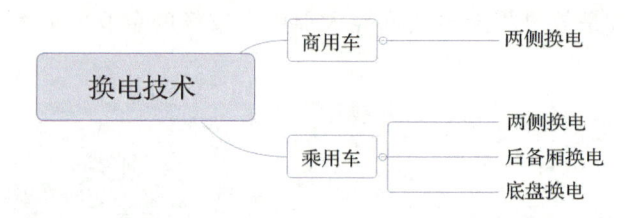

图 5-10 换电技术

两侧换电、后备厢换电基本上是半自动为主;底盘换电速度很快,可实现全自动换电,目前底盘换电时间可控制在 3 min 之内。

5.2.2 电动汽车充电操作

1. 充电线的使用

充电线总成主要由充电线、2 个充电枪、转换接头组成,如图 5-11 所示。

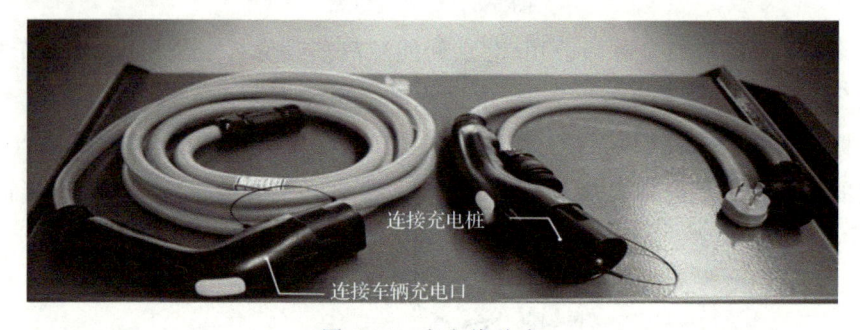

图 5-11 充电线总成

车辆充电前,需要全面检查充电线外观有无损坏,以防止漏电等现象发生。使用转换接头时,务必拧紧,防止水汽进入,对车辆、人身安全造成影响,如图 5-12 所示。

图 5-12 转换接头的使用

2. 充电流程

以特斯拉 Model 3 为例,电动汽车的充电流程如下:

(1)按下车内充电口盖板开关,打开充电口盖板,如图5-13(a)所示。
(2)打开充电门板,如图5-13(b)所示。
(3)从充电桩上取下充电枪,插入车辆充电口,开始充电。
(4)充电完成后,拔下充电枪,放到指定位置。

(a)打开充电口盖板 　　　　　　　　　(b)打开充电门板

图5-13　特斯拉Model 3的充电流程

3. 充电指示灯

纯电动汽车与插电式混合动力汽车充电时,可以通过充电接口的充电指示灯、220 V家用充电的集成式电缆箱、充电桩(机)用户操作界面或按钮指示灯等几个方面进行充电状态的识别。

充电接口的充电指示灯常见单个LED指示灯和C形光导纤维LED指示灯。如图5-14所示,比亚迪汉EV充电指示灯位于车身右侧充电口盖内,采用光圈形式,分别以绿色、黄色、红色、蓝色、白色来说明充电状态。

图5-14　比亚迪汉EV充电指示灯

充电指示灯的功能和在车辆上的位置因车型而异。比亚迪汉EV充电指示灯功能及状态见表5-2。

表 5-2　比亚迪汉 EV 充电状态指示灯功能及状态

功　能	情　况	指示灯状态
照明	充电口打开(无电枪连接)	白色常亮
充电	充电初始化过程	黄色闪烁
充电	充电预约中/充电暂停	黄色常亮
充电	充电中	绿色闪烁
充电	充电完成	绿色常亮
放电	放电中	蓝色闪烁
故障	充/放电故障	红色常亮

5.2.3　电动汽车充电系统的组成

电动汽车充电系统主要包括充电桩、充电接口、车载充电机、高压配电盒、动力电池等，如图 5-15 所示。根据车型的不同，高压配电盒可单独设置，也可集成在其他控制单元中。

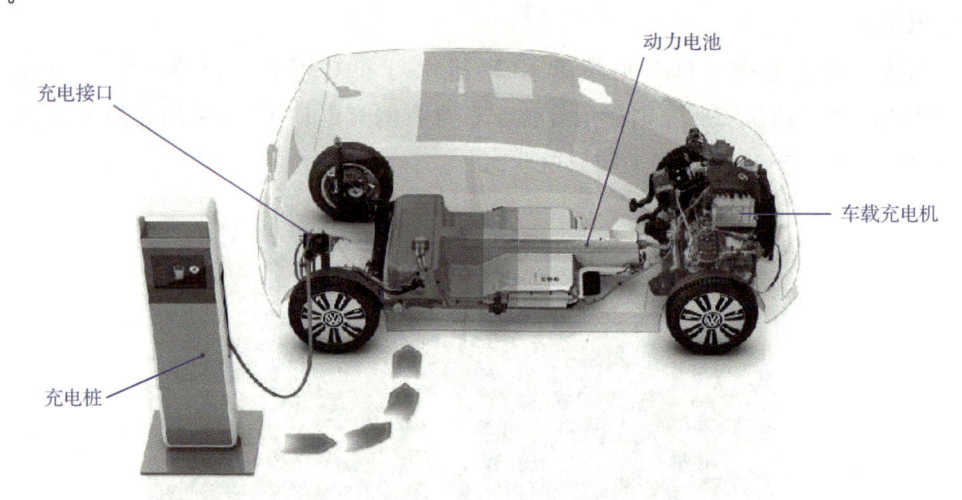

图 5-15　电动汽车充电系统的组成

1. 充电桩

常见的充电桩主要有交流充电桩、直流充电桩和交直流一体充电桩。在我国，固定安装式交流充电桩包括落地式和挂壁式两种。落地式充电桩如图 5-16 所示。

图 5-16　落地式充电桩

2. 充电接口

充电连接装置指电动汽车充电时,连接电动汽车和电动汽车供电设备的组件,如图 5-17 所示。充电接口指充电连接装置中,除电缆、缆上控制保护装置(如果有)之外的部件,包括供电接口和车辆接口。供电接口由供电插头和供电插座组成,如图 5-18 所示。车辆接口由车辆插头和车辆插座组成。

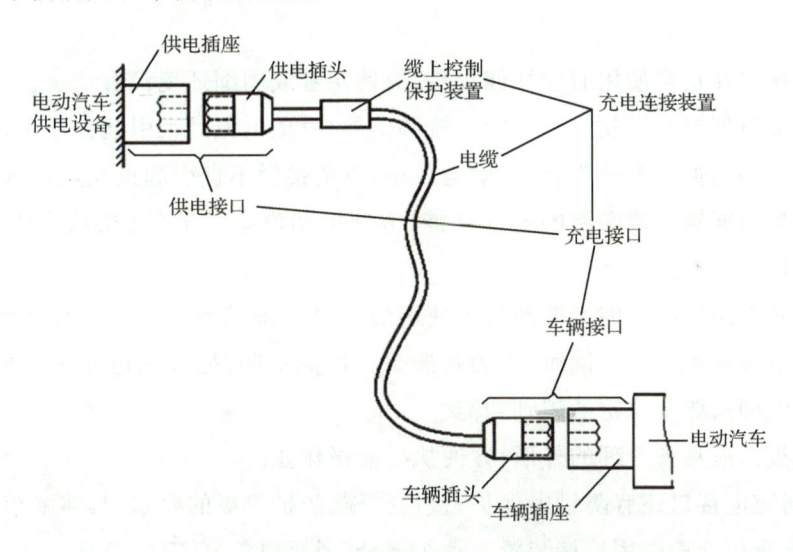

图 5-17　电动汽车充电连接装置

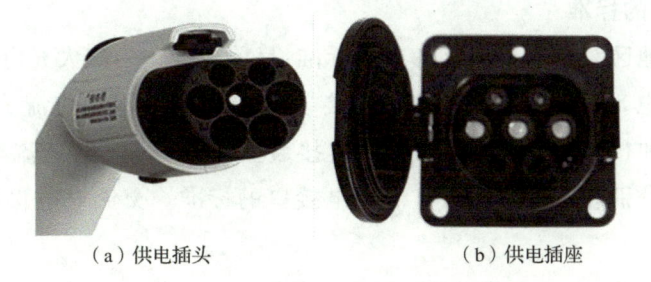

(a) 供电插头　　　(b) 供电插座

图 5-18　充电连接装置的组成

国家标准《电动汽车传导充电用连接装置　第1部分：通用要求》（GB/T 20234.1—2015）规定，在与配属的保护装置连接后，供电插头、供电插座、车辆插头和车辆插座的防护等级应分别达到 IP54；供电插头和供电插座、车辆插头和车辆插座插合后，其防护等级应分别达到 IP55。因此电动汽车在充电时需要保证整车的防水密封性，可在车身充电接口盖内设置防潮保护装置，以防止充电接口受潮和弄脏，如图 5-19 所示。

图 5-19　充电接口防潮保护装置

(1) 充电接口的要求

在电动汽车的产业化过程中，充电接口的标准化非常重要。充电接口应该满足以下几方面要求：

①充电接口在正常使用时应性能可靠，对使用者或周围环境没有危害。

②充电接口能够实现较大电流的传输和传导，避免电流过大引起插座发热和故障。

③插头能够与插座充分耦合，接触电阻小，以免接触不良引起火花烧蚀或虚接。

④充电接口能够实现必要的通信功能，方便电动汽车 CAN 通信或者电池管理系统与充电机对接。

⑤具备防误插功能。因为电动汽车使用的充电设备或者电池的型号和性能不同，所以所需要的电源就不一样。同时，因为各插头的性能不同，插头的电极不能插错，这就要求不同的电源插头要有一定的识别功能。

⑥充电接口应具备合理的外形，方便执行插拔作业。

此外，对充电接口还有防触电保护、接地措施、防护等级的要求，具体要求可参考国家标准《电动汽车传导充电用连接装置　第1部分：通用要求》（GB/T 20234.1—2015）。

(2) 充电接口的标准

不同国家和地区对充电接口有各自的标准，目前美、欧、中三大充电接口标准为主流。我国国家标准《电动汽车传导充电用连接装置　第2部分：交流充电接口》（GB/T 20234.2—2015）和《电动汽车传导充电用连接装置　第3部分：直流充电接口》（GB/T 20234.3—2015）分别规定了交流与直流充电接口的标准。交流充电接口采用七针设计，如图 5-20 所示。

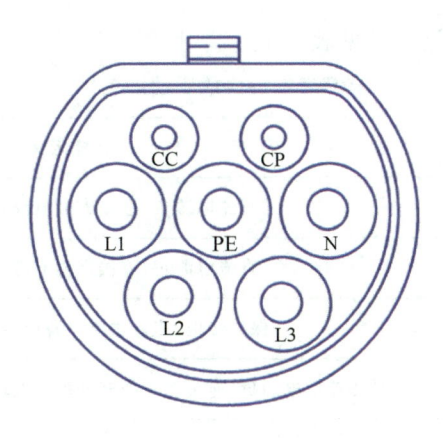

图 5-20 交流充电接口

交流充电接口端子功能定义见表 5-3。

表 5-3　　　　　　　　　交流充电接口端子功能定义

端　子	功能定义
CC	充电连接确认
CP	控制确认
L1	交流电源(三相/单相)
N	中线(三相/单相)
PE	保护接地,连接供电设备地线和车辆电平台
L2	交流电源(三相)
L3	交流电源(三相)

直流充电接口采用九针设计,如图 5-21 所示。

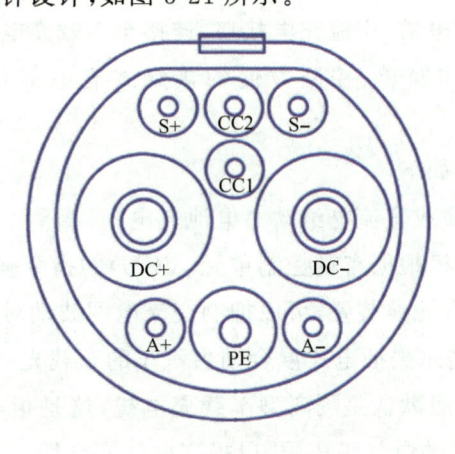

图 5-21 直流充电接口

直流充电接口端子功能定义见表5-4。

表5-4　　　　　　　　　　　直流充电接口端子功能定义

端　子	功能定义
DC−	直流电源负,连接直流电源负与电池负极
DC+	直流电源正,连接直流电源正与电池正极
PE	保护接地,连接供电设备地线和车辆电平台
A−	低压辅助电源负,连接非车载充电机为电动汽车提供的低压辅助电源
A+	低压辅助电源正,连接非车载充电机为电动汽车提供的低压辅助电源
CC1	充电连接确认
CC2	充电连接确认
S+	充电通信 CAN_H,连接非车载充电机与电动汽车的通信线
S−	充电通信 CAN_L,连接非车载充电机与电动汽车的通信线

(3)车辆插座的安装位置

不同车型电动汽车车辆插座的位置略有不同。慢充车辆插座一般设置在车身侧面传统燃油汽车加油口的位置;快充车辆插座一般位于机舱盖前方车标内部。

充电时,按压车辆插座盖、用遥控钥匙或在车内控制使车辆插座盖打开。当车辆插座盖打开时,充电指示灯应常亮;当车辆插座盖关闭时,充电指示灯应熄灭。如果车辆插座盖出现问题,车辆无法正常启动。

3.车载充电机

车载充电机(on board charger,OBC)的使用:将 AC/DC 整流器安装在电动汽车上,电网电压经由地面交流充电桩、交流充电接口,连接至车载充电机,给动力电池进行充电。车载充电机通常使用结构简单、控制方便的接触式充电器(也称为感应充电器),如图5-22所示。

车载充电机主要功能如下:

(1)将外部交流电转换成直流电给动力电池充电。

(2)充电时,车载充电机根据车辆控制单元(VCU)的指令确定充电模式。

(3)车载充电机内部有滤波装置,可以抑制交流电网波动对车载充电机的干扰。

图5-23所示为大众高尔夫插电式混合动力汽车的车载充电机高压线束连接。

现在的车载充电机一般默认是隔离型车载充电机,这是指电网侧与车载侧之间需要设置耐压2 500~3 650 V 的电气隔离层,以提高电气安全性。

图 5-22　车载充电机

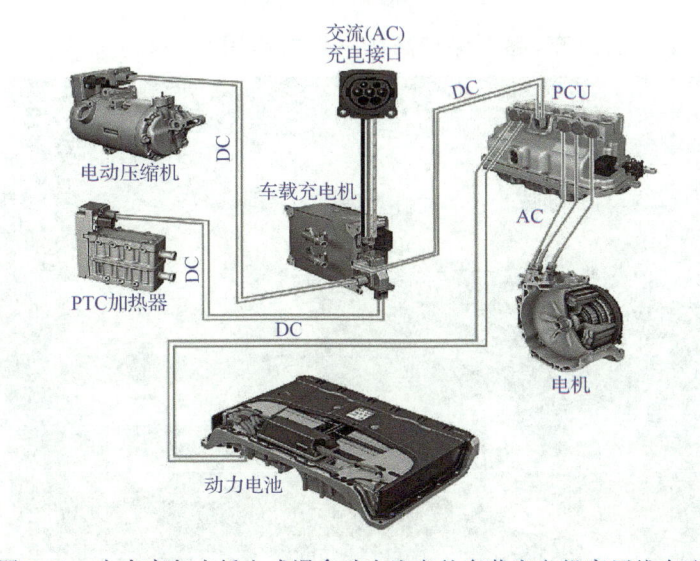

图 5-23　大众高尔夫插电式混合动力汽车的车载充电机高压线束连接

电气隔离的作用主要是减少两个不同电路之间的相互干扰。例如,某个实际电路工作的环境较差,容易造成接地等故障。如果不采用电气隔离,直接与供电电源连接,一旦该电路出现接地现象,整个电网就可能受其影响而不能正常工作。采用电气隔离后,该电路接地时就不会影响整个电网的工作,同时还可通过绝缘监测装置检测该电路对地的绝缘状况,一旦该电路发生接地,可以及时发出警报,提醒管理人员及时维修或处理,避免保护装置跳闸停电的现象发生。

4. 高压配电盒

高压配电盒(power distribution unit,PDU)的作用是通过母线及线束将高压元器件电连接,为电动汽车高压系统提供充放电控制、高压部件上电控制、电路过载保护、高压采样、低压控制等功能,保护和监控高压系统的运行,如图 5-24 所示。

高压配电盒内有 PTC 控制器、PTC 高压熔断器、空调压缩机熔断器、DC/DC 熔断器、车载充电机熔断器和快充继电器等,如图 5-25 所示。熔断器烧断,则无电流输出,快

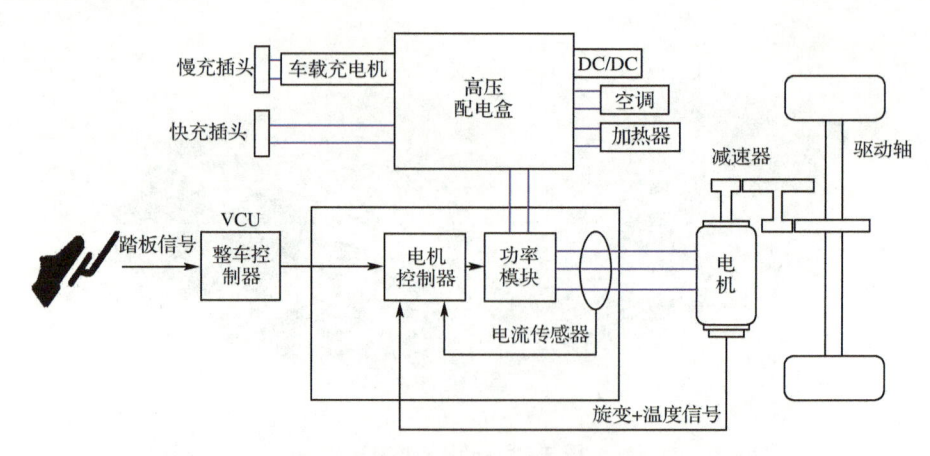

图 5-24 高压配电盒系统

充继电器不闭合,则无法快充,起到保护高压附件的作用。

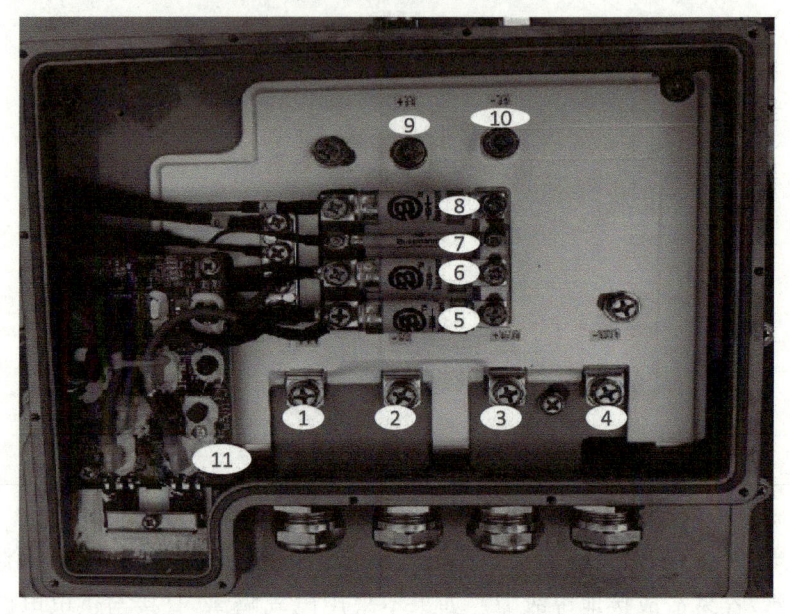

图 5-25 高压配电盒内部结构

1—动力电池高压输入正极;2—动力电池高压输入负极;3—高压输出到电机控制器正极;4—高压输出到电机控制器负极;5—PTC 高压熔断器(32 A);5—空调压缩机熔断器(32 A);5—DC/DC 熔断器(16 A);8—车载充电机熔断器(32 A);9—接快充输入正极;10—接快充输入负极;11—PTC 控制器

5.2.4 电动汽车充电通用要求

国家标准《电动汽车传导充电系统 第1部分:通用要求》(GB/T 18487.1—2015)对电动汽车充电模式、充电连接方式、充电原理等进行了详细阐述。

1. 充电模式

充电模式指连接电动汽车到电网(电源)给电动汽车供电的方法。常见的充电模式见表 5-5。

表 5-5　充电模式

交流充电			直流充电
充电模式 1	充电模式 2	充电模式 3	充电模式 4
将电动汽车连接到交流电网（电源）时，在电源侧使用了符合 GB/T 2099.1—2021 和 GB/T 1002—2021 要求的插头插座，在电源侧使用了相线、中性线和接地保护的导体 注意：不应使用该模式为电动汽车充电	将电动汽车连接到交流电网（电源）时，在电源侧使用了符合 GB/T 2099.1—2021 和 GB/T 1002—2021 要求的插头插座，在电源侧使用了相线、中性线和接地保护的导体，并且在充电连接时使用了缆上控制与保护装置（IC－CPD）	将电动汽车连接到交流电网（电源）时，使用了专用供电设备，将电动汽车与交流电网直接连接，并且在专用供电设备上安装了控制导引装置	将电动汽车连接到交流电网或直流电网时，使用了带控制导引功能的直流供电设备

2. 充电连接方式

充电连接方式指使用电缆和连接器将电动汽车连接到电网（电源）的方法。充电连接方式主要有以下几种：

(1) 连接方式 A

将电动汽车和交流电网连接时，使用和电动汽车永久连接在一起的充电电缆和供电插头，电缆组件是车辆的一部分，如图 5-26 所示。

图 5-26　连接方式 A

(2) 连接方式 B

将电动汽车和交流电网连接时，使用带有车辆插头和供电插头的独立的活动电缆组件，可拆卸电缆组件不是车辆或者充电设备的一部分，如图 5-27 所示。

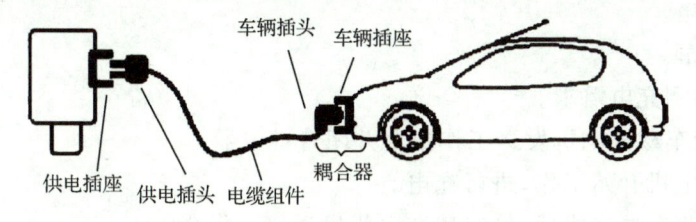

图 5-27　连接方式 B

(3) 连接方式 C

将电动汽车和交流电网连接时，使用了和供电设备永久连接在一起的充电电缆和车辆插头,电缆组件是充电设备的一部分,如图 5-28 所示。

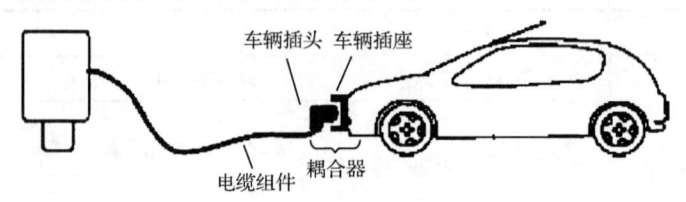

图 5-28　连接方式 C

3. 交流充电工作原理

在充电连接过程中,首先接通保护接地触头,最后接通控制导引触头与充电连接确认触头。在脱开的过程中,首先断开控制导引触头与充电连接确认触头,最后断开保护接地触头。车辆接口的交流充电连接界面如图 5-29 所示。

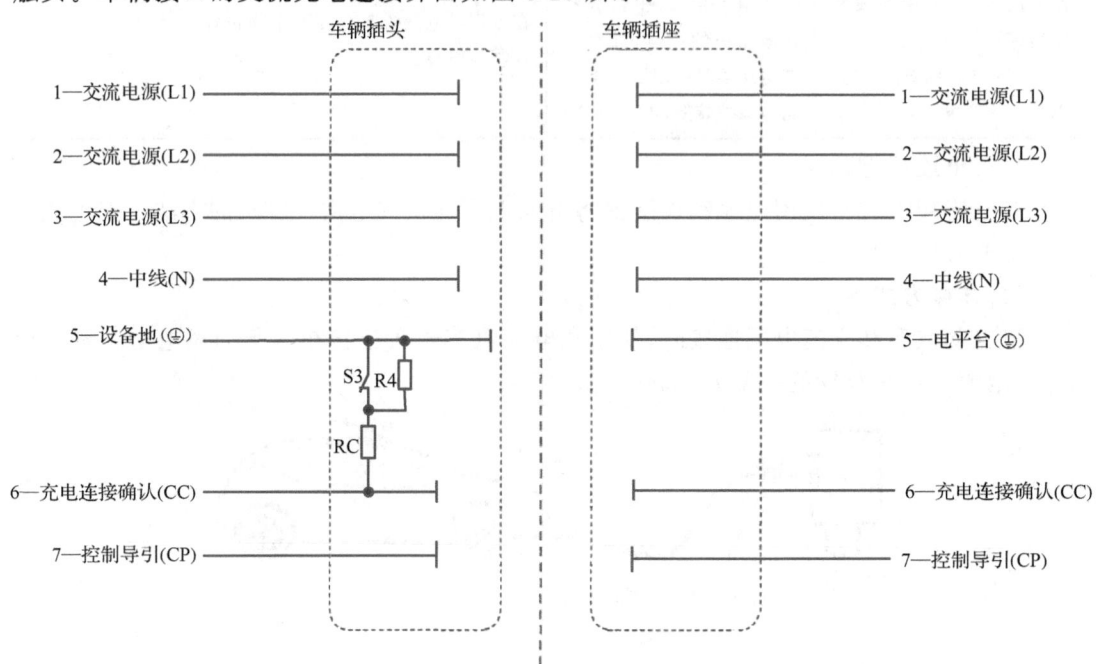

图 5-29　车辆接口的交流充电连接界面

交流充电流程如图 5-30 所示。

(1) 交流供电。

(2) 充电唤醒。

(3) BMS 检测充电需求。

(4) BMS 给车载充电机发送工作指令并闭合继电器。

(5) 车载充电机开始工作,进行充电。

(6) 电池检测充电完成后,给车载充电机发送停止指令。

(7) 车载充电机停止工作。

(8) 电池断开继电器。

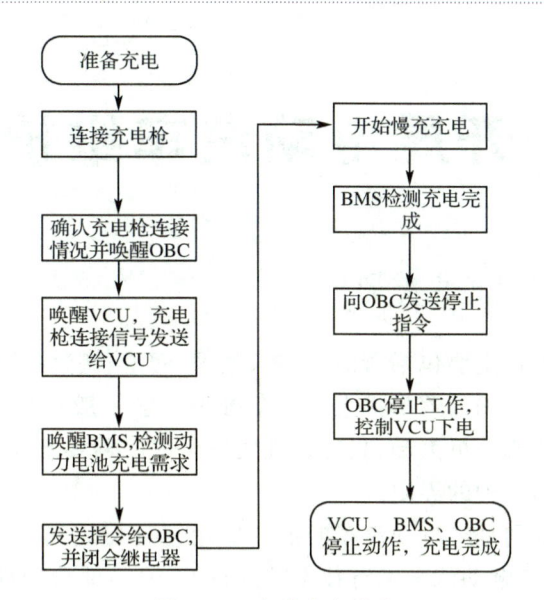

图 5-30 交流充电流程

4. 直流充电工作原理

车辆插头和车辆插座在连接过程中触头耦合的顺序：保护接地，充电连接确认（CC2），直流电源正与直流电源负，低压辅助电源正与低压辅助电源负，充电通信，充电连接确认（CC1）。在脱开的过程中则顺序相反。直流充电连接界面如图 5-31 所示。

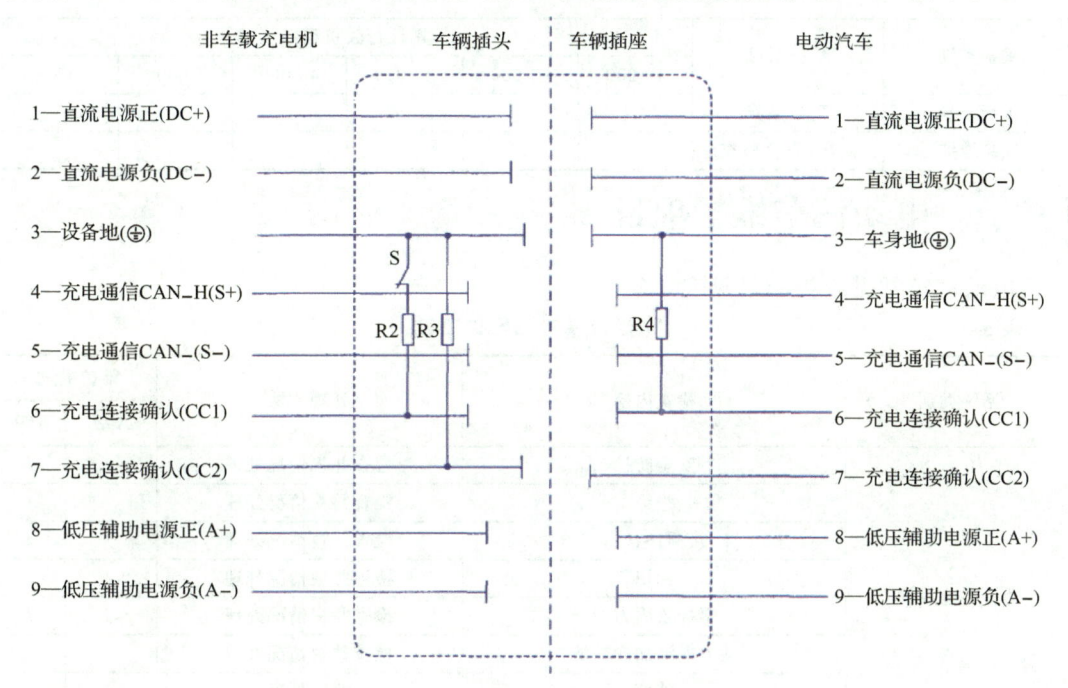

图 5-31 直流充电连接界面

5.3 开展电动汽车维护作业

5.3.1 电动汽车维护类别

汽车维护作业的内容主要包括清洁、检查、紧固、润滑、调整、补给等方面,且维护范围随着行驶里程或时间的增加而逐步扩大。汽车维护作业一般不得对车辆总成进行解体,也不能对汽车各主要总成大拆大卸,只有在确实发生故障需要解体时方可进行解体操作,这也是区别汽车维护和修理的界限。

目前新能源汽车特别是纯电动汽车的推广应用力度持续加大,加强纯电动汽车售后维护的规范管理,确保纯电动汽车运行技术状况良好,是行业管理部门、生产企业、维修企业及社会的普遍诉求。《纯电动汽车维护、检测、诊断技术规范》(JT/T 1344—2020)中规定了纯电动汽车维护的作业要求。纯电动汽车维护分为日常维护、一级维护和二级维护。

以吉利 EV450 为例,电动汽车维护周期是以汽车累计行驶里程为参考的,分为 A 级维护和 B 级维护,见表 5-6。

表 5-6　电动汽车维护周期

维护类别	维护项目	累计行驶里程/km					
		10 000	20 000	30 000	40 000	50 000	……
A 级维护	全车保养	√		√		√	
B 级维护	高压、安全检查		√		√		

5.3.2 电动汽车维护项目

电动汽车常见维护项目见表 5-7。

表 5-7　电动汽车常见维护项目

系统类别	检查内容	处理方法	维护类别	
			A 级	B 级
动力电池系统	安全防护	检查并视情况处理	√	√
	绝缘	检查并视情况处理	√	√
	接插件状态	检查并视情况处理	√	√
	标识	检查并视情况处理	√	
	螺栓紧固力矩	检查并视情况处理	√	√
	动力电池加热功能	检查并视情况处理	√	
	外部	清洁处理	√	√
	数据采集	分析并视情况处理		

(续表)

系统类别	检查内容	处理方法	维护类别	
			A级	B级
电机系统	安全防护	检查并视情况处理	√	√
	绝缘	检查并视情况处理	√	√
	电机及控制器冷却功能	检查并视情况处理	√	√
	外部	清洁处理	√	√
电器电控系统	机舱及各部位低压线束防护及固定	检查并视情况处理	√	√
	机舱及各部位插接件状态	检查并视情况处理	√	√
	机舱及底盘高压线束防护及固定	检查并视情况处理	√	√
	机舱及底盘各高、低压电器固定及插接件连接状态	检查并视情况处理	√	√
	蓄电池	检查电量状态,并视情况处理	√	√
	灯光、信号	检查并视情况处理	√	√
	充电口及高压线	检查并视情况处理	√	√
	高压绝缘监测系统	检测并视情况处理	√	
	故障诊断系统报警监测	检测并视情况处理	√	
制动系统	驻车制动器	检查效能并视情况处理	√	√
	制动装置	泄漏检查	√	√
	制动液	液位检查	√	√
	制动真空泵、控制器	检查(漏气)并视情况处理	√	√
	前、后制动摩擦副	检查并视情况更换	√	
转向系统	转向盘及转向管柱连接紧固状态	检查并视情况处理	√	√
	转向机本体连接紧固状态	检查并视情况处理	√	√
	转向横拉杆间隙及防尘套	检查并视情况处理	√	√
	转向助力功能	路试并视情况处理	√	
车身系统	风窗及洗涤雨刷	检查并视情况更换	√	√
	顶窗	检查并视情况处理	√	√
	座椅及滑道	检查并视情况处理	√	√
	门锁及铰链	检查并视情况处理	√	√
	机舱铰链及锁扣	检查并视情况处理	√	√
	后备门(厢)铰链及锁	检查并视情况处理	√	√
传动及悬挂系统	变速箱(减速箱)	检查减速箱连接、紧固及渗漏	√	√
	传动轴	检查球笼间隙及护罩并视情况处理	√	√
	轮辋	检查、紧固并视情况处理	√	
	轮胎	检查胎压并视情况处理	√	√
	副车架及各悬置连接状态	检查紧固	√	
	前、后减振器	检查渗漏情况、紧固并视情况更换	√	

（续表）

系统类别	检查内容	处理方法	维护类别	
			A 级	B 级
冷却系统	冷却液液位及冰点	测试液位及冰点并视情况添加	√	√
	冷却管路	检查渗漏情况并处理	√	√
	水泵	检查渗漏情况并处理	√	√
	散热水箱	检查并清洁	√	√
空调系统	空调冷、暖风功能	测试并视情况处理	√	
	压缩机及控制器	检查压缩机及控制器安装及线束插接件状态	√	
	空调管路及连接固定	检查管路防护并视情况检漏处理	√	√
	空调系统冷凝水排水口	检查并视情况处理	√	
	空调滤芯	检查并视情况处理	√	√

巩固练习

5-1　电动汽车夏季使用注意事项有哪些？
5-2　电动汽车充电方式有哪些？
5-3　充电系统有哪些组成部分？
5-4　简述冷却系统的维护内容。

模块 6
认识其他类型新能源汽车

知识目标
- 熟悉燃料电池电动汽车的组成和工作原理。
- 了解太阳能汽车的组成和特点。
- 了解各种生物燃料汽车的特点。
- 了解各种气体燃料汽车的特点。

能力目标
- 能够识别燃料电池电动汽车的主要部件。
- 能够讲解天然气汽车使用注意事项。

素质目标
- 培养自主学习能力以及分析问题、解决问题能力。
- 具备团队协作、爱岗敬业的精神,形成良好的职业素养。

6.1 认识燃料电池电动汽车

采用燃料电池作为电源的电动汽车称为燃料电池电动汽车(fuel cell electric vehicle,FCEV),一般以质子交换膜燃料电池(PEMFC)作为车载能量源。

燃料电池电动汽车的核心部件——燃料电池的电能是通过氢气和氧气的化学作用(而不是经过燃烧)直接变成电能的。燃料电池十分复杂,涉及化学热力学、电化学、电催化、材料科学、电力系统和自动控制等学科的有关理论。燃料电池电动汽车的工作原理:作为燃料的氢气在汽车搭载的燃料电池中与空气中的氧气发生氧化还原化学反应,产生电能来带动电机工作,再由电机驱动汽车前进。图 6-1 所示为燃料电池电动汽车的组成和工作原理。燃料电池的化学反应结果会产生极少的二氧化碳和氮氧化物,副产品主要产生水,污染非常小,因此燃料电池电动汽车被称为绿色新型环保汽车。

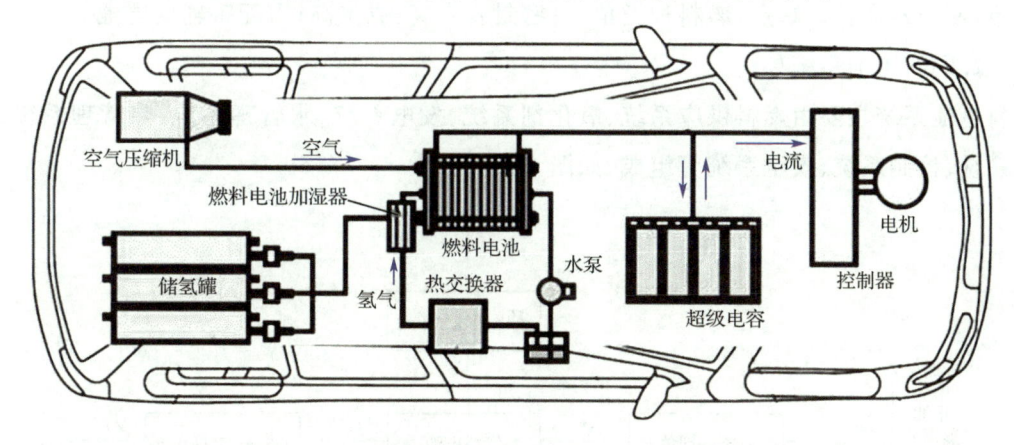

图 6-1 燃料电池电动汽车的组成和工作原理

6.1.1 燃料电池

1. 燃料电池的原理和特点

燃料电池是一种将燃料和氧化剂的化学能直接转换成电能的电化学反应装置。一个单体燃料电池由阳极、阴极、电解质和隔膜构成。它的发电原理与化学电源类似:电极提供电子转移的场所,阳极催化燃料(如氢等),阴极催化氧化剂(如氧等)的还原过程;导电离子在将阴极、阳极分开的电解质内迁移,电子通过外电路做功并构成电的回路,如图 6-2 所示。

燃料电池直接将燃料和氧化剂的化学能转换为电能,不受卡诺热机循环的限制,只要

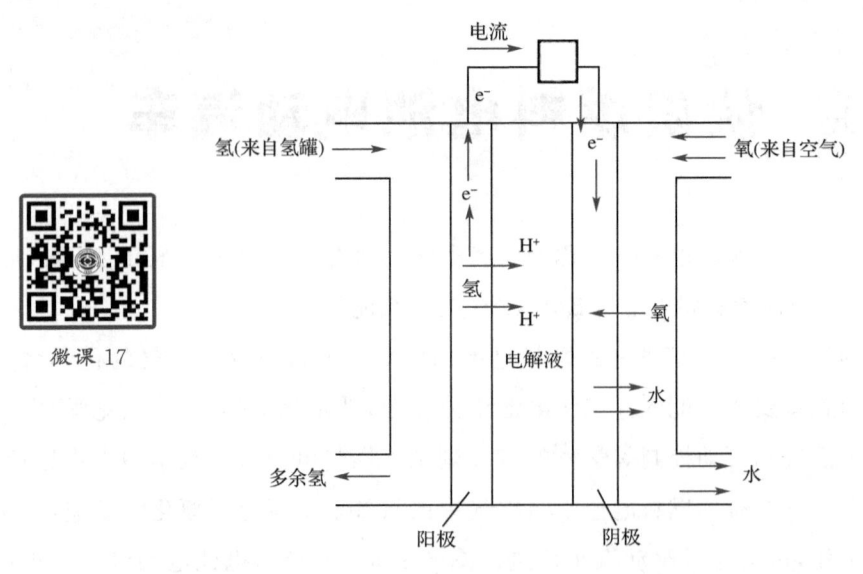

图 6-2 燃料电池的组成与原理

提供燃料即可发电。优点:转换效率高;节能、绿色、环保;运行平稳,无振动和噪声;结构简单;使用寿命长。缺点:燃料种类单一;密封要求高;成本高;需配备辅助电池。

2. 燃料电池系统

燃料电池系统主要由燃料供应系统、氧化剂系统、发电系统、水管理系统、热管理系统、电力系统、控制系统、安全系统等组成,如图 6-3 所示。

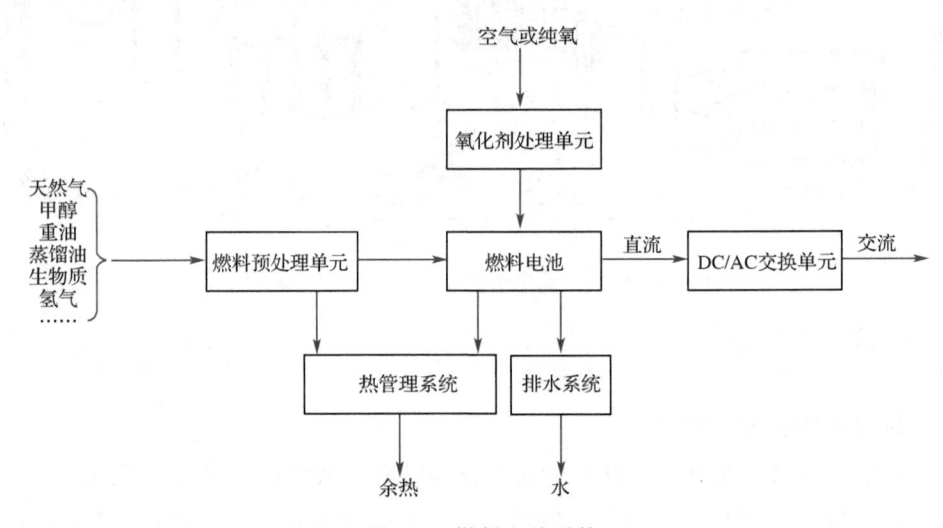

图 6-3 燃料电池系统

(1)燃料供应系统

燃料供应系统的主要任务是给燃料电池提供燃料。

(2) 氧化剂系统

氧化剂系统主要是给燃料电池提供氧气。可以从空气中获取氧气或从氧气罐中获取氧气。从空气中获取时，需要用压缩机来增大压力，以加快燃料电池反应的速度。在燃料电池系统中，对配套压缩机的性能有特定的要求，压缩机质量和体积会影响燃料电池系统的质量、体积和成本，压缩机所消耗的功率则会影响燃料电池的效率。氧化剂系统中的各种阀、压力表、流量表等的接头要采取防泄漏措施。在氧化剂系统中还要对空气进行加湿处理，保证空气有一定的湿度。

(3) 发电系统

发电系统是指燃料电池本身，它将燃料和氧化剂中的化学能直接变成电能，而不需要经过燃烧的过程，它是一个电化学装置。

(4) 水管理系统

由于质子交换膜燃料电池中质子是以水合离子状态进行传导的，所以燃料电池需要有水。水量会影响电解质膜的质子传导特性，从而影响电池的性能。由于在电池的阴极生成水，所以需要及时、不断地将这些水带走，否则会将电极"淹死"，也造成燃料电池失效。水的管理在燃料电池中至关重要。

(5) 热管理系统

大功率燃料电池发电时，由于电池内阻的存在，不可避免地会产生热量，通常产生的热与其发电量相当。而燃料电池的工作温度是有一定限制的，如对质子交换膜燃料电池而言，应控制在 80 ℃，因此需要及时将电池生成的热量带走，否则会发生过热，烧坏电解质膜。水和空气是常用的传热介质。

(6) 电力系统

电力系统用于将燃料电池发出的直流电变为适合用户使用的电。燃料电池产生的是直流电，需要经过 DC/DC 转换器进行调压，在采用交流电机的驱动系统中，还需要用逆变器将直流电变换为三相交流电。

(7) 控制系统

燃料电池控制系统的作用主要是启/停燃料电池系统，对维持电池系统稳定运行的各操作参数的控制，对电池运行状态进行监测、判断等。

(8) 安全系统

氢是燃料电池的主要燃料，氢的安全十分重要，其安全系统由氢气探测器、数据处理系统及灭火设备等构成。

3. 燃料电池的类型

燃料电池的类型如图 6-4 所示。

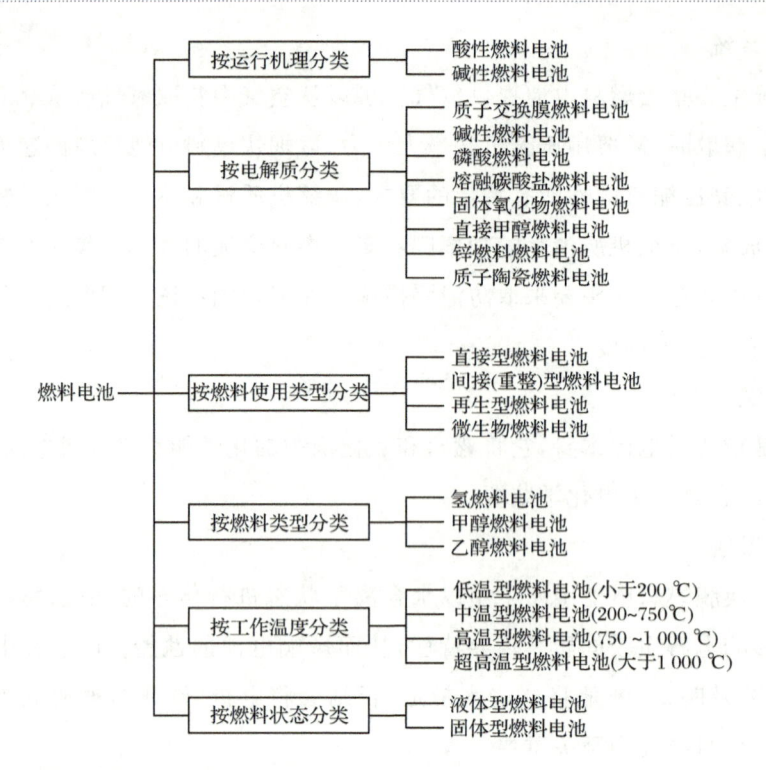

```
                    ┌─ 按运行机理分类 ──┬─ 酸性燃料电池
                    │                  └─ 碱性燃料电池
                    │
                    │                  ┌─ 质子交换膜燃料电池
                    │                  ├─ 碱性燃料电池
                    │                  ├─ 磷酸燃料电池
                    ├─ 按电解质分类 ───┼─ 熔融碳酸盐燃料电池
                    │                  ├─ 固体氧化物燃料电池
                    │                  ├─ 直接甲醇燃料电池
                    │                  ├─ 锌燃料电池
                    │                  └─ 质子陶瓷燃料电池
                    │
燃料电池 ───────────┤                  ┌─ 直接型燃料电池
                    ├─ 按燃料使用类型分类┼─ 间接(重整)型燃料电池
                    │                  ├─ 再生型燃料电池
                    │                  └─ 微生物燃料电池
                    │
                    │                  ┌─ 氢燃料电池
                    ├─ 按燃料类型分类 ─┼─ 甲醇燃料电池
                    │                  └─ 乙醇燃料电池
                    │
                    │                  ┌─ 低温型燃料电池(小于200 ℃)
                    ├─ 按工作温度分类 ─┼─ 中温型燃料电池(200~750 ℃)
                    │                  ├─ 高温型燃料电池(750~1 000 ℃)
                    │                  └─ 超高温型燃料电池(大于1 000 ℃)
                    │
                    └─ 按燃料状态分类 ─┬─ 液体型燃料电池
                                       └─ 固体型燃料电池
```

图 6-4 燃料电池的类型

下面介绍一些常用的燃料电池。

(1)碱性燃料电池

①碱性燃料电池的组成

碱性燃料电池(alkaline fuel cell,AFC)由阳极、阴极、电解质、燃料、氧化剂等组成,如图 6-5 所示。

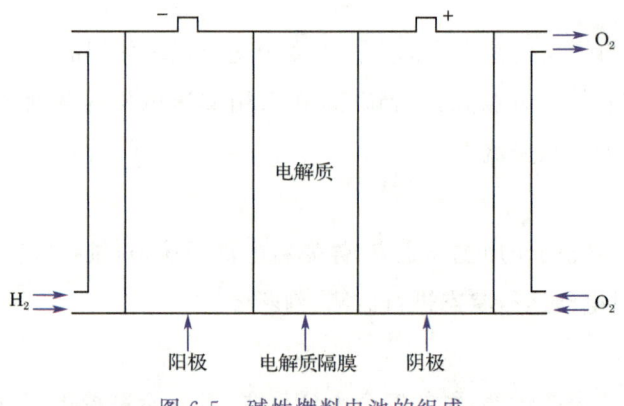

图 6-5 碱性燃料电池的组成

• 阳极:以 Pt-Pd/C、Pt/C、Ni 或硼化镍等具有良好催化氢电化学氧化的电催化剂制备的多孔气体电极。

• 阴极:具有良好催化活性的 Pt/C、Ag、Ag-Au、Ni 等为电催化剂制备的多孔气体扩散电极。

- 电解质：强碱（如氢氧化钾、氢氧化钠）。
- 燃料：氢气。
- 氧化剂：空气或纯氧。

② 碱性燃料电池的工作原理

碱性燃料电池的工作原理如图 6-6 所示。

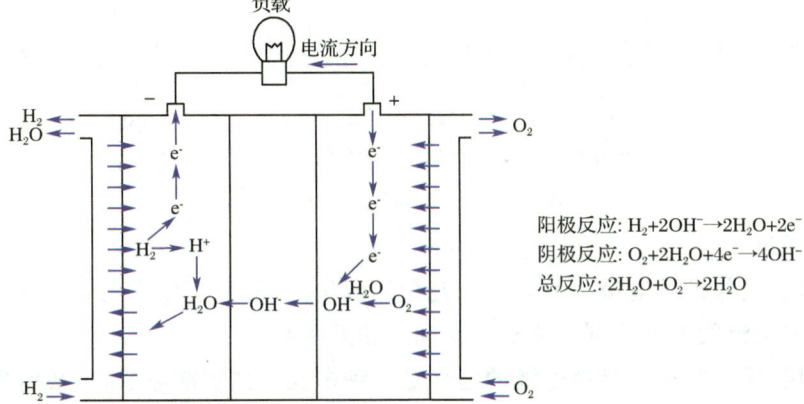

阳极反应：$H_2+2OH^-\rightarrow 2H_2O+2e^-$
阴极反应：$O_2+2H_2O+4e^-\rightarrow 4OH^-$
总反应：$2H_2O+O_2\rightarrow 2H_2O$

图 6-6　碱性燃料电池的工作原理

③ 碱性燃料电池的特点

碱性燃料电池与其他类型燃料电池相比，具有以下特点：

- 具有较高的效率（50%～55%）。
- 工作温度约为 80 ℃，启动很快，但其电力密度却只能达到质子交换膜燃料电池电力密度的十几分之一。
- 性能可靠，可用非贵金属作为催化剂。
- 是燃料电池中生产成本最低的一种电池。
- 发展快应用前景广。
- 使用具有腐蚀性的液态电解质，具有一定的危险性，容易造成环境污染。此外，为解决 CO_2 毒化所采用的一些方法，如使用循环电解液、吸收 CO_2 等增加了系统的复杂性。

(2) 质子交换膜燃料电池

① 质子交换膜燃料电池的组成

质子交换膜燃料电池（proton exchange membrane fuel cell，PEMFC）由膜电极（阳极、阴极）、质子交换膜、催化层、扩散层、集流板（又称双极板）等组成，如图 6-7 所示。

- 膜电极（MEA）：膜电极是通过热压将阴极、阳极与质子交换膜复合在一起形成的。为了使电化学反应顺利进行，多孔气体扩散电极必须具备质子、电子、反应气体和水的连续通道。
- 质子交换膜：质子交换膜可作为隔膜、电解质，只允许 H^+ 穿过，其他离子、气体及

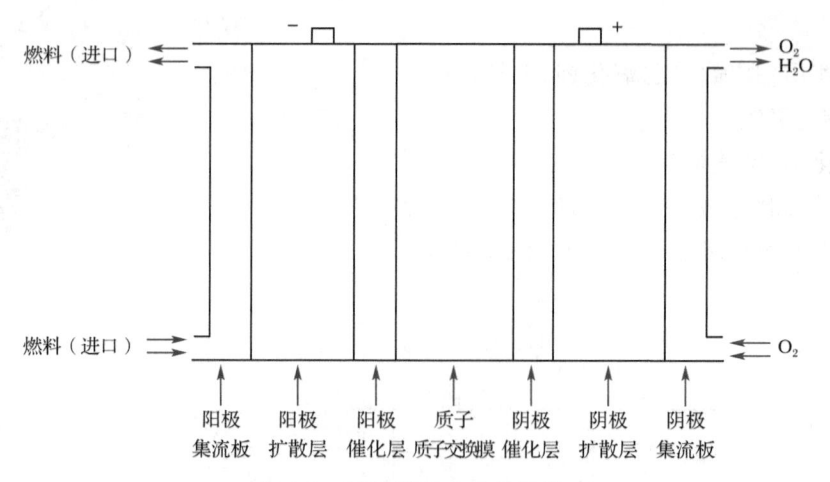

```
                          燃料（进口）  ←      -            +           →  O₂
                                                                          H₂O




                          燃料（进口）  →                               ←  O₂

                                  阳极 阳极 阳极 质子 阴极 阴极 阴极
                                  集流板 扩散层 催化层 质子交换膜 催化层 扩散层 集流板
```

图 6-7　碱性燃料电池的结构

液体均不能通过。

- 催化层：气体扩散电极上都含有一定量的催化剂，是为了加快电化学反应速度。质子交换膜燃料电池的电催化剂主要有铂系和非铂系两类。
- 扩散层：质子交换膜燃料电池的电极是一种多孔气体扩散电极，一般由扩散层和催化层构成。扩散层是由导电材料制成的多孔合成物，起着支撑催化层，收集电子，并为电化学反应提供电子通道、气体通道和排水通道的作用。
- 集流板：集流板（图 6-8）又称双极板，其作用是分隔反应气体，收集电流，将各个单电池串联起来，通过流场为反应气体进入电极及水的排出提供通道。

图 6-8　集流板实物

② 质子交换膜燃料电池的工作原理

质子交换膜燃料电池的工作原理如图 6-9 所示。

- 阳极：导入的氢气通过阳极集流板经由阳极扩散层到达阳极催化层，在阳极催化剂的作用下，氢分子分解为 H^+ 和 e^-。
- 外部电路：氢离子穿过质子交换膜到达阴极催化层，而电子则由集流板收集，通过外电路到达阴极，电子在外电路形成电流，通过适当连接可向负载输出电能。
- 阴极：在电池阴极一侧，氧气通过阴极集流板经由阴极扩散层到达阴极催化层。在阴极催化剂的作用下，氧与透过质子交换膜的氢离子及来自外电路的 e^- 发生反应生成

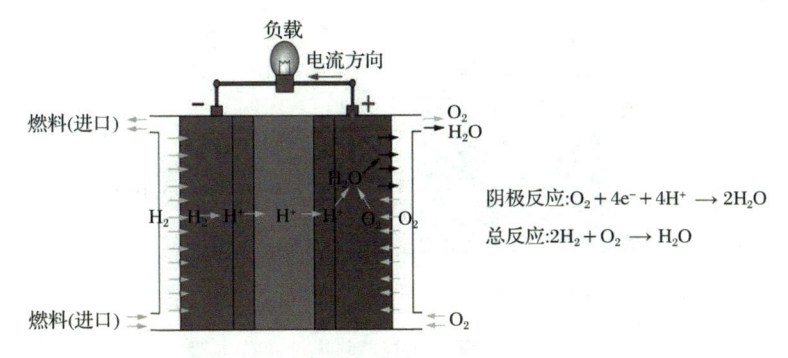

图 6-9　质子交换膜燃料电池的工作原理

阴极反应：$O_2 + 4e^- + 4H^+ \rightarrow 2H_2O$

总反应：$2H_2 + O_2 \rightarrow H_2O$

水，完成阴极反应。反应生成的水大部分由尾气排出，一小部分在压力差的作用下通过质子交换膜向阳极扩散。

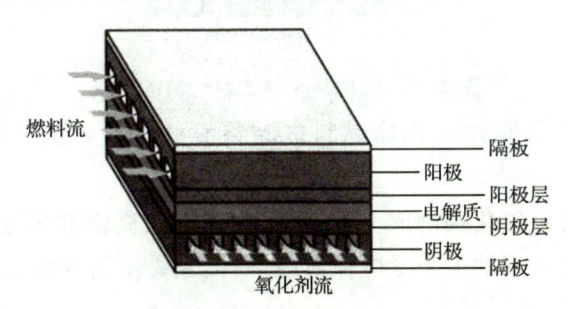

(3) 熔融碳酸盐燃料电池

①熔融碳酸盐燃料电池的组成

熔融碳酸盐燃料电池 (molten carbonate fuel cells, MCFC) 是由多孔陶瓷阴极、多孔陶瓷电解质隔膜、多孔金属阳极、金属极板等构成。

单体的熔融碳酸盐燃料电池一般是平板型的，由电极、电解质（熔融态碳酸盐）、燃料流通道、氧化剂流通道和上、下隔板等组成，如图 6-10 所示。

图 6-10　熔融碳酸盐燃料电池的组成

②熔融碳酸盐燃料电池的工作原理

熔融碳酸盐燃料电池的工作原理如图 6-11 所示，其工作过程实质上是燃料的氧化和氧化剂的还原过程。燃料和氧化剂流经阳极和阴极通道，氧化剂中的 O_2 和 CO_2 在阴极与电子进行氧化反应产生 CO_3^{2-}，电解质中的 CO_3^{2-} 从阴极移动到阳极，燃料中的 H_2 与 CO_3^{2-} 在阳极发生反应，生成了 CO_2、H_2O 和 e^-。e^- 被集流板收集起来，然后到达隔板。隔板位于燃料电池单元的上部和下部，并与负载设备相连，从而构成包括电子传输和离子移动的完整回路。

(4) 固体氧化物燃料电池

固体氧化物燃料电池 (solid oxide fuel cell, SOFC) 是一种在中高温下直接将储存在燃料和氧化剂中的化学能高效、环境友好地转化成电能的全固态化学发电装置。它属于第三代燃料电池，是在未来会与质子交换膜燃料电池一样得到广泛应用的一种燃料电池。

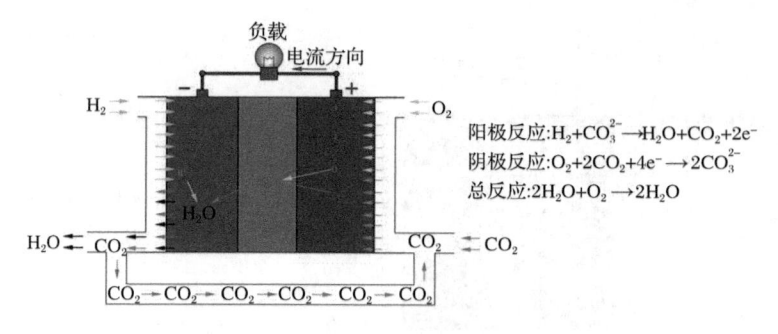

图 6-11　熔融碳酸盐燃料电池工作原理

阳极反应：$H_2+CO_3^{2-}\rightarrow H_2O+CO_2+2e^-$
阴极反应：$O_2+2CO_2+4e^-\rightarrow 2CO_3^{2-}$
总反应：$2H_2O+O_2\rightarrow 2H_2O$

① 固体氧化物燃料电池的组成

固体氧化物燃料电池主要由电解质、电极、连接体或双极板等组成，如图6-12所示。

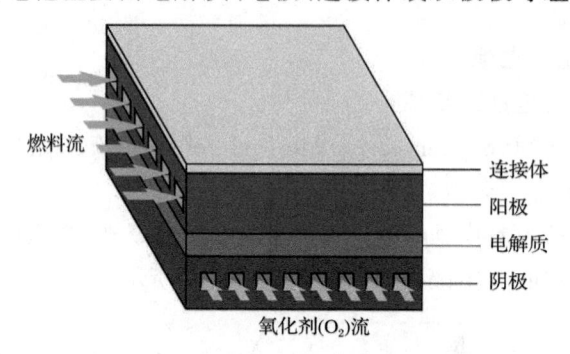

图 6-12　固体氧化物燃料电池的组成

- 电解质：电解质是固体氧化物燃料电池核心的部件，它的主要功能在于传导氧离子。
- 电极：电极主要由催化剂制成。其中，阴极长期在高温和氧化中工作，起传递电子和扩散氧作用，应是多孔洞的电子导电性薄膜；阳极主要使用价格较低的Ni/YSZ陶瓷合金材料。
- 连接体：连接体在单体电池间起连接作用，并将阳极侧的燃料气体与阴极侧的氧化气体（氧气或空气）隔离开来。

② 固体氧化物燃料电池的工作原理

固体氧化物燃料电池工作时，电子由阳极经外电路流向阴极，氧离子经电解质由阴极流向阳极，如图6-13所示。在阴极发生氧化剂（氧或空气）的电还原反应，即氧分子得到电子被还原为氧离子。氧离子在电解质隔膜两侧电位差和氧浓度差驱动力的作用下，通过电解质隔膜中的氧空位，定向跃迁到阳极侧。在阳极发生燃料（氢或富氢气体）的电氧化反应，即燃料（如氢）与经电解质传递过来的氧离子进行氧化反应生成水，同时向外电路释放电子，电子通过外电路到达阴极形成直流电。

③ 固体氧化物燃料电池的特点

固体氧化物燃料电池与其他类型燃料电池相比，具有以下特点：

- 具有较大的电流密度和功率密度。

图 6-13 固体氧化物燃料电池工作原理

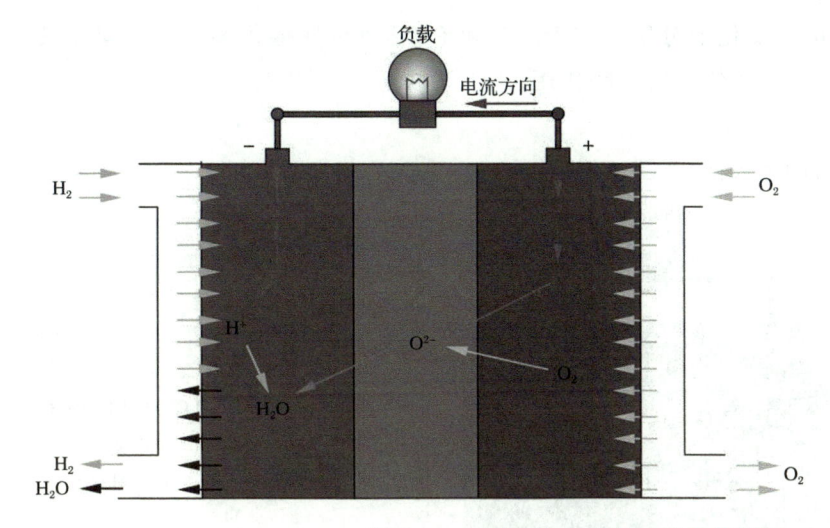

阳极反应:$H_2+O^{2-} \rightarrow H_2O+2e^-$
阴极反应:$O_2+4e^- \rightarrow 2O^{2-}$
总反应:$2H_2+O_2 \rightarrow 2H_2O$

- 阳极、阴极极化可忽略,极化损失集中在电解质内阻降。
- 对燃料的适应性强,能在多种燃料包括碳基燃料的情况下运行。
- 可直接使用氢气、烃类(甲烷)、甲醇等作为燃料,而不必使用贵金属作为催化剂。
- 使用全固态组件,避免了中、低温燃料电池的酸碱电解质或熔盐电解质的腐蚀、漏液等问题。
- 组合性和规模性强,安装地点灵活等。
- 陶瓷电解质要求中、高温运行(600~1 000 ℃),加快了电池的反应进行,还可以实现多种碳氢燃料气体的内部还原,简化了设备。
- 能提供高质余热,实现热电联产,燃料利用率高,是一种清洁高效的能源系统。

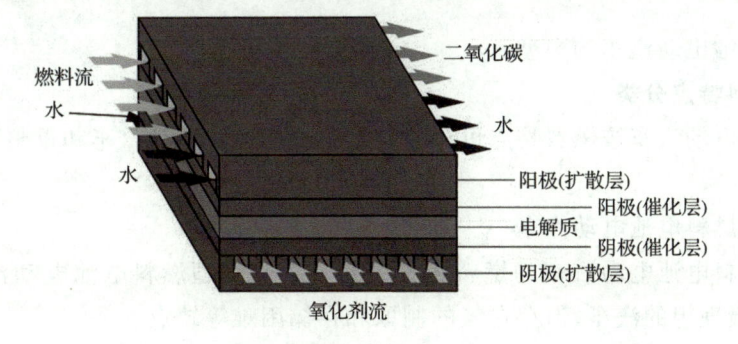

(5)直接甲醇燃料电池

直接甲醇燃料电池(direct methanol fuel cell,DMFC)是一种将燃料(甲醇)和氧化剂(氧气或空气)的化学能直接转化为电能的发电装置。

①直接甲醇燃料电池的组成

直接甲醇燃料电池主要由阳极、阴极、电解质、燃料流通道、氧化剂流通道等组成。其中,阳极和阴极分别由多孔结构的扩散层和催化层组成,如图 6-14 所示。

图 6-14 直接甲醇燃料电池的组成

常用的阳极和阴极电极催化剂分别为 PtRu/C 和 Pt/C 贵金属催化剂。扩散层在其中起到支撑催化层、收集电子及传导反应物作用。

② 直接甲醇燃料电池的工作原理

直接甲醇燃料电池的工作原理如图 6-15 所示。

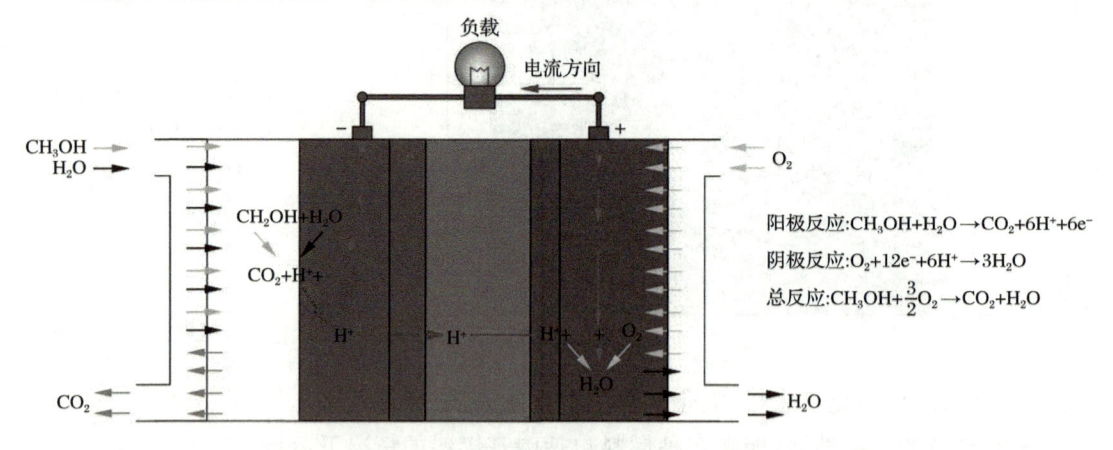

图 6-15 直接甲醇燃料电池的工作原理

阳极反应：$CH_3OH+H_2O \rightarrow CO_2+6H^++6e^-$
阴极反应：$O_2+12e^-+6H^+ \rightarrow 3H_2O$
总反应：$CH_3OH+\frac{3}{2}O_2 \rightarrow CO_2+H_2O$

以甲醇为燃料，将甲醇和水混合物送至直接甲醇燃料电池的阳极，甲醇直接发生电催化氧化反应生成 CO_2，并释放出电子和质子。阴极氧气发生电催化氧化还原反应，与阳极产生的质子反应生成水。电子从阳极经外电路转移至阴极形成直流电，工作温度为 25～135 ℃。

③ 直接甲醇燃料电池的特点

直接甲醇燃料电池具有如下优点：

- 甲醇来源丰富，价格低廉，储存携带方便。
- 与质子交换膜燃料电池相比，结构更简单，操作更方便。
- 与质子交换膜燃料电池相比，能量密度更大。

直接甲醇燃料电池的缺点是当甲醇低温转换为氢和二氧化碳时，要比质子交换膜燃料电池需要更多的铂金催化剂。

6.1.2 燃料电池电动汽车

1. 燃料电池电动汽车的类型

(1) 按燃料特点分类

燃料电池电动汽车按燃料特点可分为直接型燃料电池电动汽车和重整型燃料电池电动汽车两种。

① 直接型燃料电池电动汽车

直接型燃料电池电动汽车的燃料主要是氢气。直接型燃料电池电动汽车排放无污染，被认为是最理想的汽车，但存在氢的制取和存储困难等缺点。

② 重整型燃料电池电动汽车

重整型燃料电池电动汽车的燃料主要有汽油、天然气、甲醇、甲烷、液化石油气等。重整型燃料电池电动汽车的结构比直接型燃料电池电动汽车复杂得多。

(2) 按燃料氢的存储方式分类

燃料电池电动汽车按燃料氢的存储方式可分为压缩氢燃料电池电动汽车、液氢燃料电池电动汽车和合金（碳纳米管）吸附氢燃料电池电动汽车三种。

(3) 按供电配置分类

燃料电池电动汽车按供电配置可分为纯燃料电池驱动（PFC）式电动汽车、燃料电池与辅助蓄电池联合驱动（FC+B）式电动汽车、燃料电池与超级电容联合驱动（FC+C）式电动汽车、燃料电池与辅助蓄电池和超级电容联合驱动（FC+B+C）式电动汽车四种。

① 纯燃料电池驱动式电动汽车

纯燃料电池驱动式电动汽车只有燃料电池一个动力源，汽车的所有功率负荷都由燃料电池承担。纯燃料电池驱动式电动汽车的动力系统结构如图 6-16 所示。

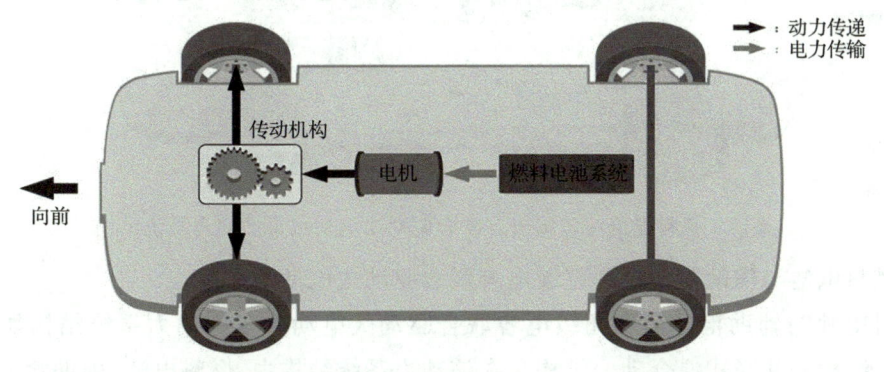

图 6-16 纯燃料电池驱动式电动汽车的动力系统结构

② 燃料电池与辅助蓄电池联合驱动式电动汽车

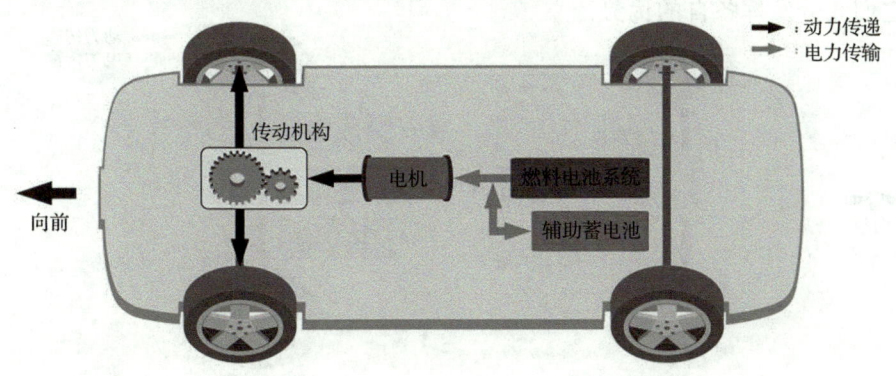

燃料电池与辅助蓄电池联合驱动式电动汽车的动力系统结构如图 6-17 所示。该结构是典型的串联式混合动力结构。在该动力系统结构中，燃料电池和辅助蓄电池一起为电机提供能量，电机将电能转化成机械能传给传动机构，从而驱动汽车行驶。在汽车制动时，电机变成发电机，辅助蓄电池将储存回馈的能量。

图 6-17 燃料电池与辅助蓄电池联合驱动式电动汽车的动力系统结构

在燃料电池和辅助蓄电池电池联合供能时,燃料电池的能量输出变化较为平缓,随时间变化波动较小,而能量需求变化的高频部分由辅助蓄电池分担。

③燃料电池与超级电容联合驱动式电动汽车

燃料电池与超级电容联合驱动式电动汽车的动力系统结构和燃料电池与蓄电池联合驱动式电动汽车相似,只是把辅助蓄电池换成超级电容,如图 6-18 所示。相对于辅助蓄电池,超级电容充/放电效率高,能量损失小,功率密度大,回收制动能量方面比辅助蓄电池有优势,循环寿命长,但是超级电容的能量密度较小,随着超级电容技术的不断发展,这种结构将成为一种新的重要研究方向。

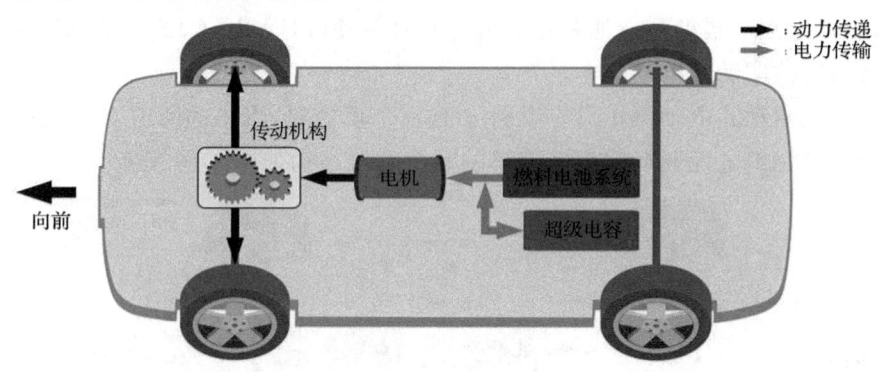

图 6-18 燃料电池与超级电容联合驱动式电动汽车的动力系统结构

④燃料电池与辅助蓄电池和超级电容联合驱动式电动汽车

燃料电池与辅助蓄电池和超级电容联合驱动式电动汽车的动力系统结构如图 6-19 所示。该结构是并联式混合动力结构。在该动力系统结构中,燃料电池、辅助蓄电池和超级电容一起为电机提供电能,电机将电能转化成机械能经传动系统传给传动机构,从而驱动汽车行驶。在汽车制动时,进入能量回收模式,电机变成发电机,发电产生的电能回馈储存到辅助蓄电池和超级电容中。在燃料电池、辅助蓄电池和超级电容联合供电时,燃料电池的电能输出较为平缓,随时间变化波动较小,而电能需求变化的低频部分由辅助蓄电池承担,能量需求变化的高频部分由超级电容承担。在这种结构中,各动力源的分工更加明细,使它们充分发挥各自的优势。

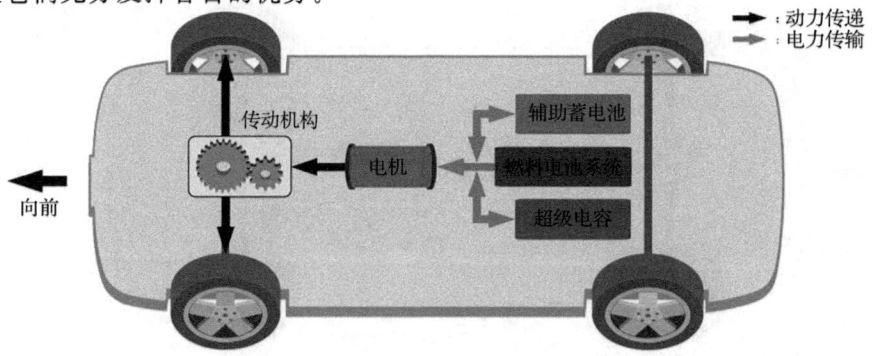

图 6-19 燃料电池与辅助蓄电池和超级电容联合驱动式电动汽车的动力系统结构

2. 燃料电池电动汽车的基本结构

现在的燃料电池电动汽车绝大多数采用的是混合式燃料电池驱动系统,即将燃料电池与辅助动力源相结合,燃料电池可以只满足持续功率需求,借助辅助动力源提供加速、爬坡等工况所需的峰值功率,而且在制动时可以将回馈的能量储存在辅助动力源中。混合式燃料电池驱动系统有串联式和并联式两种,如图6-20所示。

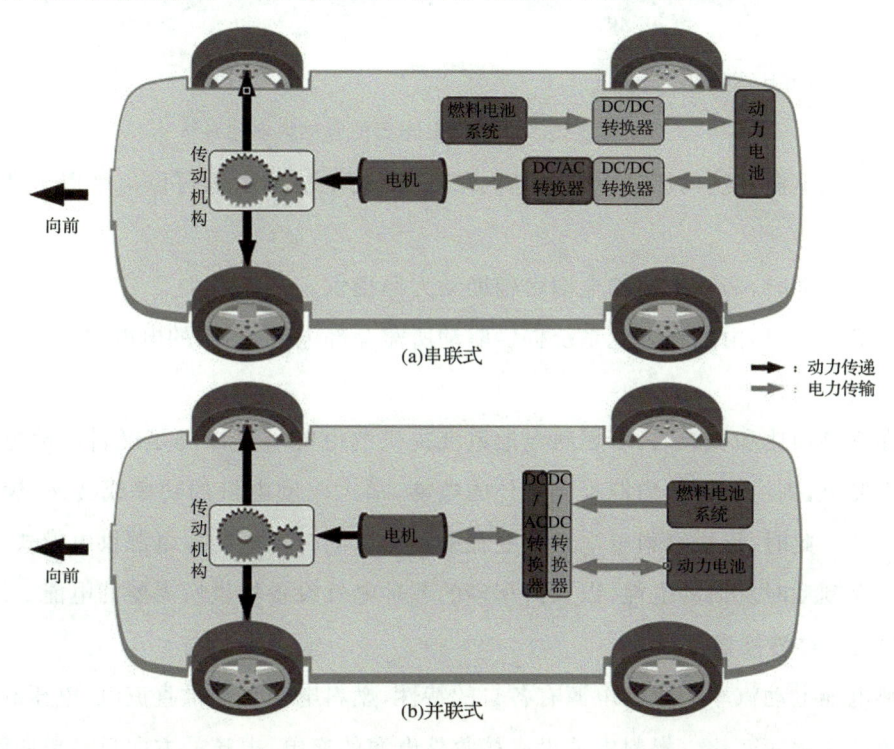

图 6-20 混合式燃料电池电动汽车驱动系统结构框图

混合式燃料电池电动汽车的动力系统主要由燃料电池系统、辅助动力源、DC/DC 转换器、DC/AC 逆变器、电机和动力电控系统等组成。

(1)燃料电池系统

燃料电池电动汽车中的燃料电池系统主要由燃料电池、氢气供给系统、氧气供给系统、气体加湿系统、反应生成物的处理系统、冷却系统和电能转换系统等组成。如图 6-21 所示为奥迪 A7 Sportback 车型的氢燃料电池系统,只有这些辅助系统匹配恰当和运转正常,才能保证燃料电池系统正常运转,保证电能的输出。

(2)辅助动力源

在燃料电池电动汽车上燃料电池发动机是主要电源,另外还配备有辅助动力源。根据燃料电池电动汽车的设计方案不同,其所采用的辅助动力源也有所不同,可以用蓄电池组、飞轮储能器或超大容量电容器等组成双电源系统。

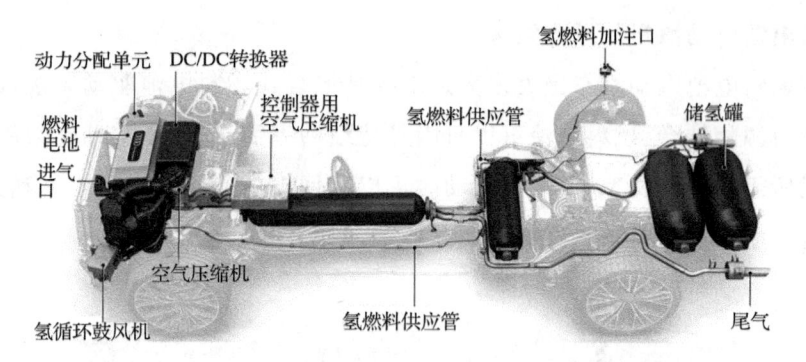

图 6-21 奥迪 A7 Sportback 车型的氢燃料电池系统

在具有双电源系统的燃料电池电动汽车上,驱动电机的电源可以出现以下几种驱动模式:

① 车辆启动时,驱动电机的电源由辅助动力源提供。

② 车辆行驶时,由燃料电池系统提供驱动所需全部电能,多余的电能储存到辅助动力源中。

③ 在车辆加速和爬坡时,若燃料电池系统提供的电能不足以满足燃料电池电动汽车驱动功率要求,则由辅助动力源提供额外的电能,增大驱动电机的功率或转速,满足车辆的动力要求。此时,形成燃料电池系统与辅助动力源同时供电的双电源供电模式。

④ 储存制动时反馈的电能,以及向车辆的各种电气设备提供所需要的电能。

(3) DC/DC 转换器

燃料电池电动汽车采用的电源有各自的特性,燃料电池仅提供直流电,电压和电流随输出电流的变化而变化。燃料电池没有接收外电源的充电,电流的方向只是单向流动。

燃料电池电动汽车中的 DC/DC 转换器的主要实现以下三个功能:

① 调节燃料电池的输出电压。

② 调节整车能量分配。

③ 稳定整车直流母线电压。

(4) 电机

燃料电池电动汽车驱动用的电机主要有永磁电机和开关磁阻电机等。电机的选型必须结合整车开发目标,综合考虑电机的特性。

3. 燃料电池电动汽车实例

(1) 丰田 Mirai

丰田 Mirai 是一款氢燃料电池电动汽车,于 2014 年 12 月 15 日在日本上市,其结构如图 6-22 所示。

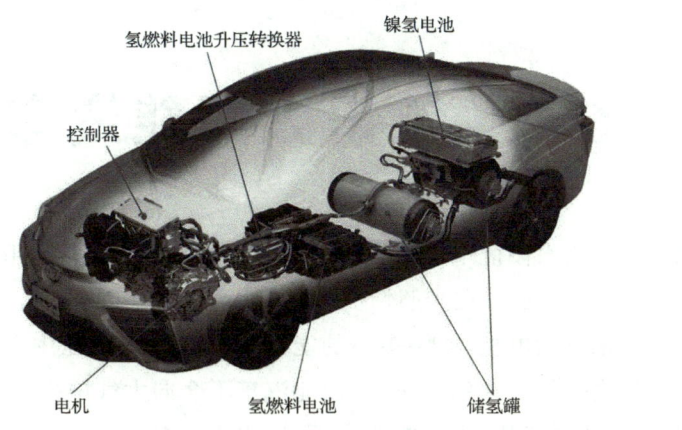

图 6-22 丰田 Mirai 氢燃料电池电动汽车的结构

(2)本田 Clarity

在 2015 年东京国际车展上,本田正式发布了旗下氢燃料电池车型 FCV 的量产版车型,并公布了其名字——Clarity,如图 6-23 所示。该款车采用氢燃料电池动力系统,最大续航里程可达 700 km,在燃料耗尽后 3 min 即可充满燃料。

图 6-23 本田 Clarity 氢燃料电池电动汽车

2017 款本田 Clarity 上用了一套燃料电池电力控制单元(fuel cell voltage control unit,FCVCU),如图 6-24 所示。根据官方发布的信息,FCVCU 使用了新的四相位驱动(four-phase drive)技术,基于四相位的碳化硅集成模块(SiC-IPM),但是将其错开 90°,将消除电流转换产生的电流波动时引起的波纹电流最小化,减小了原本为了缓和纹波电流所需要的电容量,也就可以使用更小的电容。

图 6-24 本田 Clarity FCVCU

6.2　认识太阳能汽车

太阳能汽车是利用太阳能电池将太阳能直接转化为电能,再利用电机驱动汽车的一种新型汽车,如图 6-25 所示。在光照情况下,通过光伏发电技术产生电流,可以直接或者协同动力电池供电来驱动电机,或将多余的能量储存在动力电池中以便在阳光不足环境下利用。相比传统内燃机驱动的汽车,太阳能汽车不会向大气中排放废气,真正做到了零排放。另外,与石油燃料相比,太阳能取之不尽,用之不竭。

图 6-25　太阳能汽车

6.2.1　太阳能在汽车上的应用

到目前为止,太阳能在汽车上的应用主要有两个方面:一是作为驱动力;二是用作汽车辅助设备的能源。

1. 太阳能作为驱动力

太阳能作为驱动力,一般采用太阳能电池吸收太阳能,再转化为电能驱动汽车运行。按照应用太阳能的程度又可分为如下两种形式:

(1) 太阳能作为第一驱动力驱动汽车

完全用太阳能作为驱动力代替传统燃油,是几代汽车工作者的梦想。1982 年,澳大利亚人汉斯和帕金用玻璃纤维和铝制成了一部"静静的完成者"太阳能汽车。车顶部装有能吸收太阳能的装置,给两个电池充电,电池再给发动机提供电力。两人驾驶着这辆车,从澳大利亚西海岸的珀思出发,横穿澳大利亚大陆,到达东海岸的悉尼,实现了一次伟大的创举。这种太阳能汽车与传统的汽车不论在外观还是运行原理上都有很大的不同,太阳能汽车已经没有发动机、底盘、驱动、变速箱等构件,而是由太阳能电池板、储电器和电机等组成。利用贴在车体外表的太阳电池板,将太阳能直接转换成电能,再通过电能的消耗,驱动车辆行驶,车的行驶快慢只要控制输入电机的电流就可以解决。目前此类太阳能汽车的车速最高能达到 100 km/h 以上,而无太阳光最大续航能力也在 100 km 左右。

还有一种概念上的太阳能汽车,这种汽车在车体上没有安装光伏电池板,而只是配置蓄电池,电能全部来自专门的太阳能发电装置。其优点是外观与现有车辆类似,没有"另类"的感觉;缺点是要经常到太阳能电站充电,当然续行能力也受到限制。

(2) 太阳能和其他能量混合驱动汽车

太阳能辐射强度较弱,光伏电池板造价昂贵,加之蓄电池容量和天气的限制,使得完全靠太阳能驱动的汽车的实用性受到极大的限制,不利于推广。因此就出现了一种采用太阳能和其他能量混合驱动的汽车。

这种汽车外观与传统汽车相似,只是在车表面加装了部分太阳能吸收装置,如车顶电池板,用于给蓄电池充电或直接作为动力源。这种汽车既有汽油发动机,又有电机,汽油发动机驱动前轮,蓄电池给电机供电驱动后轮。电机用于低速行驶。当车速达到某一速度以后,汽油发动机启动,电机脱离驱动轴,汽车便像普通汽车一样行驶。

由于采用了混合驱动形式,带来了诸多好处。一方面,因为有汽油发动机驱动,所以蓄电池不会过放电,蓄电池的容量只要满足一天使用即可,与全用蓄电池的车相比,其容量可减小一半,也减轻了车重;另一方面,城市中大多数车辆都处在低速行驶状态下,采用电机驱动可减少污染。

2. 太阳能作为汽车辅助设备的能源

传统汽车功率一般为几十千瓦,而太阳每平方米辐射功率小于 1 kW,且目前的光电转换率小于 30%,因此全部用太阳能驱动传统的汽车,需要几十平方米的太阳光接收面积,显然难以达到。但在传统汽车上可以用太阳能作为辅助动力,以减少常规燃料的消耗。而且现代汽车的电气化程度日益提高,各辅助设备的耗电量也因此急剧增加,太阳能发电可作为补充。这方面的应用主要有以下几种形式:

(1) 太阳能用作汽车蓄电池的辅助充电能源

在汽车上加装太阳能电池后,可在汽车停止使用时,继续为电池充电,从而避免电池过度放电,节约能源。

日本应庆大学设计了一款名为 Luciole(萤火虫)的概念车,其车顶贴有近 1 m² 的高转换效率光伏板,用于给 12 V 蓄电池充电,当 12 V 蓄电池充满后,12 V 蓄电池又会给主动力电池充电。主动力电池满电情况下,这辆概念车能行驶 800 km。

(2) 用于驱动风扇和汽车空调等系统

汽车在阳光下停泊,车内空气不流通,车体成为收集太阳能的温室,造成车内温度升高,大量的有害物质被释放,从而使车内空气品质变糟。若加装太阳能装置,如加装太阳能风扇等,则可以为车辆在停泊期间无能耗提供新风并降温,保证车辆再次上路时有良好的空气品质。

汽车天窗的玻璃下方设置有太阳能电池,太阳能电池与设置的控制单元输入端相连接,输入端连接车辆空调系统的温度传感器,同时输入端还与蓄电池和点火器相连接。玻璃下方的太阳能电池吸收太阳能,经汽车天窗控制单元可对蓄电池进行充电,保证蓄电池的电能充足,同时延长蓄电池的使用寿命。而太阳能天窗带给消费者的最直接好处是,在夏天高温天气里,汽车在烈日下停车熄火,完全没有能源供给时,能自动调节车内温度。利用内置在天窗内部的太阳能集电板依靠阳光所产生的电力,经过控制系统来驱动鼓风机,将车厢外的冷空气导入车内,驱除车内热气,达到降温的目的。同时可以改善车内的空气状况,冬天也可以减少车内前挡风玻璃的结霜。根据资料显示,与没有通风降温的车型相比,安装了太阳能天窗的汽车驾驶室内的温度最高可降低 20 ℃。利用太阳能供电,节能降温,十分有效地减轻了汽车内由热所产生的"孤岛"效应。

目前国内销售的车型当中,奔驰 E 级、奥迪 A8、A6L、A4,途锐等部分车型都配备了太阳能天窗。

6.2.2 太阳能汽车的特点

(1)能量来自太阳,有太阳的地方就有太阳能,物美价廉,取之不尽用之不竭。
(2)零排放,零污染。
(3)与传统燃油汽车相比,结构简单。
(4)高度依赖太阳,续航里程短。
(5)太阳能转化装置的造价高。

6.2.3 太阳能汽车的结构

太阳能汽车主要由太阳能电池、控制器、动力电池、电机、驱动系统及一些机械装置等组成,具体结构如图 6-26 所示。

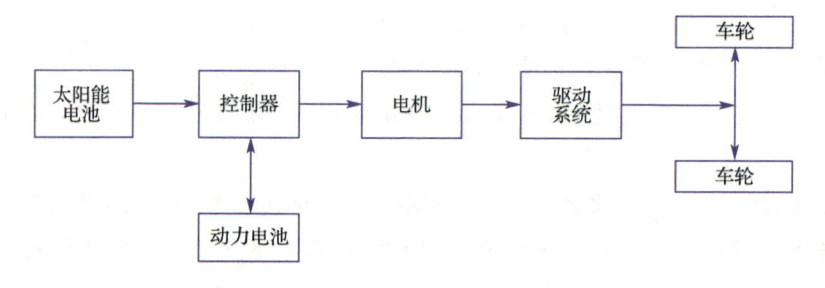

图 6-26 太阳能汽车的结构

1. 太阳能电池

太阳能电池将太阳光变成电能,是太阳能汽车的能量源泉。太阳能电池通常由一定数量的单体电池串联或并联组成电池方阵,是太阳能汽车的核心组件,如图 6-27 所示。

太阳能电池依据所用半导体材料不同,通常分为硅太阳能电池、硫化镉太阳能电池、砷化镓太阳能电池等,其中最常用的是硅太阳能电池。通常,硅太阳能电池能把 10%～15%的太阳能转变成电能。它既使用方便,经久耐用,又很干净,不污染环境,是比较理想

图 6-27 太阳能电池

的一种电源。只是其光电转换率小了一些。近年来,美国已研制成光电转换率达 35% 的高性能太阳能电池。澳大利亚用激光技术制成的太阳能电池,其光电转换率达 24.2%,而且成本与柴油发电相当。这些都为太阳能电池在汽车上的应用开辟了广阔的前景。

2. 控制器

控制器主要实现对太阳能电池进行管理和对电机进行控制,其作用与纯电动汽车控制系统基本相同。

3. 动力电池

太阳能汽车使用的动力电池类型和纯电动汽车基本相同。

4. 电机

太阳能汽车可以使用交流异步电机、永磁同步电机等类型的电机进行驱动。

5. 驱动系统

太阳能汽车的驱动系统与纯电动汽车基本相同。

6.2.4 太阳能汽车实例

1996 年,清华大学研制了"追日"号太阳能汽车。该车质量为 800 kg,最高车速达 80 km/h。它采用的电池板是我国第五代产品,太阳能转化率为 14%。

2001 年,"思源"号太阳能汽车在上海交通大学诞生。该车不需要任何助动燃料,只要在阳光下晒 3~4 h,便能轻松行驶 10 km。之后,中山大学太阳能系统研究所也推出了一款太阳能汽车,可以搭乘 6 名乘客,但是速度最高只有 48 km/h,持续行驶时间仅 1 h。

2003 年,在澳大利亚太阳能汽车比赛中,由荷兰学生制造的"Nuna Ⅱ"太阳能汽车取得了冠军。这辆汽车安装了欧洲太空局发明的太阳能电池,它创造了太阳能汽车最高速度 170 km/h 的纪录。

2006 年,我国首辆太阳能乘用车在南京亮相,这辆可以直接切换电能的太阳能汽车的行驶速度高达 88 km/h。如果加上电能,这辆车晚上能行驶 220 km,白天可行驶 290 km。

2008 年,在中国国际电动车及零配件展览会上,我国首辆头顶太阳能板的太阳能汽车闪亮登场。该车由浙江 001 集团与浙江大学历时 4 年研发,太阳能接收率为 95% 左右,太阳能转化率为 14%~17%,充电时间为 10 h,续航里程为 150 km。

6.3 认识生物燃料汽车

6.3.1 生物柴油汽车

生物柴油是指以油料作物、野生油料植物、工程微藻等水生植物的油脂以及动物油脂、餐饮废油等为原料,通过酯交换工艺制成的有机脂肪酸酯类燃料。生物柴油的主要成分为脂肪酸甲酯(fatty acid methyl ester,FAME)。生物柴油汽车指全部或部分使用生物柴油作为燃料的汽车。

生物柴油可以以 100% 浓度用于柴油发动机。目前应用中主要将生物柴油与矿物油调和使用。行业上生物柴油的规模应用普遍为 B5(5% 的生物柴油+95% 的石化柴油)~B20(20% 的生物柴油+80% 的石化柴油)。

1. 生物柴油汽车的优点

(1) 环保性优异。生物柴油燃烧产生的硫化物排放量低;不含芳香族烷烃;氧含量高,一氧化碳的排放与普通柴油相比减少约 90%,无毒。

(2) 安全性高。目前世界各地生产的生物柴油闪点均高于 130 ℃,具备极好的热稳定性和抗爆性,在运输、储存和使用方面安全性很高。

(3) 低温启动性优异。无添加剂冷滤点达 −20 ℃,可确保在低温环境下正常启动。

(4) 可燃性和润滑性好。生物柴油的十六烷值一般不小于石化柴油,燃烧性能优于石化柴油。润滑性很好,可以降低喷油泵、发动机缸体和连杆的磨损率,延长发动机使用寿命。

2. 生物柴油汽车的缺点

(1) 燃烧效果差。生物柴油的黏度约为 2 号石化柴油的 12 倍,影响喷射时程,导致喷射效果不佳。生物柴油的低挥发性易造成燃烧不完全,影响汽车燃烧效率。

(2) 制取成本较高。需消耗大量耕地资源,与石化柴油相比,加工制取的工艺较复杂。

(3) 氧化安定性差。给实际使用和储存都造成了很大的困难。

3. 发展生物柴油汽车的意义

(1) 保障石油安全,解决能源危机。

(2) 生态环境友好,符合低碳理念。

(3) 原料来源广泛,社会效益好。

(4) 优化能源产业结构,促进农业发展。

4. 生物柴油汽车的发展现状

美国是最早研究生物柴油的国家。1983 年,美国科学家首先将菜籽油甲酯用于发动机,并把来自动物或植物可再生的脂肪酸单酯定义为生物柴油。

1990 年,美国能源署和环保署要求联邦政府部门所属车辆部分使用生物柴油代替石化柴油。2005 年,美国海军要求其符合条件的车船均使用 B20 生物柴油混合燃料,许多地方政府相继效仿。如今美国大部分政府车辆、公共汽车和校车使用 B20 生物柴油混合燃料。

欧洲是全球最大的生物柴油生产地区。目前,欧洲生物柴油份额已占成品油市场的 5% 以上。

德国是全球最大的生物柴油生产国,其生产和消费的生物柴油占世界总生产量的三分之一。德国科伦公司是世界上生物柴油生产领域的先驱者。

在欧洲,各大汽车制造商如奥迪、大众、奔驰、菲亚特等均允许在其各款柴油汽车中使用满足欧盟标准的生物柴油,并保证同样给予用户相应车辆的机械保证和保养。

我国生物柴油技术发展较晚,系统研究始于中国科学院的"八五"重点科研项目"燃料油植物的研究与应用技术"。2007 年颁布的国家标准《柴油机燃料调合用生物柴油 (BD100)》(现被《B5 柴油》(GB 25199—2017) 代替) 使生物柴油作为替代能源有了正式身份,但该标准只是一种化学品的产品标准,缺乏应用指导。

6.3.2 甲醇燃料汽车

甲醇燃料汽车是指利用甲醇作为能源驱动的汽车。甲醇是主要由煤经过气化加氢而生成的液体,其性能与汽油接近,也可以用于点燃式发动机。

1. 燃料甲醇在汽车中的使用方式

甲醇作为燃料在汽车上的应用主要有掺烧和纯甲醇替代两种。掺烧是指将甲醇以不同的比例(如 M10、M15、M30)掺入汽油中,作为发动机的燃料,一般称为甲醇汽油;纯甲醇替代是指将高比例甲醇(如 M85)直接用作汽车燃料。(Mx 表示在汽油里添加 $x\%$ 的甲醇。)

汽车使用燃料甲醇按在混合燃料中的比例可分如下几种:

(1) 低比例(如 M5)甲醇汽油,可和汽油一样使用,发动机不做任何改动。

(2) 中比例(如 M15)甲醇汽油,可和汽油一样使用,发动机不做任何改动,但调配时必须添加助溶剂。

(3) 高比例(如 M85)甲醇汽油和 M100 燃料甲醇,需对发动机加装甲醇/汽油双燃料控制器(甲醇转换器),其功率排放和热效都优于原汽油发动机,续航里程可达 400 km。

2. 甲醇燃料汽车的优势

甲醇燃料汽车较常规动力汽车具有如下优势:

(1) 动力性能

低比例甲醇燃料汽车,通过调整燃料供给量,可以保证汽车动力性不下降;对于高比例或纯甲醇燃料汽车,由于发动机压缩比的提高(需要针对甲醇燃料的发动机),动力性优于同类发动机。甲醇燃料汽车的动力不比汽油汽车差。昂贵、速度快、科技含量高的 F1 赛车即采用甲醇燃料动力。

(2) 排放性能

低比例甲醇燃料汽车可以改善排放。高比例或纯甲醇燃料汽车的尾气常规排放大幅改善;非常规排放中甲醛较多,并有未燃烧尽的甲醇,但是由于甲醇是含氧燃料,通过改善燃烧性和后处理装置,可以减少甲醛和未燃烧甲醇的排放。

(3) 经济性能

① 甲醇汽车的运行费用

92 号汽油的价格为每升 7 元左右,而 M85 甲醇汽油的价格为每升 3 元左右,M100 燃料甲醇的价格为每升 2.2 元左右,则 M85 甲醇汽油与汽油的替代比为 1.4∶1,M100 甲醇与汽油的替代比为 1.8∶1。以一辆使用 M85 甲醇汽油的出租车为例,此车一天跑 300 km 左右,若百千米耗油 8 L,以 92 号汽油为标准,此车一天要加 168 元左右的汽油。而改用 M85 甲醇汽油,若百千米燃烧甲醇汽油 11.2 L 左右,则一天只需要 100 元左右,相当于每天节省了 68 元,每个月节省约 2 000 元,每年可节省燃料费两万多元。

② 甲醇汽车的安装费用

汽车使用低比例甲醇汽油不需要改动发动机和相关供油系统,而使用高比例(M85)甲醇汽油或 M100 燃料甲醇,发动机要安装一套甲醇转换器,价格也只需要几百元。如果有条件加注 M85 甲醇汽油,则还能解决冷启动、油路磨损、橡胶腐蚀等问题。如果不具备条件,为了解决冬天冷启动问题,也可以加装冷启动系统,总成本也不会超过 1 000 元,与天然气、石油液化气相比改装费用低。

3. 甲醇燃料汽车存在的技术问题和解决办法

(1) 燃油泵和燃油管路的腐蚀问题

针对甲醇在通电的状态下会对有色金属起电解反应和对橡胶件有溶胀、腐蚀作用,应根据实际情况更换耐甲醇腐蚀的燃油泵、燃油滤芯和油管。

(2) 发动机温度过低不好启动问题

甲醇燃料汽车在天冷时存在冷启动困难的问题,较为成熟的解决方式如下:

① 加装副油箱冷启动的双置单喷系统,利用加注在副油箱中的汽油启动汽车,等车预热后再转烧甲醇,副油箱和原车油箱共用一套喷射系统。但由于油管中存有甲醇,所以需要多次打火,直到甲醇消耗完后,副油箱中的汽油才可以供应到发动机,所以这种方式不

能很好地解决冷启动问题,但能起到应急作用,避免燃油泵出现故障而半路抛锚的尴尬。此系统分为手动和自动两种。手动的安装相对简单,费用低,操作稍有不便;而自动的安装相对复杂,费用高,但使用相对方便。

②加装简易的冷启动装置,原理是通过往进气道喷射汽油,以加大混合气中汽油的含量,从而达到冷启动的目的。这种方式比较灵活,有一体式的和分体式的,有往节气门前的进气软管喷汽油的和往节气门后的主进气道喷汽油的。此方式设备体积小,安装简单,费用低廉,但功能单一,在低于-10 ℃时,冷启动效果不是很好。

③有条件的地区,可以推广符合国家标准的 M85 甲醇汽油。不论是冷启动问题,还是油路磨损、油泵易坏、橡胶件腐蚀问题,都可以得到很好的解决或缓解。但其技术难度较大,对调配生产企业的规模有要求。

4. 甲醇燃料汽车的发展现状

世界上已有几十个国家在不同程度上应用着甲醇燃料汽车,有的国家已实现较大规模的推广,甲醇燃料汽车的地位日益提升。甲醇的资源丰富,属于生物质能源。我国是一个煤炭比石油多的国家,适度发展甲醇燃料汽车是缓解能源问题的一个出路。但是甲醇同样属于一次能源,它的使用同样会带来环境污染。

我国甲醇燃料汽车的研发和应用始于 20 世纪 80 年代,不少地区的政府部门及企业积极参与,取得了大量的技术成果和宝贵经验,形成了一定的规模。近年来,甲醇作为车用替代燃料逐步发展,《车用甲醇汽油(M85)》(GB/T 23799—2021)和《车用燃料甲醇》(GB/T 23510—2009)两项国家标准颁布实施,甲醇燃料汽车开发、试验等活动取得了积极成果,特别是在柴油机上实现了技术突破,为甲醇燃料代替柴油提供了可能。但多年来,由于社会上对甲醇燃料汽车的甲醛排放、安全性等问题存有争议,总体上进展不大。

6.3.3 乙醇燃料汽车

乙醇燃料汽车是专门设计或改造的、使用乙醇作为燃料的汽车。乙醇燃料已成为国际上普遍公认的可减少环境污染和取代石化燃料的主要资源。

1. 乙醇汽油的使用

乙醇与普通汽油的性能接近,适用于点火式发动机。但与汽油相比,乙醇的热值小,辛烷值大,含氧。由于乙醇热值小,一般来说,乙醇燃料汽车行驶同样的里程需要更多的燃料。但是,由于辛烷值大,如果采用专门设计的高压缩比发动机,燃烧的热效率就会有所提高,则可以适当补偿热值小的缺陷。由于含氧,燃烧的时候就可以比汽油少消耗一点氧气,导致发动机燃料与空气相混配的比例与使用汽油不同。由此可见,要充分发挥乙醇的性能,需要设计专门的发动机。

汽车一般不会使用纯乙醇作为燃料,因为纯乙醇在气化时需要更多的热量(气化潜热大),这样,汽车在冷天时的启动性能不好,故通常在汽油中加入一定量的乙醇作为燃料使用,称为乙醇汽油。一般最高使用 E85 乙醇汽油,即含 85%乙醇和 15%的汽油的混合燃料。目前较多使用的是 E22 乙醇汽油。小比例的乙醇汽油可继续使用原汽油发动机,大比例的乙醇汽油则需要使用专门设计的发动机。

车用乙醇汽油（国外称汽油醇）是在汽油中加入一定比例（如10%）的变性乙醇，可使汽油的辛烷值增大3%，氧含量增大3.5%，大大改善了汽油的使用性能，燃烧将更彻底，是一种节能环保型燃料。

2. 乙醇汽油的特点

(1) 增加了汽油中的氧含量，使燃烧更充分，有效地减少了尾气中有害物质的排放。

(2) 可有效提高汽油的标号，使发动机运行平稳。

(3) 有效消除了火花塞、气门、活塞顶部及排气管、消声器部位积炭的形成，可以延长主要部件的使用寿命。

3. 灵活燃料汽车

乙醇燃料汽车一般只能使用专门的乙醇燃料，燃料成分一旦发生变化，汽车就不能很好地工作。这给用户带来了许多不便，用户需要一种能使用多种比例乙醇的乙醇燃料汽车，所以就出现了灵活燃料汽车。这种汽车装有自动识别燃料成分的传感器，然后通过发动机电控系统自动调节燃料混配系统，调制出适合发动机燃烧的混合气，同时也控制点火系统等一些相关系统做出相应的调整，使发动机最大限度地工作在最佳的状况，并发挥燃料的性能。这种汽车一般可以使用从100%汽油到100%乙醇的各种配比的乙醇汽油。

4. 乙醇燃料汽车的发展现状

巴西是全球最早发展乙醇燃料汽车的国家。根据巴西法律规定，巴西所有加油站出售的汽油也必须添加25%的乙醇燃料。因此，巴西公路上跑的基本上都是乙醇汽油汽车。经过几十年的努力，巴西已成为世界上唯一不供应纯汽油汽车燃料的国家，也是世界上发展替代能源、采用乙醇为汽车燃料成功的国家之一。

美国也已广泛使用乙醇汽油多年，各方面收到了巨大效益。

21世纪前，我国开展乙醇燃料研究及应用工作的机构并不多。但近年来，越来越多的人开始关注能源短缺与环境压力，乙醇汽油的应用也越来越多。我国为了解决能源、农业、环境问题，正积极推行乙醇汽油政策。

6.4　认识气体燃料汽车

6.4.1　天然气汽车

天然气汽车（图6-28）是以油改天然气为燃料的一种气体燃料汽车。天然气甲烷含量一般在90%以上，是一种很好的汽车发动机燃料。车用压缩天然气的压力一般为20MPa左右，可由天然气经过脱水、脱硫净化处理后，经多级加压制得，其使用时的状态为气体。

图 6-28 天然气(CNG)汽车

1. 天然气汽车的特点

(1) 燃烧稳定,不会产生爆燃,并且冷、热启动方便。

(2) 压缩天然气的储运、减压、燃烧都在严格的密封状态下进行,不易发生泄漏。另外,储气瓶经过各种特殊的破坏性试验,安全可靠。

(3) 压缩天然气燃烧安全,积炭少,减少了气阻和爆燃,有利于延长发动机各部件的使用寿命,减少维修保养次数,从而可大幅度降低维修保养成本。

(4) 可减少发动机的机油消耗量。

(5) 使用压缩天然气与使用汽油相比,可大幅度减小一氧化碳、二氧化硫、二氧化碳等的排放,并且没有苯、铅等致癌和有毒物质危害人体健康。

2. 天然气汽车的结构

天然气汽车采用定型汽车改装,如图 6-29 所示,在保留原车供油系统的情况下,增加了一套车用压缩天然气转换装置。

图 6-29 天然气汽车的结构

改装部分由以下三个系统组成：

(1) 天然气系统

天然气系统主要由充气阀、高压截止阀、天然气钢瓶（图 6-30）、高压管线、高压插头、压力表、压力传感器和气量显示器等组成。

图 6-30　天然气钢瓶

天然气钢瓶的瓶口处安装有易熔塞和爆破片两种安全装置。当气瓶温度超过 100 ℃ 或压力超过 26 MPa 时，安全装置会自动破裂卸压，减压阀上设有安全阀。天然气钢气瓶及高压管线安装时，均有防振胶垫，卡箍牢固。因此，该系统在使用中是安全可靠的。

(2) 燃气供给系统

燃气供给系统主要由燃气高压电磁阀、三级组合式减压阀和混合器等组成。

天然气经三级减压后，通过混合器与空气混合后进入气缸。压缩天然气由额定进气气压减为负压，其真空度为 49～69 kPa。减压阀与混合器配合可满足发动机不同工况下对混合气体浓度的要求。减压阀总成设有怠速阀，用以供给发动机怠速用气。压缩机减压过程中要膨胀做功对外吸热，因此，在减压阀上还设有利用发动机循环水的加温装置。

(3) 油气燃料转换系统

油气燃料转换系统主要由油气转换开关（图 6-31）、点火时间转换器、油气电磁阀等组成。

图 6-31　油气转换开关

为提高操作性能，驾驶室内设置有油气转换开关来控制油气电磁阀及点火时间转换器。点火时间转换器通过电路系统自动转换两种燃料的不同点火提前角。仪表板上气量显示器的四个绿灯显示气瓶的储气量。油气转换开关上还设有供气按钮。因此，该系统功能齐全，操作非常方便。当油气转换开关置于"天然气"位置时，油气电磁阀打开，汽油阀关断，天然气钢瓶中的天然气流经总气阀、过滤器、电磁阀进入减压器，经多级减压至负压，再通过动力阀进入混合器，与空气过滤器中来的空气混合并点燃推动发动机曲轴转动。当油气转换开关置于"汽油"位置时，油气电磁阀关断，供油系统恢复正常供油状态，发动机正常运转。油气燃料转换系统从而实现供油与供气的选择。

天然气汽车的工作原理与汽油汽车一致。简而言之，天然气在发动机气缸中与空气混合，通过火花塞点火，推动活塞上下移动。虽然天然气的可燃性和点火温度与汽油存在一些差别，但天然气汽车采用的是与汽油汽车基本一致的运行方式。

6.4.2 液化石油气汽车

液化石油气汽车是以液化石油气为燃料的一种气体燃料汽车。

1. 液化石油气的特点

液化石油气是一种在常温、常压下为气态的烃类混合物。它比空气重，有较大的辛烷值，具有混合均匀、燃烧充分、不积炭、不稀释润滑油等优点，能够延长发动机的使用寿命，而且一次载气量大，续航里程长。与传统的车用燃料（汽油和柴油）相比，液化石油气具有优良的理化特性，是公认的清洁燃料。

2. 液化石油气汽车的应用

燃用液化石油气时，液态的液化石油气靠自身的蒸发压力被压出容器，通过高压管路、过滤器和电磁阀进入调节器，在调节器内经降压、气化和调压，变成气态后通过混合器与空气混合，形成可燃混合气进入发动机。

液化石油气汽车在全世界范围内的应用是目前所有替代能源汽车中最为广泛的。液化石油气汽车的相关技术伴随着传统汽车技术的发展、排放标准的日益严格而得到了快速的发展。

目前，有近40个国家或地区的超过900万辆汽车使用液化石油气作为燃料。液化石油气可少排放50%的一氧化碳、40%的碳氢化合物、35%的氮氧化物等，形成臭氧的可能性降低了50%。

3. 液化石油气汽车的分类

常见的有以下类型的液化石油气汽车：

（1）液化石油气单燃料发动机汽车：发动机的燃料供给系统专为燃用液化石油气燃料设计，其结构保证了燃料能得到有效利用。

（2）两用燃料（汽油和液化石油气）汽车：当前大多数液化石油气汽车为两用燃料汽

车,且已全面达到商品化阶段。这种汽车设有两套燃料供给系统,利用选择开关实现发动机从一种燃料到另一种燃料的转换,但两种燃料不允许混用。两用燃料汽车主要有化油器式发动机改装的两用燃料汽车、电控燃油喷射系统改装的开环两用燃料汽车、电控燃油喷射系统改装的闭环两用燃料汽车等类型。

(3)液化石油气-柴油双燃料汽车:发动机以通常的方式喷入少量柴油作为点燃液化石油气与空气混合气的引燃燃料,而液化石油气为主要燃料。

巩固练习

6-1 燃料电池有哪些特点?
6-2 燃料电池系统由哪些部分组成?
6-3 燃料电池电动汽车的工作原理是什么?
6-4 在具有双电源系统的燃料电池电动汽车上,驱动电机的电源有哪几种驱动模式?
6-5 太阳能汽车有什么特点?
6-6 发展生物柴油汽车的意义是什么?
6-7 天然气汽车有什么特点?